高等学校经济管理专业系列教材

网 络 营 销

主 编 李 琳

副主编 赵 江

西安电子科技大学出版社

内容简介

　　本书分三篇，即基础篇、战略篇、工具与方法篇。其中，基础篇介绍了网络营销基本理论与知识、网络营销环境分析、网络消费者行为分析及网络营销调研。战略篇主要介绍了网络营销的战略规划、产品策略、价格策略、渠道策略和促销策略。工具与方法篇包括社交媒体营销、短视频营销与直播营销、搜索引擎营销、大数据营销及其他网络营销工具与方法。

　　本书可作为高等院校电子商务、信息管理、市场营销、工商管理等相关专业的本科生和研究生教材，也可作为各类成人高等教育的教材和企业工作人员的学习用书。

图书在版编目(CIP)数据

网络营销/李琳主编. —西安：西安电子科技大学出版社，2023.2
ISBN 978 - 7 - 5606 - 6780 - 5

Ⅰ. ①网…　Ⅱ. ①李…　Ⅲ. ①网络营销—教材
Ⅳ. ①F713.365.2

中国国家版本馆 CIP 数据核字(2023)第 022706 号

策　　划　戚文艳
责任编辑　阎　彬
出版发行　西安电子科技大学出版社(西安市太白南路2号)
电　　话　(029)88202421　88201467　　　邮　　编　710071
网　　址　www.xduph.com　　　　　　电子邮箱　xdupfxb001@163.com
经　　销　新华书店
印刷单位　陕西日报社
版　　次　2023 年 2 月第 1 版　2023 年 2 月第 1 次印刷
开　　本　787 毫米×1092 毫米　1/16　印张　14
字　　数　329 千字
印　　数　1～3000 册
定　　价　37.00 元
ISBN 978 - 7 - 5606 - 6780 - 5 / F

XDUP 7082001 - 1

前　　言

信息技术的发展，极大地改变了社会形态和人们的生活方式。人工智能让产品更加人性化和智能化，大数据让万物皆可数字化和透明化，物联网、云计算等让万物皆可计算化和网络化。技术的发展，在赋能我们消费行为智能化、数字化和网络化的同时，也极大地推动着营销模式和营销理念的变革和跃迁。过去的几年，企业触达客户的方式不再是以往的线上货架式展示，也不再是线下店面冰冷的陈列，而是出现了线上千人千面以及线下智能互动硬件、主题式快闪店等新的营销模式。这些方式都在通过沉淀的消费画像，给消费者定制最友好的触达方式。营销渠道也不再仅仅是线上渠道、线下渠道，如社群、内容、导购、粉丝等消费者每一个曾经的触达点都变成了销售渠道。销售场景已经涵盖了 PC、移动终端小程序、门店、商超、无人货架、微信朋友圈等多元化场景。

为了顺应时代的发展，编者收集整理了近年来大量网络营销的相关教学和研究成果，并结合目前网络营销的发展趋势编写了本书。本书的主要特色如下：

（1）前沿性。本书融合了信息技术的新发展、企业的网络营销创新实践以及学界的最新理论研究。

（2）系统性。为了更好地把握网络营销的本质，本书在市场营销的理论体系基础上，系统地介绍了网络营销的理论与知识内容，让读者在经典框架下能快速掌握网络营销的新发展和新知识。

（3）应用性。本书注重网络营销理论的应用性和可实践操作性，通过工具与方法篇，介绍了目前常用的社交媒体营销、短视频营销与直播营销、大数据营销等多种营销工具与方法及相关案例，以期提升读者对网络营销知识的实践和应用能力。

（4）中国化。为了更好地体现中国网络市场的发展，本书的案例基本上都是中国知名企业的网络营销应用实例。

本书的编写借鉴和吸收了大量国内外已有研究成果和出版物等资料，在此对相关作者致以诚挚的谢意。感谢副主编赵江副教授在资料收集与整理、电子课件制作上给予的支持，也感谢西安电子科技大学出版社的热心帮助和支持。本书的编写得到了西安电子科技大学教材基金资助。

鉴于编者学识有限，书中难免存在许多不足与疏漏，敬请各位老师和读者批评指正，以便修订时改进、完善。

李　琳

2022 年 10 月

目　　录

基 础 篇

第1章　网络营销概述 …………………… 2

1.1　网络营销的产生与概念 ………… 2

1.1.1　网络营销的产生基础 ……… 2

1.1.2　网络营销的发展阶段 ……… 4

1.1.3　网络营销的概念与内涵 …… 5

1.2　网络营销与传统营销 …………… 7

1.2.1　网络营销对传统营销的冲击 … 7

1.2.2　网络营销的特点 …………… 8

1.3　网络营销的内容与职能 ……… 10

1.3.1　网络营销的内容 ………… 10

1.3.2　网络营销的职能 ………… 11

本章小结 ……………………………… 11

复习思考 ……………………………… 12

第2章　网络营销理论基础 …………… 14

2.1　网络经济规律 ………………… 15

2.1.1　网络的基本规律 ………… 15

2.1.2　网络经济运行规律 ……… 16

2.2　网络营销相关理论 …………… 16

2.2.1　4P 理论 …………………… 17

2.2.2　4C 理论 …………………… 17

2.2.3　直复营销理论 …………… 18

2.2.4　关系营销理论 …………… 19

2.2.5　整合营销理论 …………… 20

2.3　网络营销新理论 ……………… 21

2.3.1　网络软营销理论 ………… 21

2.3.2　SoLoMo 营销理论 ……… 22

2.3.3　SURE 网络营销理论 …… 23

本章小结 ……………………………… 24

复习思考 ……………………………… 25

第3章　网络营销环境分析 …………… 28

3.1　网络营销环境的概述 ………… 28

3.1.1　网络营销环境的结构组成 ……… 29

3.1.2　网络营销环境的要素 ……… 29

3.1.3　SWOT 分析方法 ………… 30

3.2　网络营销宏观环境 …………… 31

3.2.1　政治法律环境 …………… 31

3.2.2　经济环境 ………………… 32

3.2.3　人口环境和社会文化环境 … 32

3.2.4　科学技术环境 …………… 32

3.3　网络营销微观环境 …………… 33

3.3.1　企业外部行业环境 ……… 33

3.3.2　企业内部环境 …………… 36

本章小结 ……………………………… 36

复习思考 ……………………………… 37

第4章　网络消费者行为分析 ………… 42

4.1　网络消费者行为 ……………… 42

4.1.1　网络消费者行为的定义 … 42

4.1.2　网络消费需求的特征 …… 43

4.1.3　网络消费者基本行为 …… 44

4.2　网络消费者购买动机与购买决策 … 49

4.2.1　影响网络消费者购买的主要因素

……………………………… 49

4.2.2　网络消费者的购买动机 … 50

4.2.3　网络消费者的购买决策过程 … 52

4.3　网络消费者购买行为模式分析 … 53

4.3.1　AIDMA 购买模型 ……… 53

4.3.2　AISAS 购买模型 ……… 54

4.3.3　AISASCC 模型 ………… 55

本章小结 ……………………………… 55

复习思考 ……………………………… 56

第5章　网络营销调研 ………………… 58

5.1　网络营销调研概述 …………… 58

1

    5.1.1 网络市场调研的内涵 ……… 58
    5.1.2 网络营销调研的优势与不足 … 59
    5.1.3 网络营销调研的功能与类型 … 61
  5.2 网络营销调研的过程 ……… 61
  5.3 网络营销调研的方法 ……… 62

    5.3.1 网络直接市场调研 ……… 63
    5.3.2 网络间接市场调研 ……… 65
    5.3.3 网络营销调研策略 ……… 66
  本章小结 ……… 67
  复习思考 ……… 68

战 略 篇

第6章 网络营销的战略规划 ……… 74
  6.1 网络营销战略规划概述 ……… 74
    6.1.1 网络营销战略规划的内容 … 75
    6.1.2 网络营销战略的制定步骤 … 76
    6.1.3 网络营销战略的实施 ……… 77
  6.2 市场细分与目标市场战略 ……… 77
    6.2.1 市场细分 ……… 77
    6.2.2 目标市场战略 ……… 79
  6.3 市场定位战略 ……… 82
    6.3.1 市场定位的实施步骤 ……… 82
    6.3.2 网络市场定位的形式 ……… 83
    6.3.3 二次定位战略 ……… 84
  本章小结 ……… 84
  复习思考 ……… 85

第7章 网络营销的产品策略 ……… 89
  7.1 网络产品的内涵 ……… 89
    7.1.1 网络产品的整体概念 ……… 89
    7.1.2 网络产品的分类 ……… 91
  7.2 网络营销产品策略 ……… 91
    7.2.1 网络新产品开发环境 ……… 91
    7.2.2 网络新产品开发战略 ……… 93
    7.2.3 网络营销产品策略 ……… 95
  7.3 网络营销品牌策略 ……… 96
    7.3.1 品牌的内涵和价值 ……… 97
    7.3.2 网络对企业品牌的影响 ……… 97
    7.3.3 网络品牌管理策略 ……… 98
  本章小结 ……… 101
  复习思考 ……… 101

第8章 网络营销的价格策略 ……… 104
  8.1 网络营销定价的影响因素 ……… 104
    8.1.1 网络营销定价目标 ……… 104

    8.1.2 网络定价考虑的因素 ……… 105
  8.2 网络营销定价的特征 ……… 106
    8.2.1 网络对定价的影响 ……… 106
    8.2.2 网络定价的特征 ……… 106
  8.3 网络营销定价策略 ……… 107
    8.3.1 传统营销定价策略 ……… 107
    8.3.2 网络新型定价策略 ……… 109
  本章小结 ……… 111
  复习思考 ……… 112

第9章 网络营销的渠道策略 ……… 114
  9.1 网络营销渠道概述 ……… 114
    9.1.1 网络营销渠道的概念 ……… 114
    9.1.2 网络营销渠道的优势 ……… 115
    9.1.3 网络营销渠道的功能 ……… 116
  9.2 网络营销渠道类型 ……… 117
    9.2.1 网络直销 ……… 117
    9.2.2 网络间接销售渠道 ……… 118
  9.3 网络营销渠道的建设和策略 ……… 119
    9.3.1 网络营销渠道的建设 ……… 119
    9.3.2 网络营销渠道的策略 ……… 120
  本章小结 ……… 122
  复习思考 ……… 122

第10章 网络营销的促销策略 ……… 126
  10.1 网络促销概述 ……… 126
    10.1.1 网络促销的概念 ……… 126
    10.1.2 网络促销的形式 ……… 127
    10.1.3 网络促销的实施 ……… 127
  10.2 网络广告 ……… 129
    10.2.1 网络广告的特点 ……… 129
    10.2.2 网络广告的类型 ……… 130
    10.2.3 网络广告策划 ……… 132

10.2.4　网络广告效果评价 ·········· 133

10.3　网络公共关系 ·········· 134

    10.3.1　网络公共关系的目标与特点 ··· 134

    10.3.2　网络公共关系的工具 ·········· 135

10.3.3　网络危机公关 ·········· 136

本章小结 ·········· 136

复习思考 ·········· 137

工具与方法篇

第 11 章　社交媒体营销 ·········· 142

11.1　社交媒体营销概述 ·········· 142

    11.1.1　社交媒体营销的概念与特点 ··· 143

    11.1.2　社交媒体营销的策略 ·········· 143

    11.1.3　社交媒体营销的实施方法 ··· 144

11.2　微博营销 ·········· 148

    11.2.1　微博营销的特点 ·········· 148

    11.2.2　微博营销的目标 ·········· 149

    11.2.3　微博营销的实施 ·········· 150

11.3　微信营销 ·········· 151

    11.3.1　微信营销的特点与类型 ··· 151

    11.3.2　微信营销的方法 ·········· 152

    11.3.3　微信营销实施的技巧 ·········· 153

本章小结 ·········· 154

复习思考 ·········· 155

第 12 章　短视频营销与直播营销 ·········· 158

12.1　视频营销概述 ·········· 158

    12.1.1　视频营销的概念与特征 ··· 158

    12.1.2　视频营销的类型 ·········· 159

    12.1.3　视频营销的实施方式 ·········· 160

12.2　短视频营销 ·········· 161

    12.2.1　短视频行业的发展阶段 ··· 161

    12.2.2　短视频的特点与类型 ·········· 163

    12.2.3　短视频营销的优势与实施策略

    ·········· 164

12.3　直播营销 ·········· 165

    12.3.1　直播电商的发展阶段 ·········· 165

    12.3.2　直播营销的定义与特点 ··· 166

    12.3.3　直播营销的类型和方法 ··· 167

本章小结 ·········· 170

复习思考 ·········· 170

第 13 章　搜索引擎营销 ·········· 174

13.1　搜索引擎概述 ·········· 174

    13.1.1　搜索引擎的含义与分类 ··· 174

    13.1.2　搜索引擎的作用 ·········· 175

    13.1.3　搜索引擎的工作流程 ·········· 175

13.2　搜索引擎营销的含义与特点 ··· 176

    13.2.1　搜索引擎营销的含义 ·········· 176

    13.2.2　搜索引擎营销的目标层次 ··· 176

    13.2.3　搜索引擎营销的特点 ·········· 177

13.3　搜索引擎营销的方法 ·········· 178

    13.3.1　搜索引擎优化 ·········· 178

    13.3.2　关键词广告 ·········· 180

    13.3.3　搜索引擎营销产品深度开发 ··· 180

本章小结 ·········· 181

复习思考 ·········· 181

第 14 章　大数据营销 ·········· 184

14.1　大数据营销的含义与特征 ··· 184

    14.1.1　精准营销的含义 ·········· 184

    14.1.2　大数据营销的特征 ·········· 185

14.2　大数据精准营销的实施 ·········· 186

    14.2.1　用户画像 ·········· 186

    14.2.2　个性化推荐 ·········· 187

    14.2.3　构建预测模型 ·········· 188

14.3　大数据营销的策略与方法 ··· 189

    14.3.1　大数据营销的策略 ·········· 189

    14.3.2　大数据营销的方法 ·········· 190

本章小结 ·········· 193

复习思考 ·········· 193

第 15 章　其他网络营销工具与方法 ·········· 197

15.1　APP 营销 ·········· 198

    15.1.1　APP 营销的概念与特点 ·········· 198

15.1.2 APP 营销的主要模式 ………… 199
15.1.3 APP 营销的策略 ………… 199
15.2 许可 E-mail 营销 ………… 200
15.2.1 许可 E-mail 营销的概念与特点
………… 200
15.2.2 许可 E-mail 营销的实现步骤
………… 201
15.2.3 许可 E-mail 营销的策略 ……… 201
15.3 二维码营销 ………… 202
15.3.1 二维码营销的概念和优势 …… 202
15.3.2 二维码营销的应用 ………… 203

15.3.3 二维码营销的方式 ………… 204
15.4 病毒式营销 ………… 204
15.4.1 病毒式营销的概念与特点 …… 204
15.4.2 病毒式营销的设计策略 ……… 205
15.4.3 病毒式营销的实施 ………… 207
15.5 体验营销 ………… 208
15.5.1 体验营销的概念与特征 ……… 208
15.5.2 体验营销的类型 ………… 209
15.5.3 体验营销的实施策略 ………… 210
本章小结 ………… 211
复习思考 ………… 212

参考文献 ………… 215

网络营销

基 础 篇

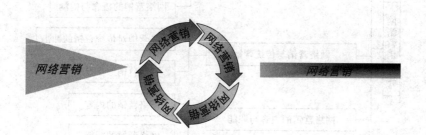

网络营销

Wangluo yingxiao

第1章　网络营销概述

学习目标

    1. 了解网络营销的产生与发展；

    2. 理解网络营销的概念与内涵；

    3. 掌握网络营销的特点；

    4. 了解网络营销的基本内容与职能。

知识结构图

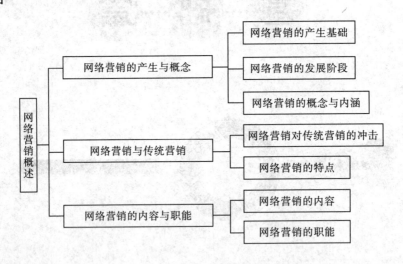

1.1　网络营销的产生与概念

1.1.1　网络营销的产生基础

    网络营销的产生有其在特定条件下的技术基础、观念基础和现实基础，是多种因素综合作用的结果。从1969年互联网诞生到20世纪90年代，随着计算机、互联网的普及和信息技术的快速发展，越来越多的人走入了互联网的世界中。人们在获取信息的手段和方法上突破了传统时空的限制。互联网的飞速发展在全球范围内掀起了互联网应用热潮，世界各大公司纷纷利用互联网提供信息服务和拓展公司的业务范围，并且积极改变自己以适应互联网的新的特点，一个崭新的世界正徐徐展开。在这样的大环境下，网络营销应运而生。1993年，第一批网络和浏览器出现在互联网上，1994年网络广告诞生，1995年全球最大的网上商店亚马逊成立。从信息的获取到网络购物，网络深入到人类生活的方方面面，引起了整个社会的变化。

1. 技术基础——互联网和现代通信技术的应用

1969 年，在加利福尼亚大学洛杉矶分校的计算机实验室里，6 名科学家聚在一起，观看这里的一台计算机与千里之外的斯坦福研究所里的一台计算机联通。这些科学家根本没有想到，他们不只是连接了两台计算机，而且宣告了网络时代的到来。这个当时被称为 ARPAnet 的小型通信网络，到了 1973 年扩展成国际互联网。1983 年互联网正式诞生，互联网协议全部采用 TCP/IP。国际互联网集通信技术、信息技术、计算机技术为一体，将不同类型的网络和不同机型的计算机互联起来，构成一个整体，实现了网上资源的共享和网络信息的共享。1990 年，万维网（World Wide Web，WWW）系统软件开发成功，将网络上的信息以多媒体互动的方式显示出来。1994 年 Netscape 研制出 Navigator 浏览器，推动了互联网的商业化进程。

互联网所具有的开放、共享等特点促使其迅速普及并快速发展。网络技术的发展和应用改变了信息传播方式，在一定程度上改变了人们生活、工作和学习的方式，促使互联网在商业上大量应用。互联网所拥有的多种信息工具（如电子邮件、文件传输、BBS 等），连接和传输着各种形式的信息，使互联网具有了沟通与商业交易的能力，并逐渐成为企业经营和管理中不可缺少的工具。

2. 观念基础——消费者价值观的改变

消费者价值观念的变革是网络营销产生的观念基础。随着网络经济的发展，当今的市场由卖方市场演变成买方市场，消费者在营销中占主导地位的时代来临。面对纷繁复杂的商品和品牌，消费者心理已呈现出一种新的特点和趋势。网络营销的产生正是适应了消费者新的价值观，满足了其需求。消费者心理的新的特点和趋势主要体现在以下几个方面。

（1）个性化消费的回归。随着人们收入水平的提高、产品数量的增多及产品种类的丰富，人们的消费从追求商品数量的满足，到追求商品品质的满足，再到追求个性化需求的满足，不断发生变化。现代人的消费越来越注重品位和质量，每个消费个体都有自己独特的审美观念和心理意愿。在网络经济发展的今天，多数产品无论在数量还是品种上都已极为丰富，消费者完全能够以个人的心理愿望为基础挑选和购买商品或服务。消费者会制定自己的消费准则，也不惧怕向商家提出挑战。从理论上看，没有一个消费者的心理是完全一样的，每一个消费者都是一个细分的市场，个性化消费正在也必将成为消费的主流。

（2）消费主动性的增强。随着互联网在商业领域应用的发展，世界各地的企业纷纷利用网络为消费者提供各种类型的信息服务，促使消费者主动通过各种可能的途径获取与商品相关的信息并对其进行分析和比较，进而获得心理上的平衡和满足感，增加对所购产品的信任，降低网上购物的风险，减少购物后又后悔的情况发生。

（3）追求购物的方便性和趣味性。在现代生活中，休闲和娱乐已成为时尚，人们渴望张弛有度的生活。购物不再仅仅是一种需要，而是融入了更多的情趣，集趣味和生活于一体的服务。高效、便捷的网络营销方式能一改昔日购物的烦琐、劳累，既具生活情趣，又让消费者节省了时间，自然会受到消费者的欢迎。

高效率的信息社会产生了一批工作压力大、生活节奏紧张的消费者。他们会以购物的方便性为目标，追求时间和劳动成本的尽量节省，在购买一些品牌稳定的日用消费品时更是如此。而另一些消费者则由于劳动生产率的提高，可供支配的时间增加，比如自由职业者或家庭主妇，他们希望通过购物来消遣时间和寻找生活乐趣，而网络消费正好能使他们保持与社会的联系，减少心理孤独感，满足其心理需求。

（4）价格的作用。营销活动的组织者总是通过各种营销手段来减弱消费者对价格的敏感度，以避免恶性的削价竞争，但价格始终对消费心理存在重要影响。即使在先进的营销技术面前，价格的作用仍旧不可忽视。当价格降幅超过消费者的心理界限时，消费者难免会改变既定的购物原则。

综上所述，在网络时代，消费者迫切需要新的快速方便的购物和服务方式，以最大限度地满足自身的需求。消费者价值观的这种改变自然产生了网络营销，而网络营销的特征也在很大程度上正好满足了消费者的新需求。

3. 现实基础——激烈的市场竞争

竞争是市场经济的基本特征之一。企业为了在激烈的市场竞争中立于不败之地，必须要进行营销方式的创新，以低成本、高效率来满足消费者多种多样的需求。网络营销的产生为企业更好地竞争提供了一个良好的平台和空间，从根本上增强了企业的竞争优势。

当今社会的市场竞争日益激烈，企业为了获得竞争优势，想方设法来吸引顾客，而传统的营销方法中已经很难有新颖独特的方法能帮助企业在竞争中出奇制胜。市场竞争已经不再依靠表层的营销手段，必须在更深层次的经营组织层次上进行竞争。企业的经营者迫切地去寻求变革，以尽可能降低商品从生产到销售整个供应链上所占的成本和费用比例，并缩短运作周期。

网络营销的产生给企业的经营者带来了福音，可谓一举多得。企业开展网络营销，可以节约大量昂贵的店面租金，减少库存商品的资金占用，使经营规模不受场地的限制，并且可以方便地采集客户信息等。上述种种都使企业经营的成本和费用降低，运作周期缩短，从根本上增强了企业的竞争优势。

总之，网络营销的产生是科技发展、商业竞争、消费者价值观改变等诸多因素综合作用的结果。

1.1.2　网络营销的发展阶段

1. 网络营销 1.0 阶段

此阶段开始于 20 世纪 90 年代，以 Web 1.0 网络为基础。典型的互联网业态有以雅虎、新浪、搜狐、网易等为代表的综合性门户网站和以谷歌、百度为代表的搜索引擎网站。在 Web 1.0 阶段，用户上网主要以阅读浏览与搜索信息为主要目的，网络话语权较小，消费者作为"读者"或"听众"，基本是被动的信息接收者。流量和广告是这一时期互联网商业模式的核心体现。企业在此阶段的网络营销以广告投放为主进行网络宣传推广，具体形式有网络广告、搜索引擎营销、E-mail 营销、BBS 营销等，这些手段本质上属于传统营销中的广告传播工具。

2. 网络营销 2.0 阶段

此阶段大约开始于 2000 年前后，以 Web 2.0 网络为基础。典型的互联网业态有 Facebook、Twitter、人人网、新浪博客、腾讯博客等互动平台，也有亚马逊、eBay、淘宝、天猫、京东、当当、唯品会等网络商城出现。在 Web 2.0 阶段，用户以交流互动为主要目的，开始初步尝试网上购买。用户的网络权力增强，去中心化、草根性、真实性、自组织协同性、主体参与性明显增强。企业在此阶段的网络营销以品牌传播为主，通过网络渠道销售为辅(但有些企业并没有重视网络渠道销售)，具体形式有博客营销、播客营销、RSS(简易信息聚合)营销、SNS(社交网络服务)营销、口碑营销、体验营销、创意广告营销、利用第三方平台销售等。这些手段本质上属于传统营销中的一些公共关系工具和辅助销售渠道。因此，本阶段的网络营销仍然依附于传统营销。

从 Web 1.0 到 Web 2.0，网络营销进入追求新发展的阶段。市场的力量从卖方转移到了买方，搜索引擎变成声誉引擎，市场和媒体进一步细分，在综合门户网站以外，有各类满足不同需求的针对性网站涌现。同时，社交网络的强大力量在 Web 2.0 时代进一步得到证实和强化，风投资金也大规模地投入网络营销中。网络速度的提升更是给网络营销媒体的多元化创造了条件。这些变化可以说明，网络营销不单单是赋予了传统营销更高的效率，而且已经开始了改变传统营销理论和模式的伟大进程。

3. 网络营销 3.0 阶段

此阶段大约从 2010 年前后开始，以 Web 3.0 网络为基础。典型的互联网业态有新浪微博、腾讯微博、微信等，也有美团网、小红书、蘑菇街、微信商城、苏宁易购以及米粉(小米)、花粉(华为)等在线社区。在 Web 3.0 阶段，用户以购物、娱乐、分享为主要目的，用户网络权力较强，逐步形成消费者互联网社区与生态。企业在此阶段的网络营销以互联网品牌创立、顾客引流以及在线价值变现为主，具体形式有品牌社区营销、微商营销、朋友圈营销、直播营销、网红营销、自媒体营销等。此阶段的网络营销冲击或颠覆了传统营销模式，初步创立了新的行业标准与营销规则。

网络营销 3.0 是从电子商务领域和在线游戏开始的。不管是 B2C 还是 C2C，网民都利用互联网提供的平台进行交易。在这个过程中，网民通过互联网付出劳动并获得财富。在在线游戏中，角色扮演者通过不断的修炼，以积分的方式获得声誉和财富，这些声誉和财富可以通过一定的方式在现实中兑换成金钱。因此，相比较于 Web 2.0，网络营销 Web 3.0 能够更好地体现网民的劳动价值，是能够实现价值均衡分配的一种互联网方式。

4. 网络营销 4.0 阶段

此阶段大约从 2016 年前后开始，以人工智能、移动智能终端、虚拟现实、区块链、互联网支付创新等新技术融合为物理基础。典型的业态有京东众筹、滴滴打车、共享单车、无人超市、互联网及智能终端的创新创业。在此阶段，用户既是消费者(使用者)又是生产者(制造者)，还是资源提供者。企业在此阶段的网络营销任务是：通过重塑模式与资源整合，促进线上线下融合、互联网与智能终端融合以及企业与顾客价值共创，建立共生关系。其具体形式有大数据精准营销、智联网营销、区块链营销等。此阶段的网络营销已经与传统营销深度融合，并基于互联网新的生态，重塑市场、品牌，建立一致的营销新模式。

1.1.3　网络营销的概念与内涵

市场营销是个人或集体通过创造、提供并同他人交换有价值的产品，以满足其需求和欲望的一种社会和管理的过程。从广义上讲，网络营销是以互联网为主要手段，为达到一定营销目标的经营活动。网络营销是企业整体营销战略的一个组成部分，是利用互联网技术，最大限度地满足客户需求，达到开拓市场、实现赢利目标的经营过程。

从营销的角度看，网络营销是为实现企业总体经营目标所进行的，以互联网为基本手段，营造网上经营环境，实施各种营销策略的各种活动。据此定义，网络营销的核心思想就是"营造网络经营环境"，即企业内部和外部与开展网上经营活动相关的环境，包括网络本身、顾客、网络服务商、合作伙伴、供应商、销售商等网络环境。网络营销的开展就是与这些环境建立关系的过程，处理好这些关系，网络营销也就能更有成效。

对网络营销的内涵，可以从以下几方面来理解。

（1）网络营销是手段而不是目的。网络营销具有明确的目的和手段，但网络营销本身不是目的，而是营造网上经营环境的过程，是凭借网络媒介综合利用各种网络营销方法、工具并协调其相互关系，从而更加有效地实现企业营销目的的手段。

（2）网络营销是企业整体营销的一部分。网络营销是企业整体营销战略的一个组成部分，网络营销活动不可能脱离市场营销环境而独立存在，它是建立在传统营销理论基础上的；网络营销活动也不是简单的营销网络化，而是传统营销理论在互联网环境中的应用和发展。由此网络营销在企业营销战略中的地位也得以确立。无论网络营销处于主导地位还是辅助地位，都是互联网时代市场营销必不可少的内容。网络营销离不开现代信息技术，它是借助互联网、通信技术和数字交互式媒体来实现营销目标的一种营销活动。

（3）网络营销不仅仅限于网上销售。网络营销是为了实现网上销售目的而进行的一项基本活动，但很多情况下，网络营销活动并不一定能实现网上直接销售的目的，而是可能促进销售总额的增加，并且提高顾客的忠诚度。网络营销的效果表现在多个方面，如提升企业品牌价值、加强与客户之间的沟通、拓展对外信息发布的渠道、改进顾客服务等。企业网站的推广手段通常不只有网络营销，还包括多种传统方式，如在传统媒体上做广告、召开新闻发布会、印发宣传册等。

（4）网络营销不等于电子商务。电子商务主要是指交易方式的电子化，是利用互联网进行的各种商务活动的总和。而为最终产生网上交易所进行的推广活动属于网络营销的范畴。网络营销属于电子商务的一部分，是实现电子商务的重要环节之一。无论是传统企业还是互联网企业都需要网络营销，但网络营销本身并不是一个完整的商业交易过程，而只是一种促进商业交易的手段。

（5）网络营销不是"虚拟营销"。网络营销不是独立于现实世界的"虚拟营销"，而是传统营销的一种拓展，即向互联网上的延伸，所有的网络营销活动都是实实在在的。网络营销的手段也不仅仅限于网上，而是注重网上网下相结合。网上营销和网下营销不是相互独立的，而是一个相辅相成、互相促进的营销体系。

（6）网络营销的实质是与消费者沟通与传递信息。消费者需求的内容和方式的变化是网络营销产生的根本动力。网络营销的起点是顾客需求，最终实现的是顾客需求的满足和企业利润的最大化。企业应清楚地看到，无论用什么方式开展营销活动，首要的问题是了解自己的顾客和潜在顾客的需求，然后采取一定的措施满足他们的需求。比如，互联网是信息的中介，之所以能够产生利润是因为它提供了信息服务，因为它提供为顾客需求服务的信息。因此网络营销的实质是利用互联网,通过与消费者信息的沟通了解其需求,对顾客需求进行管理,最大限度地满足客户需求,达到开拓市场、增加盈利的目标的经营过程。

1.2　网络营销与传统营销

网络营销是在市场营销的基础上发展起来的,网络营销可以被认为是借助于网络、计算机通信和数字交互式媒体来实现营销目标的一种市场营销方式。传统的市场营销主要研究卖方的产品和劳务如何转移到消费者或用户手中的全过程,以及企业等组织在市场上的营销活动及其规律性。这些传统的市场营销活动在互联网上开展将很大程度有别于传统营销,因此,网络营销对传统营销所带来的冲击是多方面的,也是不可避免的。

1.2.1　网络营销对传统营销的冲击

1. 对传统营销策略的冲击

传统营销致力于建立、维持并依赖层层严密的渠道,会在市场上投入大量的人力、物力和广告费用,这一切在网络时代被看作无法负担的奢侈。在网络时代,企业充分运用互联网络的各项资源,形成以最低成本投入,获得最大市场销售量的新型营销模式。网络营销将在以下几个方面对传统营销策略带来冲击。

(1) 对标准化产品的冲击。作为一种新型媒体,互联网可以在全球范围内进行市场调研。通过互联网,厂商可以迅速获得关于产品概念和广告效果测试的反馈信息,也可以测试顾客的不同认同水平,从而更容易对消费者行为方式和偏好进行跟踪。因此,在大量使用互联网的情况下,为不同的消费者提供不同的商品不再是天方夜谭。

(2) 对品牌全球化管理的冲击。与传统企业需要对单一品牌与多品牌进行决策相同,开展网络营销的企业也面临着如何对全球品牌和共同的名称或标识进行管理的挑战。例如,是实行具有统一形象的单一品牌策略还是实行有本地特点的区域品牌策略,以及如何加强区域管理等现实问题。

(3) 对传统价格策略的冲击。互联网上信息透明的特点,使通过网络销售的产品的价格水平趋于一致。这对分销商分布于海内外各地并在各地采取不同价格的公司会产生巨大的冲击。价格折扣的不同会使世界各地一些原本不需要折扣的业务受到影响,从而加剧价格歧视的不利影响,这对于执行差别化定价策略的公司来说是一个严重的问题。而对网络消费者来说,网络营销带来了更加透明的市场环境。

(4) 对传统营销渠道的冲击。网络营销使得中间商的作用有所改变。生产商可与最终用户直接联系,中间商的重要性大为下降。这造成两种结果:其一,跨国公司所建立的传统国际分销网络对小竞争者造成的进入障碍将明显降低;其二,对于目前直接通过网络销售产品的生产商来说,其售后服务工作将由分销商来承担,但随着代理销售业务利润的消失,分销商将很有可能不再承担这些工作。所以,在不破坏现存渠道的环境下,如何提供这些服务将是网络营销公司面临的又一问题。

(5) 对传统营销沟通方式的冲击。网络营销使得传统的单向沟通转变为交互式营销沟通模式。传统的促销手段，如媒体广告、公关等只能提供单向的信息传递，企业很难及时得到消费者的反馈信息，不能及时调整自己的生产经营策略。同时，消费者也处于被动地位，只能根据广告在媒体的出现频率、广告的创意等来决定购买意向，很难进一步得到有关产品功能、性能等的指标。而网络营销是直接面对消费者的。企业通过互联网为用户提供丰富翔实的产品信息，用户可以通过网络向企业反馈信息。此时，用户是主动的，他既可以查询自己喜欢的产品和企业信息，也可以将自己的喜好提供给互联网平台上的企业。这种交互的沟通模式最大程度地促进了企业与消费者和潜在消费者之间的信息沟通。

2. 对传统营销方式的冲击

（1）重新营造顾客关系。网络营销的企业竞争是一种以顾客为焦点的竞争形态，争取顾客、留住顾客、扩大顾客群、建立亲密顾客关系、分析顾客需求、创造顾客需求等是企业最为关注的营销主题。因此，如何与散布在全球各地的顾客保持紧密关系，掌握顾客特点，塑造企业形象，使顾客建立对企业与网络营销的信任感，是网络营销成功的关键。基于网络的目标市场、顾客形态和产品种类与以前有很大的差异。因此，如何跨越地域、文化和时空差距再造顾客关系，需要许多创新的营销行为。

（2）对营销竞争战略的影响。互联网具有平等、自由等特性，进行网络营销可以降低跨国公司所拥有的规模经济的竞争优势，从而使小企业更易于在全球范围内参与竞争。同样，由于网络经济的开放性，网络时代的市场竞争是透明的，人人都可能比较容易地掌握竞争对手的产品信息与营销举措。因此，胜负的关键在于如何适时获取、分析和运用这些来自网络的信息，并研究和采取更具优势的竞争策略。在自由、平等的网络时代，策略联盟将是网络时代的主要竞争形态。如何运用网络来组成合作联盟，并以联盟所形成的资源规模创造竞争优势，将是未来企业经营的重要手段之一。

（3）对企业跨国经营战略的影响。在过去分工经营的时代，国内企业只需专注本行业与本地的市场，国外企业则委托代理商或贸易商经营。由于全球采购可以降低经营成本，而网络跨越时空连贯全球的功能使得全球经营的门槛进一步降低。因此，为了生存与发展，企业不得不进入跨国经营的时代。网络时代的企业，不但要熟悉跨国市场顾客的特点以争取信任并满足他们的需求，还要安排跨国生产、运输与售后服务等工作，并经由网络来联系与执行这些跨国业务。可见，尽管互联网为现在的跨国公司和新兴公司提供了许多利益，但其对于企业经营的冲击和挑战也是令人生畏的。

（4）对传统营销组织的冲击。互联网的广泛应用带动了企业内部网（Intranet）的蓬勃发展，使得企业更多依赖网络作为其内外沟通与经营管理的主要渠道与信息源。网络营销带来的影响包括：业务人员与直销人员减少，组织层次减少，经销代理与分店门市数量减少，销售渠道缩短，虚拟经营商、虚拟门市、虚拟部门等企业内外虚拟组织盛行。这些影响与变化，都促使企业对组织再造工程的需要变得更加迫切。企业内部网的兴起，改变了企业内部作业方式以及员工学习成长的方式，个人工作者的独立性与专业性进一步提升。因此，个人工作室、在家上班、弹性上班、委托外包、分享业务资源等行为，在未来将更加普遍，也使得企业组织的重组与再造成为必要。

1.2.2　网络营销的特点

互联网技术发展的成熟使任何企业和个人都可以很容易地将自己的计算机连接到互联

网上。互联网的跨时空、方便性、低成本等特性使企业与个人之间信息的交换与沟通变得"唾手可得"。因为互联网具有营销所要求的某些特性，使得网络营销呈现以下一些特点：

（1）跨时空。互联网具有超越时间约束和空间限制进行信息交换的优点，这使企业脱离时空限制达成交易成为可能。企业可以有更多的时间和更大的空间进行营销，可以 7×24 小时随时随地提供全球性营销服务。

（2）多媒体。随着虚拟现实技术、Web3.0 等现代信息技术的广泛应用，网络营销可以借助文字、声音、图像、视频、三维虚拟商品等来展示商品和服务，可以充分发挥网络营销人员的创造性和能动性。

（3）交互式。通过网络平台，企业和顾客可以随时随地进行信息交流。例如，通过展示商品图像，商品信息资料库提供有关的查询，来实现供需互动与双向沟通。企业还可以收集市场信息资料，进行产品测试与消费者满意度调查等活动，提供让用户满意的产品和服务。因此，互联网是企业进行产品联合设计、商品信息发布以及各项技术服务提供的最佳工具。

（4）人性化。互联网上的促销是一对一的、理性的、消费者主导的、非强迫性的、循序渐进式的，是一种低成本与人性化的促销，避免了传统营销中推销员强势推销的干扰，通过信息提供与交互式沟通，与消费者建立起一种长期的、相互信任的良好合作关系。

（5）针对性。随着大数据技术等在商务中的广泛应用，企业可以通过对消费者购买行为等数据的收集，做出用户画像以及目标消费群体的营销模型，对不同消费者开展有针对性的个性化推荐营销。这样，和传统营销相比，网络营销具有沟通更精准、可衡量和高投资回报的特点。

（6）整合性。在互联网上开展营销活动，可以完成从商品信息的发布到交易操作的完成和售后服务的全过程，是一种全程的营销渠道。企业可以借助互联网将不同的传播营销活动进行统一设计规划和协调实施，通过统一的传播资讯向消费者传达信息，从而避免不同传播中因不一致性而产生的消极影响。

（7）高效性。网络营销应用计算机储存大量的信息，可以帮助消费者进行查询，所传送的信息数量与精确度也远超其他传统媒体，同时还能回应市场需求，及时更新产品或调整价格，因此能及时有效地了解并满足顾客的需求。

（8）技术性。建立在以高技术为支撑的互联网基础上的网络营销，使企业在实施时必须有一定的技术投入和技术支持。必须改变传统的组织形态，提升信息管理部门的功能，引进营销与计算机技术的复合型人才，才能使企业具备和增强其在网络市场的竞争优势。

（9）低成本性。网络营销使交易双方能够通过互联网进行信息交换。摒弃传统的面对面的交易方式，可以减少印刷与邮递成本；进行无店面销售可以免除租金，节约水电与人工等管理成本。企业还可以凭借互联网的优势，大大降低促销和流通费用，在销售渠道上可以绕开中间商，直接面向消费者，使消费者可以以更低的价格实现购买。低成本竞争也成为网络营销企业最有力的竞争战略之一。

综上所述，网络营销依托互联网在全球的广泛使用和电子商务网络市场的飞速发展，以其源于传统营销又超脱传统营销的特点和优势，帮助众多企业取得了极大的经济效益和社会利益，得到了社会各界的广泛关注和认可，给市场营销领域带来了一场巨大的变革。

1.3　网络营销的内容与职能

1.3.1　网络营销的内容

作为依托网络的新的营销方式，虽然网络营销的营销目的和营销工具与传统的营销方式一致，但在实施和操作的过程中与传统营销方式有着很大区别。具体来讲，网络营销包括下列主要内容：

（1）网上市场调查。网上市场调查是指企业利用互联网的交互式信息沟通渠道来实施市场调查活动，所采取的方法是直接在网上通过发布问卷进行调查，企业也可以收集市场调查中需要的各种资料。

（2）网络消费者行为分析。网络消费者是网络社会的一个特殊的群体，与传统市场上的消费群体的特性截然不同，因此要开展有效的网络营销活动必须要深入了解网上用户群体的需求特征、购买动机和购买行为模式。

（3）网络营销策略的制订。企业在采取网络营销实现企业营销目标时，必须制订与企业相适应的营销策略，因为不同的企业在市场中所处的地位是不同的。企业实施网络营销需要进行投入，并且也会有一定的风险，因此企业在制订网络营销策略时，应该考虑到各种因素的影响。

（4）网络产品和服务策略。网络作为有效的信息沟通渠道，改变了传统产品的营销策略，特别是营销渠道的选择。在网上进行产品和服务营销，必须结合网络的特点重新考虑对产品的设计、开发、包装和品牌的产品策略的研究。

（5）网络价格营销策略。作为一种新的信息交流和传播工具，互联网从诞生开始就实行自由、平等和信息基本免费的策略，因此在网络市场上推出的价格策略大多为免费或者低价策略。制订网上价格营销策略时，必须考虑到互联网对企业的定价影响和互联网本身独特的免费特征。

（6）网络渠道选择与直销。互联网对企业营销活动影响最大的是企业的营销渠道。经历了传统市场到网络市场战略性转移的 Dell 公司，借助互联网的互动性建立了网上直销的销售模式；改变了传统渠道中的多层次选择和管理与控制的问题，最大限度降低了营销渠道中的营销费用，通过网络营销获得了巨大的成功和巨额利润。但是企业在建设自己的网上直销渠道时必须在前期进行一定的投入，同时还要结合网络直销的特点改变本企业传统的经营管理模式。

（7）网络促销与网络广告。互联网具有双向的信息沟通渠道的特点，可以使沟通的双方突破时空限制进行直接的交流，操作简单、高效，并且费用低廉。互联网的这一特点使得在网上开展的促销活动十分有效。作为第四类媒体上发布的广告，网络广告的交互性和直接性的特点，使其具有报纸杂志、无线电广播和电视等传统媒体广告无法比拟的优势，是进行网络营销最重要的促销工具。

（8）网络营销管理与控制。网络营销依托互联网开展营销活动，必将面临传统营销活动无法预计的许多新问题。例如，网络产品质量的保证问题、消费者隐私保护问题以及信息的安全问题等，都是网络营销必须重视和进行有效控制的问题，否则企业开展网络营销的效果就会适得其反。

1.3.2　网络营销的职能

　　网络营销的职能不仅表明了网络营销的作用和网络营销工作的主要内容，同时也说明了网络营销所应实现的效果。对网络营销职能的认识有助于全面理解网络营销的价值和网络营销的内容体系。网络营销的职能包括以下几种：

　　(1) 建立网络品牌。网络营销的重要任务之一就是在互联网上建立并推广企业的品牌。知名企业的网下品牌可以在网上得以延伸，一般企业可以通过互联网快速树立品牌形象并提升企业整体形象。网络品牌建设是以企业网站建设为基础，通过一系列的推广措施，达到顾客和公众对企业的认知和认可。在一定程度上，网络品牌的价值甚至高于通过网络获得的直接收益。

　　(2) 网站推广。这是网络营销最基本的职能之一，在以前网络营销甚至被认为就是网站推广。相对于其他功能来说，网站推广显得更为迫切和重要，网站所有功能的发挥都要一定的访问量为基础，所以，网站推广是网络营销的核心工作。

　　(3) 信息发布。网站是一种信息载体，通过网站发布信息是网络营销的主要方法之一。同时，信息发布也是网络营销的基本职能。无论哪种网络营销方式，结果都是将一定的信息传递给目标人群，包括顾客或潜在顾客、媒体、合作伙伴、竞争者等。

　　(4) 销售促进。营销的基本目的是为增加销售提供帮助，网络营销也是如此。大部分网络营销方法都直接或间接促进销售。但是，促进销售并不限于促进网上销售。事实上，网络营销在很多情况下对于促进网下销售也十分有价值。

　　(5) 建设销售渠道。一个具备网上交易功能的企业网站本身就是一个网上交易场所。网上销售是企业销售渠道在网上的延伸。网上销售渠道建设也不限于网站本身，还包括建立在综合电子商务平台上的网上商店，以及与其他电子商务网站不同形式的合作等。

　　(6) 顾客服务。互联网提供了更加方便的顾客在线服务手段，包括形式最简单的 FAQ (常见问题解答)、邮件列表以及 BBS、聊天室等各种即时信息服务手段。顾客服务质量对于网络营销效果具有重要影响。

　　(7) 增进商家与顾客的关系。良好的顾客关系是网络营销取得成效的必要条件。通过网站的交互性、顾客参与等方式在开展顾客服务的同时，也增进了商家与顾客的关系。

　　(8) 开展网上调研。通过在线调查表或者电子邮件等方式可以完成网上市场调研。相比传统市场调研，网上调研具有高效率、低成本的特点。因此，网上调研成为网络营销的主要职能之一。

　　开展网络营销的意义在于充分发挥其各种职能，让网上经营的整体效益最大化。网络营销的职能是通过各种网络营销方法来实现的，各个职能之间也并非是相互独立的。同一个职能可能需要多种网络营销方法的共同作用，而同一种网络营销方法也可能适用于多个网络营销职能。

本 章 小 结

　　网络营销的产生有其在特定条件下的技术基础、观念基础和现实基础，是多种因素综合作用的结果。网络营销的发展是以网络及技术的发展为基础的，共分为四个阶段：网络营销 1.0 阶段、网络营销 2.0 阶段、网络营销 3.0 阶段和网络营销 4.0 阶段。2016 年开始，随着人工智能、虚拟现实、区块链等新技术的融合和应用，网络营销已经与传统营销深度融合，应基于互联网新的生态，重塑市场、品牌，建立一致的营销新模式。

网络营销是企业整体营销战略的一个组成部分，是利用互联网技术，最大限度地满足客户需求，达到开拓市场、实现盈利目标的经营过程。从营销的角度看，网络营销是为实现企业总体经营目标所进行的，以互联网为基本手段，营造网上经营环境，实施各种营销策略的各种活动。

网络营销给传统营销带来的冲击是多方面的。网络营销对传统营销策略带来的冲击具体包括对标准化产品、品牌全球化管理、传统价格策略、传统营销渠道、传统营销沟通方式等方面的冲击；另一方面其对传统营销方式也带来了冲击。网络营销具有跨时空、多媒体、交互式、人性化、针对性、整合性、高效性、技术性、低成本性等特点。

作为依托网络的新的营销方式，网络营销在实施中主要包括以下内容：网上市场调查、网络消费者行为分析、网络营销策略的制定、网络产品和服务策略、网络价格营销策略、网络渠道选择与直销、网络促销与网络广告、网络营销管理与控制等。企业应用网络营销实现的职能主要包括以下八个方面：网络品牌、网站推广、信息发布、销售促进、建设销售渠道、顾客服务、增进商家与顾客的关系和开展网上调研。

复 习 思 考

1. 网络营销产生的基础是什么？

2. 网络营销的发展经历了哪些阶段？每个阶段具有什么特征？

3. 与传统市场营销相比，网络营销在哪些方面发生了变化？

4. 网络营销有哪些特点和优势？

5. 网络营销的主要内容包括哪些？

6. 网络营销具有哪些职能？

7. 你认为移动电子商务在我国将会如何发展？从网络营销的角度看可以有哪些运作方式？

8. 实践题：请浏览你感兴趣的一个企业网站并思考该公司有哪些利益相关者？网站上的哪些内容是针对哪些人的？

❖ 案例分析

数字化驱动下的腾讯体育营销变革

在当今信息爆炸、流量红利衰退的营销环境中，体育营销以其特有的用户触达力、文化感染力和品牌扩散力，成为品牌增长有力的助手。成功的体育营销通过为品牌找到与其精神内核高度契合的目标人群，并进一步引发消费者的关注和品牌共鸣，实现品牌资产沉淀，助力业务增长。但面对逐渐数字化和多元化发展的体育营销战场，品牌又该如何乘势而行，实现全面破局？

1. 团战思维：平台矩阵生态赋能

越是去中心化的媒介环境，越需要跨媒介聚拢用户注意力的能力。想要触达广泛用户并全面提升曝光度，品牌需要"聚点成网"，通过多类型平台联动，高效抢占黄金入口来聚合用户注意力。在"双奥"和 NBA 等大型赛事中，腾讯体育联动腾讯旗下平台矩阵资源，通过资讯、长短视频、社交、搜索类等多类型平台及产品，团战上阵，进行体育优质内容分发，实现全方位的场景覆盖与用户连接，为品牌聚拢了更多消费者关注。

2. 情感营销：注重用户的情绪价值

在用户兴趣越发多元化的当下，找到能够短期引起大众共鸣的事件变得越发有挑战，体育大事件在这方面具备得天独厚的优势，其获得的广泛大众关注和喜爱并不受经济周期和阶段性社会情绪的影响。双奥的全民狂欢便是最好的佐证。因此，体育营销的一个关键成功要素就是贴近消费者，将赛场上的积极共鸣和正向情绪延展到与品牌相关的消费者生活场景中。

2022 年的冬奥，腾讯以用户为本位，在这个国民情绪高涨、民族自豪感崛起的体育大事件中为安踏打造了一场强曝光、高互动、易转化的全场景营销，利用赛事带来的流量进行持续稳定的粉丝激活行为，实现品牌私域资产的快速沉淀。在 NBA 这一垂直领域赛事中，YSL、兰蔻和腾讯体育 NBA 也同样在圣诞节、情人节等热门营销节点围绕男性用户的节日送礼痛点，快速占据有缺位的男性美妆消费市场。

3. 内容攻心：以优质多元内容抓稳心智

从北京冬奥会中不难发现，用户的体育内容消费也已发生改变。除版权赛事内容外，围绕赛事和运动员等的相关短视频、综艺、纪录片等其他衍生内容同样备受青睐。比起赛事结果，用户同样关注背后的故事。品牌可以巧妙借助这些衍生内容，借势用户的好奇心来潜移默化地影响用户心智。

例如，2022 年初腾讯体育与蒙牛携手出品的纪录片《谷爱凌：我，18》，在揭秘天才滑雪少女背后故事的同时也传递了蒙牛"天生要强"的精神内核。同时，杰士邦在与腾讯体育 NBA 多年的合作助推下，不仅"运动防护第一品牌"的独特形象深入人心，其产品的知名度及销售转化也均得到进一步提升。

由体育热潮产生的注意力经济，催生了体育营销的发展。但体育营销的最终方向依然是要朝着承载的品牌价值和社会责任的方向进化。连贯的战略和持续的投入才是体育精神能够与品牌价值融合的基础。

资料来源：王莹，网赢天下网 2022.9.14

思考：结合你所喜爱的体育品牌营销案例，谈谈你对该案例内容的理解。

第 2 章　网络营销理论基础

学习目标

　　1. 了解网络的基本规律；
　　2. 掌握网络经济运行规律；
　　3. 掌握网络营销的相关理论；
　　4. 理解网络营销的新理论。

知识结构图

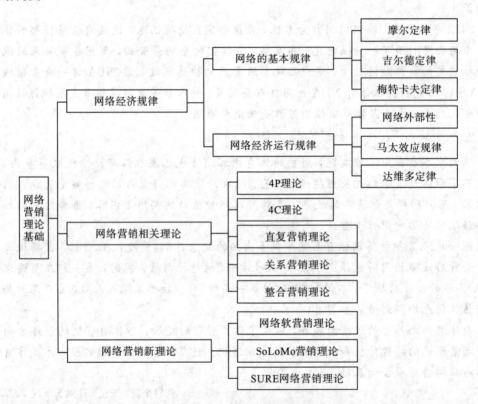

　　网络营销兴起的根本原因是营销活动要适应互联网对社会商业环境的改变。信息技术的广泛应用推动了互联网和电子商务的发展，在很大程度上改变了市场营销的特点。在网络时代，市场的时间和空间范围发生了深刻的变化，生产者和消费者、消费者和消费者之间可以随时随地进行交流，社会网络的影响变得更加明显。同时，互联网上丰富的信息资源使消费者可以随心所欲地选择需要的产品，甚至可以参与到产品设计生产中满足其个性化需求。因此，网络市场表现出许多不同于传统市场的特征，使得传统营销理论不能给网络营销以有效的指导，但网络营销仍然属于市场营销的范畴，市场营销理论仍是网络营销的基础。基于此，本章首先对网络经济规律进行介绍，然后对传统营销理论进行梳理，并

在此基础上将传统营销理论引入到网络环境中，以此发挥其指导营销的作用。最后，本章介绍了几种网络营销新理论，为企业发掘新的营销价值创造点，实现全网、全景式战略布局提供良好的思路。

2.1　网络经济规律

网络经济，是一种建立在计算机网络（特别是 Internet）基础之上，以现代信息技术为核心的新的经济形态。它不仅指以计算机为核心的信息技术产业的兴起和快速增长，也包括以现代计算机技术为基础的整个高新技术产业的崛起和迅猛发展，更包括由于高新技术的推广和运用所引起的传统产业、传统经济部门的深刻的革命性变化和飞跃性发展。因此，不能把网络经济理解为一种独立于传统经济之外、与传统经济完全对立的纯粹的"虚拟"经济，经济的虚拟性源于网络的虚拟性。它实际上是一种在传统经济基础上产生的、经过以计算机为核心的现代信息技术提升的高级经济发展形态。

网络经济有着与传统经济迥然不同的特征、原理和规律。在网络经济中，企业必须顺应环境的变化，把握网络经济基本规律，采取竞争战略和营销策略，才有可能在激烈的竞争中生存并发展起来。与传统经济规律比较，网络经济本身表现出一些显著不同的特征。

2.1.1　网络的基本规律

1. 摩尔定律

摩尔定律（Moore's Law）是由英特尔公司创始人之一戈登·摩尔（Gordon Moore）在1965 年提出的。其内容为：摩尔预测到单片硅芯片的运算处理能力，每 18 个月就会翻一番，而与此同时，价格则减半。实践证明，这一预测一直比较准确，预计在未来仍有较长时间的适用期。这一定律揭示了网络与信息技术的发展速度，为网络经济的发展奠定了物质基础。

2. 吉尔德定律

吉尔德定律（Gilder's Law）是关于网络带宽的发展变化规律，是由美国技术理论家乔治·吉尔德提出的。他预测：在未来 25 年，主干网的带宽每 6 个月增长一倍，12 个月增长两倍。其增长速度是摩尔定律预测的 CPU 增长速度的 3 倍！摩尔定律、吉尔德定律奠定了网络经济的客观发展基础。随着通讯能力的不断提高，吉尔德断言，每比特传输价格朝着免费的方向下跃，费用的走势呈现出"渐进曲线"（Asymptotic Curve）的规律，价格点将无限接近于零。

3. 梅特卡夫法则

梅特卡夫法则（Metcalf Law）指出，网络经济的价值等于网络节点数的平方。这说明网络产生和带来的效益将随着网络用户的增加而呈指数形式增长。它揭示的是在网络情况下，对于某些商品而言，商品的价值与该商品的普及率成正比，也就是商品使用的人越多，价值越大，如网络社区、即时通讯软件、网络游戏等。这正是凯文·凯利（Kevin Kelly）所说的"传真效应"，即"在网络经济中，东西越充足，价值就越大"。

2.1.2　网络经济运行规律

1. 网络外部性

外部性（Externality）是一个经济主体的行为对另外一个经济主体产生正或负的影响，而这种影响双方均无需向对方付出代价。外部性分为正外部性（Positive Externality）和负外部性（Negative Externality）。正外部性是某个经济行为个体的活动使他人或社会受益，而受益者无需花费成本，负外部性是某个经济行为个体的活动使他人或社会受损，而造成负外部性的人却没有为此承担代价。

网络外部性是新经济中的重要概念，是指连接到一个网络的价值取决于已经连接到该网络的其他人的数量。通俗地说，就是每个用户从使用某产品中得到的效用与用户的总数量正相关。用户人数越多，每个用户得到的效用就越高，网络中每个人的价值与网络中其他人的数量成正比。这也就意味着网络用户数量的增长，将会带动用户总所得效用的几何级数增长。网络外部性分为直接外部性和间接外部性。直接网络外部性是通过消费相同产品的用户数量变化所导致的经济收益的变化，即由于消费某一产品的用户数量增加而直接导致商品价值的增大；间接网络外部性是随着某一产品使用者数量的增加，该产品的互补品数量增多、价格降低而产生的价值变化。

2. 马太效应规律

在网络经济中，马太效应（Matthews Effect）现象加剧，在信息活动中由于人们的心理反应和行为惯性，在一定条件下，优势或劣势一旦出现并达到一定程度，就会导致不断加剧而自行强化，出现滚动的累计效果。因此，某个时期内往往会出现"强者更强，弱者更弱"的局面，而且由于名牌效应，还可能发生强者通赢，赢者通吃的垄断现象。马太效应反映了网络经济时代企业竞争中一个重要战略——主流化。

3. 达维多定律

达维多定律（Davidow's Law）认为，在网络经济中，进入市场的第一代产品能够自动获得 50% 的市场份额。因此，一家企业如果要在市场上占据主导地位，就必须第一个开发出新一代产品。该定律还认为，任何企业在本产业中必须第一个淘汰自己的产品，不断使自己的产品更新换代。

达维多定律揭示了网络市场取得成功的真谛，即不断创造新产品，及时淘汰老产品，使新产品尽快进入市场，并使自己的产品成功地形成新的市场和产品标准，进而形成大规模生产，从而获得高额的利润。当然，在网络经济条件下，企业要想在市场中处于垄断地位，需要抢先占领市场，并需要时刻进行技术创新，靠技术取胜。

2.2　网络营销相关理论

网络营销区别于传统营销的根本原因在于网络本身的特性和消费者需求的个性化。在这两者的综合作用下，传统营销理论不能完全胜任对网络营销的指导。因此，需要在传统营销理论的基础上，从网络的特性和消费者需求的演化这两个角度出发，对营销理论进行重新演绎和创新。

2.2.1　4P 理论

市场营销组合，即 4P 理论，是企业对其产品商业化而进行资源配置的关键性概念，是企业用来在目标市场实现营销目标的一整套营销工具。这个理论是由美国营销学学者麦卡锡教授在 1960 年左右提出的。他将这些工具或手段归纳为四个因素，即产品（Product）、价格（Price）、分销地点（Place）和促销（Promotion），简称为 4P 理论。他认为一次成功和完整的市场营销活动，意味着以适当的产品、适当的价格、适当的渠道和适当的传播促销推广手段，将适当的产品和服务投放到特定市场的行为。

在网络营销中，传统的 4 个要素都由于新技术而产生了变化。因此，网络营销组合具有以下特点：

（1）附加信息的产品。网络营销改变了传统产品的概念构成，其特点是信息成为产品的附加价值。具体和常见的做法是：直接从网上订货，提供个性化的产品目录，向用户推荐有关产品的文章或其他内容，发行电子刊物，获得产品的评价，获得某一专题的广泛知识。

（2）动态价格。网络营销在定价上更多地采用"动态价格"或"浮动价格"。例如，许多网络企业在自己的网站上设立"价格讨论区"，并在网上通过智能化议价系统直接议价；或者通过其他平台进行竞价、拍卖等。价格动态化不仅是市场的反映，实际上也是厂家、中间商、消费者的需要，大家都能各取所需。

（3）增值分销。在网上营销组合中，互联网起到了分销商的作用，大大降低了中间商的价值，而且比传统渠道成本低。同时，网上营销改变了传统渠道的性质，从销售导向改变为服务导向。因此，许多企业利用互联网做服务和增值工作（VAR），增加其收入。

（4）互动促销。网上促销不再像传统促销那样以提供说服和激励为手段，而是以内容和服务为根本。网上促销的流行做法应该是，围绕产品或服务提供一系列有深度的知识和信息服务，提供相关内容的网站的链接服务，吸引用户注册成为网站虚拟社区的一员，分享其中的资源。

（5）合作与结盟。营销领域的深刻变革还体现在通过互联网，以中心厂商为核心，将下游经销商、上游原料和零配件供应商及金融、银行等结算机构整合在一起，构成一个大经营体系，及时、有效地调度资源，以迅速适应市场的变化。上、中、下游企业通过互联网共享计划、技术、产品及市场需求信息，整体配合成一个"动态反应链"，从而达到有效降低经营成本、优化资源组合、减少库存、紧跟市场、最大程度满足顾客需要的经营效果。

2.2.2　4C 理论

4C 理论是由美国营销专家劳特朋教授在 1990 年提出的。该理论以消费者需求为导向，重新设定了市场营销组合的四个基本要素，即消费者（Customer）、成本（Cost）、便利（Convenience）和沟通（Communication）。它强调企业首先应该把追求顾客满意放在第一位，产品必须满足顾客需求，同时降低顾客的购买成本，产品和服务在研发时就要充分考虑客户的购买力，然后要充分注意到顾客购买过程中的便利性，最后还应以消费者为中心实施有效的营销沟通。

网络营销与传统营销相比更具个性，更讲究以顾客为中心。在网络营销中，企业考虑最多的是顾客的需要与欲望是什么，然后再根据这种需求与欲望来设计和开发产品；在制定价格的时候，不是以自己的成本为导向，而是着重考虑顾客对这样的产品愿意付出多少费用；在设计分销渠道时，首先要考虑顾客购买的方便程度，也就是怎样的分销渠道顾客购买起来才比较容易；当企业对以上营销组合的组成要素设计完毕之后，就要想方设法与顾客展开双向互动的沟通，将企业的各种营销信息传达给顾客，并且听取他们的意见与建议，随时根据顾客的需求来调整整个营销计划。

2.2.3　直复营销理论

根据美国直复营销协会(ADMA)的定义，直复营销是一种为了在任何地方产生可度量的反应和(或)达成交易，而使用一种或多种广告媒体的相互作用的市场营销体系。直复营销中的"直"是指不通过中间分销渠道而直接通过媒体连接消费者；"复"指企业和消费者的信息交互，包括企业和消费者的信息交互、产品信息以及交易和支付信息的交互等。直复营销包括目录邮购、电话营销、网络购物和其他媒体购物等形式。比起传统的从批发商到零售商的分销方式，直复营销具有很多优点，如中介少，提供充分的商品信息，减少销售成本，无地域障碍，优化营销时机，以顾客反馈信息开发和改善产品，控制、精确测定成本和业务量等。

直复营销的媒介通常有电视、广播、印刷品、产品目录、电话和互联网。互联网作为一种交互式双向沟通的渠道和媒体，可以很方便地为企业与顾客之间架起桥梁。顾客可以直接通过网络订货和付款；企业可以通过网络接收订单、安排生产，直接将产品送达顾客。与传统营销相比，基于网络的直复营销更加吻合直复营销的理念。网络直复营销的特性具体表现在以下几个方面。

1. 互动性

直复营销作为一种相互作用的体系，特别强调营销者与顾客之间的双向信息的交流，以克服传统市场营销中单向信息交流方式下营销者与顾客之间无法直接沟通的致命弱点。互联网是一个自由的、开放的双向式信息沟通的网络，在互联网上作为营销者的生产企业与作为消费者的顾客之间可以实现直接的一对一的信息交流与沟通。在互联网上，企业可以根据目标顾客的需求，直接进行商品的生产和营销决策，在最大限度地满足顾客需求的同时，也能提高企业营销决策的效率和效用。

2. 跨时空性

直复营销活动强调在任何时间、地点都可以实现企业与顾客的双向信息交流。互联网的持续性和全球性，使顾客可以通过互联网在任何时间、任何地点直接向企业提出问题请求；企业也可利用互联网，低成本地跨域时空限制与顾客实现双向交流。

3. 一对一服务

直复营销活动中最关键的是为每个目标顾客提供直接向营销者反映情况的通道。这样企业就可以凭借顾客的反映找到自己的不足之处，为下一次的直复营销活动做好准备。由于互联网的方便性和快捷性，顾客可以方便地通过互联网直接向企业提出购买需求或建议，企业可以从顾客的建议、需求和要求的服务中，找出企业的不足，改善企业的经营管理，提高服务质量。

4. 营销效果可测定

直复营销的一个重要的特性，就是营销活动的效果是可测定、可度量和可评价的。营销企业可以通过网站的后台管理软件及网络数据库统计网站浏览量、广告点击次数、各种产品的订货量以及付款、发货情况来评价营销业绩，还可进行网络客户关系管理。

2.2.4　关系营销理论

关系营销是 1990 年以来受到重视的营销理论。关系营销理论以系统论为基本思想，将企业置身于社会经济大环境中考察企业的市场营销活动，认为企业营销是一个与消费者、竞争者、供应商、分销商及政府管理机构发生互动作用的过程，正确处理与他们的关系是企业营销的核心。关系营销的基本立足点是建立、维持、促进与顾客及其他商业伙伴之间的关系，以实现参与各方的目标，从而形成一种兼顾各方利益的长期关系。

关系营销主要包括两个基本点：首先，在宏观上认识到市场营销会对范围很广的一系列领域产生影响，包括顾客市场、劳动力市场、供应市场、内部市场、相关者市场以及影响者市场（政府、金融市场）；其次，在微观上认识到企业与顾客的关系不断变化，市场营销的核心应从过去简单的、一次性的交易关系转变到注重保持长期的关系上来。企业是社会经济大系统中的一个子系统，企业的营销目标受到许多外在因素的影响。企业的营销活动是一个与消费者、竞争者、供应商、分销商、政府机构和社会组织发生相互作用的过程。正确理解这些个人与组织的关系是企业营销的核心，也是企业成功的关键。

关系营销的核心是争取与维持客户，为顾客提供满意的产品和服务，通过加强与客户的联系与沟通，维持与客户的长期关系，并在此基础上开展营销活动，实现企业的营销目标。实施关系营销并不是以损害企业利益为代价的。一般来说，争取一个新顾客的营销费用是保持老顾客费用的 5 倍。老顾客不仅是商品或服务良好口碑的主要传播者，还是长久生意的利润保证。

在关系营销实施过程中，发现顾客需求，满足需求并保证顾客满意，进而营造顾客忠诚，构成了关系营销的三部曲，具体包括以下几个方面。

1. 企业要分析顾客需求

顾客需求满足与否的衡量标准是顾客满意程度，满意的顾客会为企业带来有形的好处，如重复购买该企业产品或者口碑宣传企业品牌形象。一些营销学者提出了导致顾客全面满意的七个因素及其相互间的关系：欲望、感知绩效、期望、欲望一致、期望一致、属性满意、信息满意；欲望和感知绩效生成欲望一致，期望和感知绩效生成期望一致，然后生成属性满意和信息满意，最后导致全面满意。

2. 期望和欲望与感知绩效的差异程度是产生满意感的来源

顾客产生满意感的来源在于期望和欲望与感知绩效的差异程度，因此，企业可采取以下方法来取得顾客满意：提供满意的产品和服务，提供附加利益，提供信息通道。

3. 顾客维系

市场竞争的实质是争夺顾客资源。维系原有顾客，减少顾客的叛离，要比争取新顾客更为有效。维系顾客不仅需要维持顾客的满意程度，还必须分析顾客产生满意感的最终原因，从而有针对性地采取措施来维系顾客。

　　加强与客户的联系,提高客户对企业的忠诚度可以为企业带来长远利益,它提供的是企业与顾客的双赢策略。一方面,顾客可以通过互联网向企业提出建议与个性化的需求,企业根据顾客的个性化需求利用柔性化的生产技术最大限度地满足顾客的要求,在为顾客提供服务的同时创造超额利润;另一方面,企业也可以从顾客的需求中了解市场、细分市场和锁定市场,提高对市场变化的反应速度。

2. 2. 5　整合营销理论

　　整合营销是网络营销理论中的一个新理念,是传统市场营销理论为适应网络营销的发展而逐步转化形成的。整合营销是一种对各种营销工具和手段的系统化结合,可根据环境进行即时性的动态修正,以使交换双方在交互中实现价值增值的营销理念与方法。整合营销是为了建立、维护、传播品牌以及加强客户关系,而对品牌进行计划、实施和监督的一系列营销工作。整合就是把各个独立的营销工作综合成一个整体,以产生协同效应。这些独立的营销工作包括广告、直接营销、销售促进、人员推销、包装、事件、赞助和客户服务等。

　　网络营销中的整合营销已从理论上离开了在传统营销理论中占中心地位的 4P 组合理论,逐渐转向以 4C 组合理论为基础和前提。在基于互联网的网络营销中,可以利用传统营销的 4P 组合理论,使其很好地与以顾客为中心的 4C 组合理论相结合,逐步形成和完善网络营销中的整合营销理论。

　　建立在互联网基础上的整合营销,被称为整合网络营销。整合网络营销就是在深入研究互联网资源,熟悉网络营销方法的基础上,从企业的实际情况出发,根据不同网络营销产品的优缺利弊,整合多种网络营销方法,为企业提供网络营销解决方案。简单地说,整合网络营销就是整合各种网络营销方法,和客户需求进行匹配,给客户提供最佳的网络营销方法。

　　1. 网络营销的产品和服务以消费者为中心

　　由于互联网具有很好的引导性和互动性,消费者可以通过互联网对产品或服务进行选择或提出具体要求;企业则可以根据消费者的选择或对产品的具体要求,及时组织生产并及时为消费者提供服务,以便消费者能跨时空地得到满足。另一方面,企业也可以及时了解消费者的需求,根据消费者提出的具体要求,及时组织生产和销售,提高企业的生产效率和营销效率。

　　2. 网络营销的产品销售以方便消费者为主

　　网络营销是一对一的分销,是跨越时空的销售方法,消费者可以随时随地利用互联网进行订货(或预约)和购买商品(或取得服务)。

　　3. 网络营销以消费者能接受的成本定价

　　传统企业以生产成本为基准的定价方式在以市场为导向的营销中必须予以摒弃。新型的价格应是以消费者能够并愿意接受的成本来制定,并依据消费者能够并愿意接受的成本来组织生产和销售。企业以消费者为中心进行定价,必须测定市场中消费者的需求以及对价格认同的标准。在互联网上,企业可以很容易地实现这些要求,消费者可以通过互联网向企业提出自己愿意接受的价格,企业就可以根据消费者愿意接受的价格成本提供柔性的产品设计和生产方案让消费者选择，直到消费者认同确认后再组织生产或销售。所有以上这些交互的过程都是消费者在企业的服务程序的引导之下完成的，并不需要专门的营销人员陪同，因此营销成本十分低廉。

4. 网络营销使强制式促销转向加强与消费者的沟通和联系

传统的促销以企业为主体，通过一定的媒体或人员对消费者进行强制式的灌输，以加强消费者对企业和产品的接受度和忠诚度，消费者完全处于被动状态，缺乏企业与消费者之间的沟通和联系。这种促销方式使企业的促销成本逐年上升。网络营销则是一对一和交互式的营销方式，消费者完全可以参与到企业的营销活动中。因此，企业借助互联网更能加强与消费者的沟通和联系，了解消费者的需求，也更易引起消费者的认同。

2.3　网络营销新理论

2.3.1　网络软营销理论

所谓网络软营销理论，实际上是针对工业经济时代的大规模生产为主要特征的"强势营销"而提出的新理论。它强调企业在进行市场营销活动时，必须尊重消费者的感受和体验，让消费者乐意主动接受企业的营销活动。

1. 网络软营销和传统强势营销的区别

在传统营销中，最能体现强势营销特征的两种促销手段是传统广告和人员推销。在传统广告中，企业通过铺天盖地的广告对消费者进行狂轰滥炸，把产品或企业的信息强制地塞进消费者的视觉和听觉范围，至于消费者是否愿意接受、需不需要这类信息则从不考虑，这就是一种强势。人员推销也是如此，它根本不考虑被推销对象是否需要，也不征得用户的同意，只是根据推销人员自己的判断，强行展开推销活动。软营销理论则强调要尊重消费者的需要、感受和体验，让消费者自觉自愿地、主动地加入到营销活动过程中，消费者不再是营销活动的被动接受者，而是主动参与者。概括地说，软营销与强势营销的根本区别在于软营销的主动方是消费者，而强势营销的主动方是企业。消费者在心理上要求自己成为主动方，而网络的互动特性使其成为可能。

2. 网络社区和网络礼仪

网络社区和网络礼仪是网络营销理论中所特有的两个重要的基本概念，是实施网络软营销的基本出发点。网络社区是指那些具有相同兴趣或目的，经常相互交流，互利互惠，能给每个成员以安全感和身份意识等特征的互联网上的单位或个人组成的团体。网络社区也是一个互利互惠的组织，如贴吧，论坛等。有些敏锐的营销人员意在利用这种普遍存在的网络社区的紧密关系，使之成为企业利益来源的一部分。例如，专营运动和健美体育用品的 Reebok 公司，创建了 Reebok 的 Web 站点（www.reebok.com），提供了有关日益流行的多功能体育训练的丰富信息（包括气功、体操、太极等）及女性在健美中心经常参加的体育训练、各类人参加何种训练的专业建议、各种体育训练的专题指导、对著名教练的采访、体育训练活动和聚会的安排等信息，而这些内容都是当地报纸上找不到的，因而吸引了众多人的访问、参与等。随着站点注册会员的不断增加，其企业品牌的知名度得到有效提升。

企业在互联网上开展网络营销活动还必须要遵循网络礼仪(Netiquette),网络礼仪是互联网自诞生以来所逐步形成与不断完善的一套良好的、不成文的网络行为规范。例如,不使用电子公告牌(BBS)张贴私人的电子邮件,不进行喧哗的销售活动,不在网上随意传递带有欺骗性质的邮件等。网络礼仪是网上一切行为都必须遵守的准则,网络营销也如此。网络营销的经营者需要牢固树立起网络礼仪的意识。

但是网络上仍然存在不少"强势营销"。进入某个网站,可能会看到遮盖屏幕并强行进入人们视线的广告;打开免费信箱,会收到一大堆垃圾邮件。一些邮件服务商出于商业目的,大肆兜售邮件列表,而某些号称功能强大的发送软件,更助虐了垃圾邮件的泛滥。例如,著名的美国在线公司(AOL)曾对顾客强行发送 E-mail 广告,遭致顾客一致反对,许多顾客约定同时给该公司的服务器发送 E-mail 进行报复,使得该企业的邮件服务器瘫痪,该公司最后不得不通过道歉平息众怒。

综上所述,网络软营销就是在遵循网络礼仪的基础上,利用网络文化的微妙之处来营造潜在的销售氛围,从而获得一种独特的营销效果。例如,按钮广告既方便感兴趣的消费者点击进入浏览,又不会对其他人造成影响;得到允许的电子杂志,不仅使用礼貌的词语,还附有退订、删除按钮,以免消费者有被骚扰的感觉。

2.3.2 SoLoMo 营销理论

SoLoMo 营销理论是由约翰·杜尔(John Doerr)在 2011 年提出的,指的是社会化(Social)、本地化(Local)和移动化(Mobile),三者合一即为网络营销模式发展的新特点。

"Social"是指以 Facebook、新浪微博等为代表的社交类网站;"Local"意味着在采用iOS 系统或 Android 系统等智能手机中的 LBS(Location Based Service,即定位服务)应用,其代表是 Foursquare、街旁等;"Mobile"是随着 4G、5G 网络发展越来越融入人们生活的移动互联网。基于单独的社交、地域和移动的服务很容易出现同质化竞争,会出现路越走越窄的现象。但当把社交、地域和移动作为一个整体时,它的价值则代表着三者的进一步联合和创新。SoLoMo 营销理论就是社交加地域加移动,代表互联网发展的未来。其中,移动是基础,区域是移动客户端的范围、位置和群体,而社交则是基于两者所要实现的目标。其价值体现在以下三个方面。

1. 更加移动化(Mobilization)

第 50 次《中国互联网络发展状况统计报告》显示,截至 2022 年 6 月,我国手机网民规模为 10.47 亿,网民中使用手机上网的比例为 99.6%,这意味着大多数人都将成为无线互联网终端的使用者,成为品牌潜在客户。虽然人们登录互联网的时间越来越碎片化,但实质上却扩大了与其接触的时间面。移动无疑是 SoLoMo 营销理论的核心,它体现了从静止到移动、从桌面到手持终端、从单一到多元化的转变;它以智能手机为载体,改变了人们桌面时代的思维,在一定程度上推动了互联网新时代的变革。

2. 更加本地化(Localization)

近年来 LBS 已经被广泛使用并改变着我们的生活,就像有的网民总结的那样——朋友聚会,可以用大众点评网的应用搜索附近数百米内评价口味星级最高的餐馆;可以用百度地图寻找最便捷的行车路线；在街旁网签到分享与友人大快朵颐的照片；发一条新浪微博并添上自己所在的位置；高德导航可以轻松取代车载 GPS，迅速指向下一个玩乐的目的地。可以说 LBS 是 SoLoMo 营销理论的雏形，为今后服务向本地化的发展指明了方向。

3. 更加社会化(Socialization)

如果说常见的社交网站是由分散在全国乃至世界各地的，关系相对于松散的用户群体所构成，那么 SoLoMo 营销理论无疑是提炼出了同一地区经常能够见面的细分群体。可以说，这一群体的线下活动在某种程度上成为了在社交网站上交流沟通的时间、空间方向的延伸。SoLoMo 更加紧密的社会化交流沟通是赢得更多潜在顾客的有效方法，这无疑比社交网络更富有魅力。

举例来说，原本只是一个地图应用的百度地图这几年开始集成周围服务搜索，并打通了微信等平台的通道(微信同样可以从地图定位中获益)，为社交网站提供地图显示和位置分享等功能。同样，微信和 QQ 也增加了附近功能，尤其 QQ 可以提供附近活动搜索和展示，从而更加社交化和本地区域化。

作为网络营销人员，基于 SoLoMo 营销理论的拓展性思维是：我的应用和服务是否可以建立客户交流并延伸到线下服务，建立地域性线下社交群体，从而进一步社会化？如何应用 LBS 位置服务，为客户提供更精准和更有趣的位置服务？如何充分利用移动客户端(手机或 ipad)的碎片时间，与客户建立更大的接触面？换言之，互联网营销人员面对的一个问题是：我的应用和服务如何通过重新定位和创新，做到更社交化、区域化和移动化？

2.3.3　SURE 网络营销理论

SURE 网络营销理论，又称互联网营销理论，来源于机械工业出版社 2015 年底出版的新书《互联网营销：理念的颠覆与蜕变》。SURE 的四个大写字母分别代表口碑扩散(Spreading)、关系融合(Unification)、路径营销(Route)和精准营销(Exactness)四个营销推广策划准则，是基于互联网商业环境提出的一项新的营销思想。

1. 口碑扩散是 SURE 理论主张的第一项策划准则

互联网奉行"口碑为王"的原则，口碑的重要性显而易见，因此扩散品牌口碑是网络营销策划的重点方向。SURE 网络营销理论认为，企业应当从内容营销、病毒式营销、用户体验营销、真诚营销等途径来扩散其品牌口碑。

2. 关系融合是 SURE 理论主张的第二项策划准则

在互联网时代，消费者可以实时跟企业互动，粉丝是互联网客户关系的一个重要特征。企业可以借助应用软件、社交媒体等与消费者在线连接、互动，加深企业与消费者的关系，帮助企业品牌赢得消费者的认同，培养其品牌的粉丝。粉丝意味着客户与企业之间的紧密关系。粉丝不仅会在企业引导下深化和扩大消费，还可以为企业传播口碑，甚至可以帮助品牌自我完善。SURE 网络营销理论认为，企业可以依照连接、互动和粉丝民主三个步骤循序渐进地推进与客户的关系融合。

3. 路径营销是 SURE 理论主张的第三项策划准则

路径营销是指对于主动搜索的消费者，在其搜索时向其营销，让企业品牌信息在此得到更好的展示。简单来说，就是在消费者会搜索的地方都要去做营销工作。SURE 网络营销理论认为，企业可以从入口、搜索引擎和节点三处策划路径营销。

4. 精准营销是 SURE 理论主张的第四项策划准则

不同于现实的商业世界，互联网可以自动识别个体消费者的虚拟身份，并且记录跟踪和分析他们的每一项互联网行为。因此，互联网上的营销推广应当遵循一对一的精准营销理念，向特定消费者定向推广其感兴趣的商业信息。SURE 网络营销理论认为，互联网上的强制性推广应当基于数据或大数据技术，从推广对象、媒体投放和效果测量三个角度追求精准；努力做到以精准的内容、媒介和投放规模，向精准的对象推广，并不断纠错以达到更加精准。

本 章 小 结

网络经济是一种建立在计算机网络（特别是 Internet）基础之上，以现代信息技术为核心的新的经济形态。它有着与传统经济迥然不同的特征、原理和规律。在网络经济中，企业必须顺应环境的变化，把握网络经济基本规律，采取合适的竞争战略和营销策略，才有可能在激烈的竞争中生存并发展起来。网络的基本规律有摩尔定律、吉尔德定律和梅特卡夫定律。摩尔定律和吉尔德定律揭示了网络与信息技术的发展速度，为网络经济的发展奠定了物质基础。梅特卡夫法则揭示了在网络环境下商品使用的人越多，价值越大。

网络外部性是网络经济中的重要概念，是指连接到一个网络的价值取决于已经连接到该网络的其他人的数量。通俗地说，用户人数越多，每个用户得到的效用就越高，网络中每个人的价值与网络中其他人的数量成正比。在网络经济中，马太效应现象加剧，某个时期内往往会出现"强者更强，弱者更弱"的局面，而且由于名牌效应，还可能发生强者通赢，赢者通吃的垄断现象。达维多定律揭示了网络市场取得成功的真谛，即不断创造新产品，及时淘汰老产品，使新产品尽快进入市场，并使自己产品成功地形成新的市场和产品标准，进而形成大规模生产，从而获得高额的利润。

网络营销理论需要在传统营销理论的基础上，从网络的特性和消费者需求的演化这两个角度出发，对营销理论进行重新演绎和创新。4P 理论具有了 5 个方面新的特点，即附加信息的产品（Product）、动态价格（Price）、增值渠道（Place）、互动促销（Promotion）和合作与结盟。4C 理论强调，在网络营销中企业应首先把追求顾客满意放在第一位，产品必须满足顾客需求（Customer），同时降低顾客的购买成本（Cost），产品和服务在研发时就要充分考虑客户的购买力，然后要充分注意到顾客购买过程中的便利性（Convenience），最后还应以消费者为中心实施有效的营销沟通（Communication）。网络直复营销的互动性、跨时空性、一对一服务和营销效果可测定等特性，使顾客可以直接通过网络订货和付款，企业可以通过网络接收订单、安排生产，并直接将产品送达顾客。

关系营销是以系统论为基本思想，将企业置身于社会经济大环境中考察企业的市场营销活动，认为企业营销是一个与消费者、竞争者、供应商、分销商及政府管理机构发生互动作用的过程，正确处理与他们的关系是企业营销的核心。在网络实施关系营销过程中，能精准地发现顾客需求，快速满足其需求并通过互动沟通保证顾客满意，进而提升顾客忠诚度。在基于互联网的网络营销中，可以利用传统营销的 4P 组合理论，使其很好地与以顾客为中心的 4C 组合理论相结合，逐步形成和完善网络整合营销理论。整合网络营销就是整合各种网络营销方法，和客户需求进行匹配，给客户提供最佳的网络营销方法。

网络软营销就是在遵循网络礼仪的基础上，利用网络文化的微妙之处来营造潜在的销售氛围，从而获得一种独特的营销效果。网络软营销与传统强势营销的根本区别在于软营销的主动方是消费者，而强势营销的主动方是企业。SoLoMo 营销理论指的是社会化（Social）、本地化（Local）和移动化（Mobile），三者合一即为网络营销模式发展的新特点。SoLoMo 营销理论就是社交加地域加移动，代表互联网发展的未来。SURE 网络营销理论中四个字母分别代表口碑扩散（Spreading）、关系融合（Unification）、路径营销（Route）和精准营销（Exactness）四个营销推广策划准则，是基于互联网商业环境提出的一项新的营销思想。

复 习 思 考

1. 摩尔定律与吉尔德定律揭示了哪些网络规律？
2. 梅特卡夫定律、马太效应与网络外部性说明了网络经济怎样的运行规律？
3. 举例说明在网络环境中企业是如何实施关系营销的。
4. 网络直复营销的哪些特性能更好地促进企业开展营销活动？
5. 如何理解 SoLoMo 营销理论所讲的"社交加地域加移动，代表互联网发展的未来"？
6. 结合具体的例子来阐述你对网络软营销理论的理解。
7. 实践题：请分析某企业是如何整合各种网络营销方法，以 4P 理论为基础并结合以顾客为中心的 4C 理论，有效地开展网络整合营销活动的？

❖ **案例分析**

美团的 O2O 营销模式分析

美团从创立伊始即制订了以最为契合 O2O 特征"线上交易、线下消费"的团购业务为切入点，横向发展，深入渗透与消费生活息息相关的外卖、电影、酒店等各个垂直细分领域，打造连接人与服务的本地生活服务平台的"T 型战略"。目前，美团作为中国最大的在线本地生活服务平台，覆盖了餐饮、酒店、旅行、休闲娱乐、外卖配送等方方面面生活场景，连接了数亿用户和数百万商户。

以美团为代表的 O2O 本地生活服务平台快速成长壮大，逐渐成为广大本地服务商户在线营销的最重要的手段之一。美团平台上聚集了上亿的消费者，他们使用平台寻找商家、查询优惠信息、浏览评论。对于商户而言，他们是最直接的潜在消费者。通过在美团平台开展在线营销，商户能够获得更多的展示机会，吸引更多客户到店消费。借助于便利的在线咨询、预定和支付手段，平台上的广告业务形成了效果闭环，商户能清晰准确地掌握广告投放的效果并以此优化广告投放策略。

对于美团而言，平台可以基于对用户大数据的挖掘和分析，在由时间、地点、用户和关系构成的特定场景下，连接用户线上和线下行为，理解并判断用户情感、态度和需求，为用户提供实时、定向、创意的信息和内容服务。与传统的 B2C、B2B 模式下的营销相比较，O2O 模式下的在线营销有其独特属性，主要体现在移动化、本地化、场景化以及多样性四个维度上。

1. 移动化

随着宽带无线接入技术和移动终端技术的飞速发展，人们逐渐开始使用手机等移动设备随时随地从互联网上获取信息和服务。在这个时代，无论是新闻阅读、社交通信还是网络购物，人们都习惯于通过手机应用来直接满足自身的需求。美团在移动互联网发展的初期就主动适应了这一历史潮流，大力发展移动服务能力，目前已经有超过90%的交易行为是通过移动互联网服务达成的。

O2O作为连接人和服务的本地化生活服务营销模式，有鲜明的移动化和本地化的特点。其移动化主要体现在精确性、即时性和互动性三个方面。通过移动设备的传感器，我们能精确了解用户所处的地理位置，推送更加精准的营销内容，绝大多数用户随时都把手机带在身边，所以营销信息能及时推送给用户。功能强大的各种移动应用，为营销提供了多种互动可能性。

例如，在美团App上的外卖服务具有典型的O2O特征。用户在线上美团外卖客户端进行外卖产品的筛选和购买：首先由GPS定位自动形成以用户所在地理位置为中心向四周扩散的外卖商户列表，随后用户可以通过商圈、学校、街道等地理位置类别，快餐、西餐、川菜等餐饮类别，以及评论数量和人气值等口碑情况进一步对产品和服务进行选择。通过在线下单并支付后，外卖平台将用户购买信息和具体要求即时通知商户，商户进行菜品制作，并利用线下物流配送至用户所在地理位置。

2. 本地化

美团O2O业务中都以本地化的应用服务为切入点充分挖掘LBS的内涵与潜力，根据消费者所在或目的地理位置为中心辐射一定地域范围内的衣食住行方方面面覆盖本地生活娱乐需求，并进一步按照地域划分、服务类别、偏好要求、口碑评价等细化分类，创造基于LBS的本地生活服务目录，以最直观的形式进行产品和服务的线上展示，方便消费者按图索骥各取所需，最大化将线上流量导入线下实际消费。

以转化效果为导向的O2O营销的目标用户是提供服务的本地商户附近的人群。在淘宝上，一双皮鞋可以对全国的用户开展推广和售卖，无论消费者在何地，物流和快递都会准确地把货物送达消费者。而在美团上，一家在五道口的火锅店最佳的推广对象是五道口附近的食客，这些食客才最有可能直接到火锅店来消费。通过实际的交易数据显示，超过90%的交易中用户和商户的距离小于3公里。营销活动要取得好的效果，必须针对性地选择目标群体，在O2O营销中目标群体就是本地化的用户人群，移动设备的精确定位为商户发现目标人群提供了保证。

3. 场景化

消费者、移动设备、时间、空间构成了用户消费需求的精准场景。PC时代，用户的标识以Cookie为载体，但Cookie极易清除，同时一台电脑可能会被多人使用，这导致用户信息很难有效串联，连受众年龄、居住地等基础信息都无法准确把握。而在移动互联网时代一人一机的模式下，通过分析和挖掘用户在平台上留下的各种行为足迹，就能对用户方方面面的属性和偏好进行解析和重构，得出十分精准的用户画像。在了解用户的地理位置、消费意图和行为轨迹等用户信息前提下，O2O营销能在由时间、地点、用户和需求构成的特定场景下，为用户提供实时、定向和富有创意的营销内容，连接用户线上和线下的行为。例如，在一个阳光明媚的下午，对一个在 CBD 上班并有喝下午茶习惯的白领，平台可以适时地推送下午茶或者咖啡店商户。

4. 多样性

O2O 商业模式面对的是各式各样的本地生活服务业务，不同的业务有着不同的特点，对 O2O 营销也提出了不同的需求。举个简单的例子，不同的服务业务对目标用户的本地性要求也大相径庭：餐饮类服务对距离比较敏感，这一类服务商家的目标用户群体是商户周边的食客；婚纱摄影类服务对距离就没那么敏感了，这一类服务商家的目标群体是全城的新婚夫妇。

美团从单一的团购模式走向全领域本地生活服务 O2O 模式，成功证明了 O2O 营销模式的高度可行性与无限潜力。

思考：以美团优选为分析对象，谈谈其 O2O 营销模式的优劣势。

第 3 章　网络营销环境分析

学习目标

    1. 了解网络营销环境的要素与结构组成；

    2. 理解并能运用 SWOT 分析方法；

    3. 掌握网络营销宏观环境的分析内容；

    4. 掌握网络营销微观环境的分析内容。

知识结构图

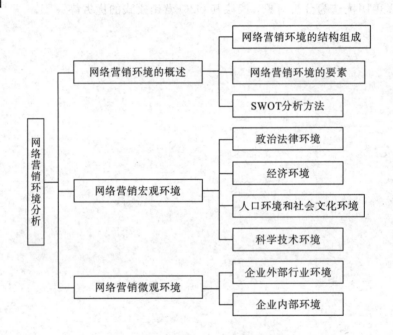

3.1　网络营销环境的概述

    互联网已经不只是传统意义上的电子商务工具，而是独立成为新的市场营销环境，为企业市场营销创造了新的发展机遇与挑战。随着社会的发展，特别是网络技术在网络营销中的运用，市场营销环境更加变化多端。如何不断地观察和分析环境的变化并适应这种变化，是企业网络营销取得成功的关键。网络营销环境是建立在网络环境中的企业实施网络营销所面临的虚拟市场环境，它以网络技术为基础，为企业传播营销信息、把握营销动态提供了崭新的媒体与沟通环境。企业的网络营销环境是指影响企业的网络营销活动及其目标实现的各种因素和动向。

3.1.1　网络营销环境的结构组成

根据对企业网络营销活动影响的直接程度，网络营销环境可以分为网络营销宏观环境和网络营销微观环境（如图 3.1 所示）。网络营销的宏观环境是指间接影响企业营销活动的不可控制的社会力量，包括政治/法律、人口、经济、社会文化、科学技术等因素。网络营销的微观环境是直接影响和制约企业的营销活动的环境因素，可以分为企业内部微观环境和企业外部微观环境。企业内部微观环境包括企业市场营销部门外的其他部门，如企业最高管理层、财务部门、研发部门、采购部门、生产部门、销售部门等。这些部门密切配合，实现企业市场营销的完整过程。企业外部微观环境包括供应商，营销中介、顾客、竞争者和公众等因素。

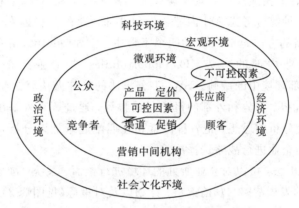

图 3.1　企业网络营销活动的影响因素

3.1.2　网络营销环境的要素

网络营销环境是作用于企业营销系统运行的一切外在的参与者和影响力。网络自身构成了一个市场营销的整体环境，要进行网络营销环境的分析，首先需要掌握其具有以下五个方面的构成要素。

1. 信息资源

信息是市场营销过程的关键资源，是互联网的血液。通过互联网可以为企业提供各种信息，指导企业的网络营销活动。

2. 全面影响力

环境要与体系内的所有参与者发生作用，而非个体之间的相互作用。每一个上网者都是互联网的一分子，可以无限制地接触互联网的全部，同时在这一过程中要受到互联网的影响。

3. 动态变化

整体环境在不断变化中发挥其作用和影响。不断更新和变化正是互联网的优势所在。

4. 多因素互相作用

整体环境是由互相联系的多种因素有机组合而成的，涉及企业活动的各因素在互联网上通过网址来实现。

5. 反应机制

环境可以对其主体产生影响。同时，主体的行为也会改造环境，环境以相应的变化反映主体的行为结果。企业可以将自己企业的信息通过公司网站发布在互联网上，也可以通过互联网上的信息进行决策。

由此可见，互联网已经不只是传统意义上的电子商务工具，而是独立的新的市场营销环境。它以范围广、交互性强、易操作等优势为企业市场营销创造了新的发展机遇。

3.1.3 SWOT 分析方法

SWOT 分析法是由美国知名管理学教授海因茨·韦里克（Heinz Weihrich）20 世纪 80 年代初提出的，是一种综合考虑企业内部条件和外部环境的各种因素，进行系统评价，从而选择最佳经营战略的方法。SWOT 的四个字母中，S（Strengths）指企业内部的优势，W（Weakness）是指企业内部的劣势，O（Opportunities）指企业外部环境中的机会，T（Threats）指企业外部环境中的威胁。SWOT 分析法的具体做法就是将与研究对象密切相关的各种主要内部优势、劣势和外部的机会和威胁等，通过调查列举出来，并依照矩阵形式排列，然后用系统分析的思想，把各种因素相互匹配起来加以分析，从中得出一系列相应的结论，进而帮助企业进行战略选择决策。

运用 SWOT 分析法，可以对企业所处的环境进行全面、系统、准确的研究，从而根据研究结果制定相应的发展战略、营销策略、计划以及对策等（见图 3.2）。

外部环境	内部能力	
	优势（Strengths）	劣势（Weaknesses）
	了解公司的优点	了解公司的缺点
机会（Opportunities）	SO	WO
掌握外部环境的机会因素	利用优点的外部环境机会的应用战略方案	存有缺点的外部环境机会的应用战略方案
风险（Threats）	ST	WT
掌握外部环境的风险因素	利用优点的外部环境风险的对应战略方案	存有缺点的外部环境风险的对应战略方案

图 3.2 企业 SWOT 分析

3.2　网络营销宏观环境

宏观环境是指一个国家或地区的法律道德、人口、经济、社会文化、科学技术及自然等环境因素,是影响企业进行网络营销活动的宏观条件。宏观环境对企业短期的利益可能影响不大,但对企业的长远发展和发展战略的制定具有重大的影响。美国学者 Johnson G 与 Scholes K 提出的 PEST 模型为宏观环境分析提供了基本框架。PEST 模型包括政治(Political)、经济(Economic)、社会(Social)和技术(Technological)四大方面的主要外部环境因素(见图 3.3)。PEST 分析的关键,是确定四大维度之下,影响本企业战略和经营的具体因素。

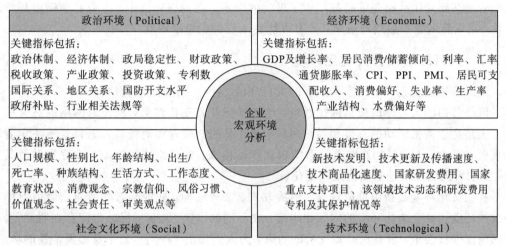

图 3.3　网络营销环境 PEST 分析

3.2.1　政治法律环境

网络营销法律环境是指能对企业的网络营销活动起到规范或保障作用的有关法律、法令、条例及规章制度等法律性文件的制定、修改、废除及其立法与司法等因素的总称。此外,由于互联网自身所拥有的一些特性(如虚拟性和隐蔽性等),企业和消费者的网上行为出现了一些突破传统道德规范的问题,产生了诸如侵犯消费者隐私权、网络欺诈、网络色情等违背道德甚至违犯法律的行为。网络营销面临着种种道德伦理等方面问题的严峻挑战。

政治法律环境因素对企业开展网络营销活动具有保障和规范作用,具体来讲,体现在以下四个方面:一是企业的网络营销活动要遵守当地的相关法律法规的规定;二是企业的网络营销活动要服从国家有关发展战略与政策的要求;三是企业要积极利用国家政策给网络营销带来的机会及时开展营销活动;四是企业要积极运用相关的法律法规武器,保护自己在网络营销活动中的合法权益。了解并遵守本国和相关国家的法律和法规,是企业做好国内和国际网络营销管理工作的基础。对企业来说,法律是评判企业营销活动的准则,只有依法开展网络营销,才能受到国家法律的有效保护。

3.2.2　经济环境

　　企业在开展网络营销活动中，需要考虑的经济环境因素主要有两个方面，即现实的经济环境和网络经济环境。现实的经济环境是内部分类最多、具体因素最多，并对市场具有广泛和直接影响的环境内容。现实的经济环境不仅包括社会经济结构、经济发展水平、经济体制、经济增长、经济周期与发展阶段以及经济政策体系等方面内容，也包括收入水平、市场价格、利率、汇率、税收等经济参数和政府调节取向等内容。

　　网络经济是指建立在计算机网络基础上的生产、分配、交换和消费的经济关系，是在传统经济基础上产生的、经过以计算机为核心的现代通信技术提升的一种高级经济发展形式。与传统经济相比，网络经济具有许多不同的特征、原理和规律，这些特点对网络营销从经营理念到营销战略与策略都产生了极大的影响。在网络经济中，企业必须顺应环境的变化，采取新的竞争战略与策略，才有可能在激烈的竞争中取胜。

3.2.3　人口环境和社会文化环境

　　网络营销还受到一个国家和地区的人口环境、社会文化环境的影响。

　　网络营销的人口环境包括网民数量、结构特征及其变化趋势，网民对网络的态度等方面。人是企业营销活动的直接和最终对象，是产品的购买者和消费者。人口规模决定着市场规模和潜力；人口结构影响着消费结构和产品构成；人口组成的家庭、家庭类型及其变化，影响着消费品的消费结构及其变化。

　　社会文化环境是指由价值观念、生活方式、宗教信仰、职业与教育程度、风俗习惯等构成的环境。社会文化环境的内容很丰富，在不同的国家、地区、民族之间存在明显差异。在网络虚拟社会里，没有权威和世俗的约束，为人们提供了平等、公平及彰显个性的场所；通过快速、高效的信息传递和沟通，人与人之间进行着前所未有的思想、观念和价值观的交流与影响，进而改变行为，并形成一种独具特色的网络文化。网络文化作为一种不分国界、不分地区、建立在互联网基础上的亚文化，涵盖了人们在参与信息网络应用与技术开发过程中所建立起来的价值观念、思想意识、语言习惯、网络礼仪、网络习俗以及社会关系等，并对网络消费群体产生重大影响。在营销竞争手段向顾客价值导向转变的今天，营销企业应善于把握不断变化的社会文化环境，制定相应的营销决策。

3.2.4　科学技术环境

　　网络营销的产生和发展是以计算机和通信技术为基础的。伴随着互联网技术的不断发展，新兴的互联网技术不断改变着人们的思维方式和行为习惯，人类社会发生了翻天覆地的变化。技术进步改变了网络用户的结构，扩展了网络营销的范畴。宽带技术的发展使视频点播、多媒体网络教学成为可能；数字技术的提高使得企业可以在网上用视频进行立体的产品功能展示和说明，并可与消费者进行在线的实时交流，第一时间把握消费需求变化；移动网络技术的发展，使更多的人参与到网络中来，移动办公、移动购物和移动金融等，大大开拓了网络市场潜力，使得网络交易规模迅速扩大。网络供应链系统的革新使得网上交易平台支付风险大为减少；竞价系统的革新，使网民参与网络购物的热情大大提高；数据挖掘技术的进步，实现了营销科学预测和精准营销。技术环境的发展变化必然推动着有技术基因的网络营销模式的变革和发展，也为企业改善经营管理提供了有力的技术保障。如何利用互联网思维武装头脑，掌握互联网技术相关知识，对营销从业人员进行有效营销有着重要的指导意义。

3.3　网络营销微观环境

微观环境由企业及其周围的活动者组成，直接影响着企业为顾客服务的能力。网络营销的微观环境主要由网络营销外部行业环境和网络营销内部微观环境组成。外部行业环境由网络营销渠道企业（包括供应商、中介商）、顾客、竞争者、潜在进入者、替代进入者以及现有竞争企业等组成。

3.3.1　企业外部行业环境

波特五力模型是迈克尔·波特（Michael Porter）于 20 世纪 80 年代初提出的。他认为行业中存在着决定竞争规模和程度的五种力量，这五种力量综合起来影响着产业的吸引力以及现有企业的竞争战略决策。这五种力量分别为同行业内现有竞争者的竞争能力、潜在竞争者进入的能力、替代品的替代能力、供应商的讨价还价能力与购买者的议价能力（见图 3.4）。因此，企业网络营销的外部环境包括网络供应商、网上公众、网络营销中介、网络顾客、网络竞争者等因素。

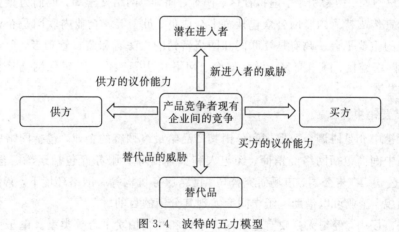

图 3.4　波特的五力模型

1. 网络供应商

供应商是指向企业及其竞争者提供生产经营所需的原材料、部件、能源、资金等资源的公司或个人。对于原料网络供应商来说，一方面如果其提供的商品处于垄断地位，或缺乏有效替代品，或买方转换成本高，或供方掌握更充分的供求信息等，都容易对企业的生产成本造成影响；另一方面，网络供应商对网络企业来说至关重要，它所提供的服务水平（包括供应的及时性和稳定性、供货质量保证等），直接决定着网络企业的营销运营水平。因此，企业和供应商之间的关系是交易关系、竞争关系和合作关系。首先是交易关系，双方因各自需要而相互交换产品、服务和信息。其次是竞争关系，双方为各自独立的经济利益而讨价还价，力图获得定价权。第三是合作关系，交易的结果是双方互相依赖和交流，通过有效合作实现共赢。在营销活动中，企业必须处理与供应商之间的这三种关系，最终成为合作伙伴关系，互惠互利、实现共赢。

2. 网络顾客

顾客是企业网络营销活动的最终目标市场，企业的网络营销活动应以满足顾客需要为中心，这是营销活动成功的关键。互联网的发展不仅为企业提供了广阔的市场营销空间，同时也为消费者在更大范围内选择商品、比较商品创造了条件。通过网络，顾客可以获得更多的产品或服务信息，做出更为合理的购买决策；借助互联网双向沟通平台，企业可以充分展示其产品服务形象，丰富产品服务信息，了解顾客需求和市场竞争状况，有针对性地开展营销活动，从而更好地满足顾客需求。

3. 网上公众

网上公众是指对网络营销企业实现其营销目标构成实际或潜在影响的任何团体、单位和个人，包括网民、网络金融服务机构、网络媒体、内联网公众、政府等。

网民是网络营销企业的潜在顾客，是企业网站的主要访问者和企业的营销对象，是企业关注的核心。网络营销企业必须关注网民对其网站、产品或服务的态度和评价，树立良好的网上企业形象。网络金融服务机构是指网络营销企业的融资对象或投资人，包括网上银行、风险投资公司等。网络媒体是借助互联网传播信息的渠道，主要包括电子报纸、电子杂志、门户网站、搜索引擎、虚拟社区、博客、播客、网络文学等，他们为企业提供站点推广和广告宣传支持。内联网公众包括董事会成员、员工等。企业内联网是企业内部信息传递和交流的重要平台。政府是互联网和网络营销的立法者和监督管理者，负责管理网络企业审批、网络链接、网络交易、网络安全、网络立法等工作，以确保网络经济健康、稳定、有序的发展。

4. 网络营销中介

网络营销中介是协调企业促销和分销其产品给最终顾客的企业，包括网络中间商和服务商。网络中间商包括网络经销商、经纪人和代理商等。服务商包括运输、仓储、保险、银行、财务公司、广告公司、市场研究公司、网络服务机构等。网络环境下，营销中介呈现出全新的面貌，企业可以借助电子中间商实现其分销的目的。

在网络市场中，经纪人主要有电子商务平台和在线拍卖平台等类型。电子商务平台的主要功能是聚集交易各方，并提供交易服务，以收取佣金和广告服务为主要盈利模式，如天猫网站；在线拍卖类似于传统拍卖，由买方在线进行出价，一般取出价最高者成交，如eBay网站，其盈利模式也主要是来自佣金和广告收入。代理商可以分为卖方代理和买方代理，分别代表卖方或买方与对方进行交易。卖方代理包括销售代理和生产商代理，以收取代理费为其主要盈利模式。买方代理包括购物代理和反向拍卖，购物代理为消费者提供产品和服务的比较服务，主要提供比价服务，其盈利模式一般为广告服务，如 Mysimon；反向拍卖不同于传统拍卖，是由买方提出需求，卖方进行竞价，一般取价低者且满足买方要求者成交，盈利模式为佣金和广告服务，如 Priceline 网站。经销商类似于传统市场，包括批发商和零售商，只要通过商品的转售获取差价盈利，并提供相关销售服务。

网络市场的服务商相比传统市场有了很大的变革。网络服务提供商(Internet Service Provider，ISP)是为用户提供 Internet 接入和(或)Internet 信息服务的公司或机构，前者简称 IAP(Internet Access Provider，Internet 接入提供商)，后者简称 ICP(Internet Content Provider，Internet 内容提供商)。一般而言，企业为了使其网站正常运转，应与相关的网络服务提供商合作，获得他们的技术支持。新型的物流公司提供包括运输和仓储功能等一体化物流服务，物流服务成本和质量直接影响商品的价格和顾客体验。借助于快捷高效的物流服务提供商来完成交易已成为许多网络营销企业的首选。认证中心和网上金融服务提供商是影响网络营销的关键因素。认证中心提供对企业和顾客身份的认证，确定交易双方身份的合法性、真实性，以提高交易的可靠性和安全性。网上金融服务提供商通过提供各种电子支付方式，简化企业与顾客之间的支付活动，提高支付效率，实现安全支付。互联网金融颠覆了传统金融行业的服务，小额贷款、众筹等服务为中小企业融资带来了便利，扩大了企业营销活动的空间。网上营销服务机构是为企业提供网络技术支持、网上调研、营销策划、网络广告设计发布、站点推广、会计及法律咨询等服务的中介机构，为企业顺利开展网络营销活动，提高营销效率、提升企业品牌形象和快速发展创造了机会。

5. 网络竞争者

在网络环境下，市场竞争愈加激烈(见表 3.1)。一方面，在网络市场中竞争者的相关信息在网上呈现，使得产品的优劣势很容易显现出来，促使企业尽可能改善产品和服务的不足，大力进行产品创新；另一方面，由于网络营销的低成本特性，而且进入壁垒降低，越来越多的企业利用网络开展营销活动，使得参与竞争的企业数量急剧增长。

表 3.1　传统竞争环境和电子商务竞争环境下五种力量的变化

五种力量	传统竞争环境	电子商务竞争环境
企业内的竞争	竞争较为激烈	竞争更为激烈，竞争者在规模和能力方面更为均衡，削价更为普通
潜在新竞争者的进入	新进入者受到进入壁垒(如规则、固定成本等)的约束	新进入者不受规模的约束，进入壁垒降低
潜在替代品的开发	企业会与生产替代品的企业展开直接竞争	潜在替代品的威胁处在不断上升的状态
供应商议价力量	供应商议价力量影响产品的竞争程度，供应商与企业的关系相对独立	供应商议价能力有所降低，与企业的关系变得紧密
购买者议价力量	买方市场，购买者议价能力强	购买者转换成本较低，在交易中的主动权更大

网络营销环境中的竞争对手分析包括识别和确认竞争对手、分析竞争对手的网络营销目标、现行策略和未来策略、资源能力、团队管理及创新能力以及其反应模式等方面。在网络环境下，企业的竞争者来源于两个方面：一个是网下市场竞争者，另一个是网上市场竞争者。网上竞争者以相同的方式、相同或相近的价格，向相同的顾客提供相同或相近的产品或服务，是网上企业的主要竞争对手。为取得竞争优势，企业可采取如下措施：通过

直接访问在线竞争者的网站，了解其新产品、价格、服务、优惠措施等信息；通过阅读与在线竞争者有关的新闻的内容，了解顾客对竞争者产品、服务的评价；通过自己的网站，了解顾客对本企业的评价或与在线竞争者的对比情况等，做到知己知彼。

3.3.2　企业内部环境

企业内部环境包括企业内部各部门的关系及协调合作。企业内部环境包括企业最高管理层、财务、人力资源、研究与开发、采购、生产、销售等部门。这些部门与市场营销部门密切配合、协调，构成了企业市场营销的完整过程。市场营销部门根据企业的最高决策层规定的企业的任务、目标、战略和政策，做出各项营销决策，并在得到上级领导的批准后执行。研究与开发、采购、生产、销售、财务等部门相互联系，为生产提供充足的原材料和能源供应，并对企业建立考核和激励机制，协调营销部门与其他各部门的关系，以保证企业营销活动的顺利开展。

在网络营销的活动中，信息交换和网上交易是营销活动的重要内容，并由此形成企业内部网络化(Intranet)、企业之间的网络化(B2B)和企业与消费者之间的网络化(B2C)将成为网络营销活动的基础。网络营销部门在制定网络营销计划时，应以企业营销战略和发展目标为依据，兼顾企业内部各部门间、企业决策层与管理层间、企业各级管理层间的沟通、协调和配合，使整个企业成为快速高效、有较强市场反应能力和竞争力的有机整体。

本 章 小 结

网络营销环境是建立在网络环境中的企业实施网络营销所面临的虚拟市场环境，它以网络技术为基础，为企业传播营销信息、把握营销动态提供了崭新的媒体与沟通环境。根据对企业网络营销活动影响的直接程度，网络营销环境可以分为网络营销宏观环境和网络营销微观环境。网络营销环境具有信息资源、全面影响力、动态变化、多因素互相作用和反应机制五大要素。SWOT 分析法是一种综合考虑企业内部条件和外部环境的各种因素，进行系统评价，从而选择最佳经营战略的方法。SWOT 中，S(Strengths)指企业内部的优势，W(Weakness)指企业内部的劣势，O(Opportunities)指企业外部环境中的机会，T(Threats)指企业外部环境中的威胁。

网络营销的宏观环境是指间接影响企业营销活动的不可控制的社会力量，包括政治、法律、人口、经济、社会文化、科学技术等因素。PEST 模型为宏观环境分析提供了基本框架。PEST 模型包括政治(Political)、经济(Economic)、社会(Social)和技术(Technological)四大方面的主要外部环境因素。PEST 分析的关键是确定四大维度之下，影响本企业战略和经营的具体因素。

网络营销的微观环境是直接影响和制约企业的营销活动，可以分为企业外部行业环境和企业内部微观环境组成。外部行业环境包括网络供应商、网上公众、网络营销中介、网络顾客、网络竞争者等。企业内部环境包括企业内部各部门的关系及协调合作。在网络营销的活动中，信息交换和网上交易是营销活动的重要内容，并由此形成三种网络化：即企业内部网络化(Intranet)、企业与企业之间的网络化(B2B)、企业与消费者之间的网络化(B2C)。网络化是网络营销活动的基础，网络营销部门在制定网络营销计划时，应以企业营销战略和发展目标为依据，兼顾企业内部各部门间、企业决策层与管理层间、企业各级管理层间的沟通、协调和配合，使整个企业成为快速高效、有较强市场反应能力和竞争力的有机整体。

复 习 思 考

1. 简述网络营销环境的要素。
2. 简述网络营销宏观环境的内容。
3. 简述网络营销微观环境的内容。
4. 实践题：运用 SWOT 分析方法对某企业网络营销环境进行分析。
5. 实践题：假设你在一家网上销售母婴用品的企业工作。你的领导认为开展网络营销离不开网上公众的参与和支持，他要求你准备一份清单，列出你认为对公司重要的网上公众，并对怎样与这些公众发展好关系提出建议。撰写该清单，并提出建议。

❖ **案例分析**

贝壳找房的产业数字化创新模式

创立于 2001 年的北京链家房地产经纪有限公司（以下简称"链家"）曾经用 18 年的时间成为居住服务行业的领军者之一，面对产业数字化新机遇，链家创始人左晖于 2018 年 4 月，以左晖、彭永东等链家高管为核心的团队正式创立贝壳找房（以下简称"贝壳"），突破"链家时代"的垂直自营模式，搭建数字技术驱动的开放型新居住服务平台。

这项充满挑战和风险的数字化变革，不但为贝壳带来了指数型增长，也赢得了包括高瓴、红杉、软银等在内的众多知名投资机构的垂青。2019 年贝壳 GTV（成交总额）突破 2.1 万亿元，比 2018 年的 1.15 万亿增长 84.5％，成为中国居住服务第一平台；而同年京东 GTV 为 2.08 万亿元，标志着贝壳已经成为仅次于阿里的国内第二大商业平台。2020 年 8 月 13 日，贝壳在纽交所上市。截至当年 9 月 10 日收盘，贝壳市值攀升至主要同行我爱我家、房天下、58 同城、易居、房多多市值总和的近 5 倍。

从链家到贝壳，用了 18 年；而从上线到上市，贝壳只用了 28 个月。由链家破茧而出的贝壳找房是如何在居住服务产业数字化转型中一骑绝尘、成就新居住服务引领者的呢？

究其本质，贝壳找房的创新突围与产业数字化转型之路，是带有自我颠覆色彩的整合式创新典型探索（见图 3.5）。以战略创新为引领，开放组织边界，转向开放、共创、共治的平台，以数字技术创新与机制创新双轮驱动，打造了互为促进的数字化技术核心能力与数字化管理核心能力，"双核"协同整合形成"产业数字化动态核心能力"，以此破解居住服务行业数字化转型的核心痛点，实现自身指数型增长的同时，致力于通过"数据与技术驱动的线上运营网络"和"以社区为中心的线下门店网络"，推动整个行业的数字化转型，使能科技驱动的新型居住服务行业生态发展。

正如贝壳联合创始人、CEO 彭永东所言，贝壳是用产业互联网思维，而非传统消费互联网思维，把整个产业物的标准、人的标准和流程的标准重新再做一遍。对于产业互联网而言，只有根植于产业和服务场景本身，并与管理变革协同整合，技术创新的价值发力才会更有指向性。

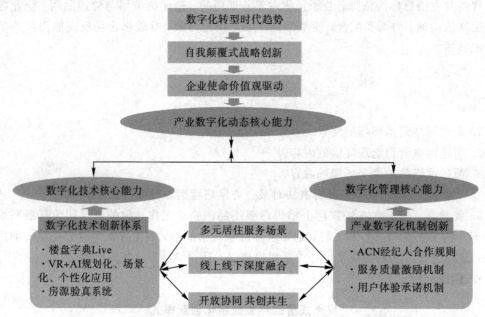

图 3.5　贝壳找房自我颠覆的整合式创新赋能产业数字化转型模式

1. 数字化技术创新体系：筑牢产业数字化根基

（1）从楼盘字典到楼盘字典 Live。

从 2008 年开始人工搭建楼盘字典开始，链家雇了几百号人，在 30 多个城市中做繁琐的"房屋普查"基础性工作。这一过程中，借助人力、数字技术和工具，对系统内每一套房屋都从门牌号码、户型、朝向、区位条件等多个方面标注解释。2011 年，链家率先提出房屋中介行业的"链家标准"，即"真实存在、真实在售、真实价格、真实图片"，启动真房源"假一赔百"的行动，并在消费者保护协会设立先行赔付保证金；同时，链家探索出技术与设备的升级方案。2011 年链家为每个跑盘专员配置了 GPS 轨迹定位器、时间经过校准的相机和智能手机，利用技术手段保证所采楼盘信息的真实性。数据工程师把采盘专员上传的楼盘实拍图像处理成为系统中的结构化数据，组成楼盘字典的一部分。相对于同期同行的手工填报和抽查解决方案，链家采用更高成本的先进设备与大数据结合的方案构建真房源数据库。直到 2018 年，这一项目累计投入超过 6 亿。根据贝壳 2020 年第三季度财报，楼盘字典积累的真实房源数突破 2.33 亿套，覆盖全国 57 万小区的 490 万栋楼宇，已成为国内覆盖面最广、颗粒度最细的房屋数据库。

2008 年到 2018 年，十年的数据资产沉淀、迭代与运营，链家积累了行业最真实和最大规模的数据资产，也为链家以线上化重构房产中介服务流程、进而以平台化重构整个行业的商业模式奠定了大数据基础。

如果说楼盘字典解决的是真房源，那楼盘字典 Live 就是让数据活起来、动起来。依托于楼盘字典 Live，房屋过去的交易情况、带看次数和频率，都能清楚地在系统里呈现并且能做到实时更新。这种更为即时的数据，也能够更真实、有效地反映出市场情况，为服务者和客户提供更多的数据支持，大大提升合作效率，为借助服务规则创新而重构互信互利、合作共赢的行业风气提供了数字化底层技术支持。

（2）从 VR 看房到 AI 讲房。

2018 年贝壳在业内率先把 VR 看房服务落地，实现房源 3D 全景的线上展示，为买方和经纪人都提供了相对确定的信息，有效减少了双方筛除不符合要求房源的时间。更直观形象的房源 VR 图带来了更高效的匹配、更生动的体验、更透明的操作，全面优化了用户体验，弥合了时间差异和空间距离的鸿沟。VR 看房等数字技术驱动的业务产品和线上闭环的房屋交易模式，在疫情期间成为贝壳平台的显著优势。截至 2020 年三季度末，贝壳累计通过 VR 采集房源 711 万套，同比增长 191.7％。2020 年 9 月，贝壳 VR 带看占比超过整体带看量的 40％，VR 看房逐渐成为用户习惯。

为了更直观地让用户获得房源信息，贝壳在 VR 看房基础上加入了 AI 讲房。通过图像识别、结构处理等算法智能化处理三维空间信息，AI 助手会从周边配套、小区内部情况、房屋户型结构和交易信息等维度为用户提供个性化的智能语音讲房服务，全过程只需三秒。VR 本质上是通过实现房屋数字化三维复刻，夯实居住服务行业的数据基础。

数字化技术创新体系也加快了贝壳数字化服务机制的创新速度和对线上化场景改造的能力。贝壳针对最复杂的贷款签约场景打造了线上核签室等数字化产品，整合实名认证、人脸识别、电子签章、OCR 自动识别等技术，打通线上交易闭环的"最后一公里"。从确定成交意向到签约及打款，交互场景全部实现数字化，比传统的贷款面签时长平均缩短20％。截至 2020 年 9 月底，贝壳线上贷签服务已覆盖全国 45 座城市、66 家合作银行的1000 多家支行。

2. 数字化机制创新：夯实产业数字化的信任基础

产业数字化的关键不只是业务和运营线上化，更需要可信赖、可持续的数字化合作机制保驾护航。房产中介行业线上化的传统业务逻辑是先由线上平台收集和开发房屋买卖信息，线下中介品牌缴纳一定信息使用费接入平台，然后门店经纪人以平台提供的信息为线索联系带看并促成交易。因为线上平台无法标准化控制经纪人在交易中的行为，导致经纪人之间争抢房源、撬单等恶性竞争层出不穷。链家意识到，想要根本性解决房屋经纪行业职业化水平低、服务品质低、客户满意和信任度低等行业发展痛点，必须从规则革新入手，打破经纪人之间的零和博弈与恶性循环。在此背景下，链家于 2010 年开始正式打磨 ACN（Agent Cooperation Network，经纪人合作网络）机制。这一机制通过切分房屋经纪业务的服务环节对经纪人的行为进行标准化，力求从制度上杜绝"套路"，提升中介从业者的社会地位，从而推动房产经纪人向职业化迈进，建立起外部可信的竞合网络。

为了彻底破解复杂、非标准化和低效内耗的交易模式给居住服务行业数字化转型带来的阻碍，贝壳全面应用 ACN 机制将原来由一位经纪人负责的房屋买卖过程分成 10 个细分任务，并设置 10 个相应的角色，按照贡献程度分享原来由一位经纪人独享的中介费（表3.2），并通过"贝壳分"这一以用户为核心的信用评价体系来不断激励平台服务者优化服务质量。如此一来，ACN 机制用多赢博弈取代了零和博弈，经纪人之间的关系由博弈变为共赢共生。这样价值共创的过程既缓解了原本尖锐的竞争关系，又为平台中的经纪人创造了一个职业道德水平相对更高的生存环境，用协作提升平台每位参与者的价值创造与收益的天花板。同时，平台为每个角色规定了更加具体的工作范围，提高居住服务工作过程的标准化，赋能经纪人职业化，进而打造了新居住生态基础设施的核心机制支撑。

表 3.2　ACN 合作网络角色定义

角色		价值创造路径	价值分配比例
房源方	房源录入人	录入委托交易房源	约 40%
	房源维护人	熟悉业主、住宅结构、物管及周边环境；客源方带着过程中陪同讲解	
	房源实勘人	拍摄房源照片/录制 VR 并上传至系统	
	委托备件人	获得业主委托书、身份信息、房产证书信息并上传至政府制定系统	
	房源钥匙人	获得业主出售房源的钥匙	
客源方	客源推荐人	将契合的客户推荐给其他经纪人	约 60%
	客源成交人	向买房人推荐合适房源并带看；与业主谈判协商，促成双方签约	
	客源合作人	辅助匹配房源；协助准备文件；预约等	
	客源首看人	带客户首次看成交房源的经纪人	
	交易/金融顾问	签约后相关交易及金融服务	

　　同时，经纪人依托于平台的数据化技术体系支持，在客户进店之前就能充分了解客户需求，便于开展个性化和定制化的交易服务，在提高交易效率的同时，为用户带来更优质的服务体验。优质的服务反过来为平台招徕更多顾客，进一步加强数据积累，实现更高的成交额转化和服务成效。

　　总的来说，贝壳通过产业数字化机制创新和数字化技术创新的有机协同，打造数据驱动的线上化居住服务平台，形成数字化管理核心能力和数字化技术核心能力的"双核协同"，整合而成贝壳独特的数字化动态核心能力，驱动居住服务行业数字化基础设施的循环迭代和升级，在 B 端以标准化、在线化、网络化和智能化来驱动服务者效率的提升（见图3.6），进而推动 C 端消费者体验的持续升级。

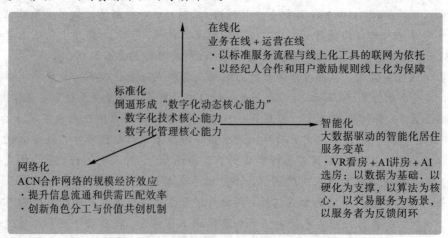

图 3.6　贝壳平台驱动服务者效率提升机制

3. 从开放平台到共生生态：贝壳与新居住服务行业的新挑战和新机遇

通过自我颠覆特色的整合式创新，贝壳找房有效解决了居住服务产业数字化转型面临的服务标准化程度低与零和博弈的两大核心痛点，成为了中国居住服务行业合作共赢模式的先行者，也正在定义和引领新居住服务行业——以产业互联网平台为载体，以多元化的新居住服务场景为牵引，实现全产业链的数字化、物联化和智能化，加速行业升级、效率提升和服务体验，构建全新居住服务生态。

而贝壳的整合式创新所建构的外部可信的产业竞合网络，在不断完善新居住服务基础设施、推动经纪人职业化和消费者满意度提升的同时，也正进一步推动行业品质循环，加快从开放到共创、从共创到共治的产业演化升级，并从数字化平台向更高层次的共生共赢的数字化新居住服务产业生态加速迈进（见图 3.7）。

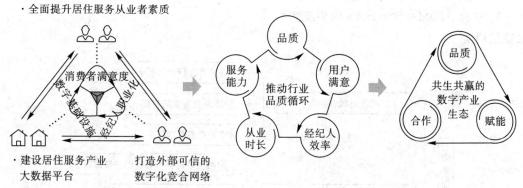

图 3.7　从数字化开放平台到共生共赢的数字产业生态演化模式

展望未来，贝壳找房所引领的居住服务行业的数字化转型过程中，无论是平台共治，还是智能化产业生态建构，抑或是可持续整合性价值创造，都是正在发生的挑战和机遇。

资料来源：尹西明、王新悦等，《清华管理评论》2021.1-2 月整理而成

思考：从本章所学的环境因素来分析，贝壳公司转型成功的因素有哪些？

第4章　网络消费者行为分析

学习目标

1. 了解网络消费者需求的特征及基本行为；
2. 掌握影响网络消费者购买的主要因素；
3. 理解并掌握网络消费者的购买动机；
4. 熟悉网络消费者的购买决策过程；
5. 掌握 AIDMA 和 AISAS 购买模型。

知识结构图

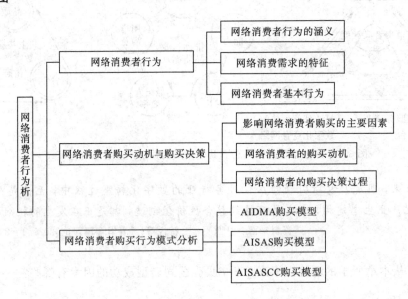

4.1　网络消费者行为

　　消费者是市场营销活动的主要对象。现代市场营销理论认为，了解消费者的需要和欲望，对其行为进行分析，是市场营销的出发点。在网络市场环境下，消费者的需求和行为表现出不同的特征，对网络消费者及其行为的分析是网络营销的重要内容。

4.1.1　网络消费者行为的定义

　　罗格·布莱克韦尔等人把消费者行为定义为："人们在获取、消费以及处置产品和服务时所采取的活动。"这意味着市场营销人员一旦了解消费者的需求以及购买动机等，就可以策划相应的对消费者产生影响的营销策略。其中，获取指导致购买或得到产品的活动；消费指消费者何时何地、在何种环境下、如何使用某种产品；处置指消费者如何处置产品与包装。

美国市场营销协会则把消费者行为定义为："感知、认知、行为以及环境因素的动态互动流程,是人类履行生活中交易职能的行为基础。"这个定义对消费者行为的理解主要包含三个层次:① 消费者行为是动态行为,具有动态性;② 涉及感知、认知、行为以及环境因素的互动作用,具有互动性;③ 消费者行为中包含交易行为,具有交易性。

网络消费者是指通过互联网在电子商务市场中进行消费和购物等活动的消费者人群,如在消费过程中通过网络搜寻商品信息,在线购买,在线支付等。网络消费者与传统消费者相比,其消费需求、购买动机以及购买决策等方面发生了一定的变化。

网络消费者行为是消费者行为在网络环境下的体现,是消费者在外部、内部因素以及网络环境因素的共同作用下,为了满足自身需求而采取的包括信息搜寻行为、购买行为和购后行为在内的各种行动。具体来说,网络消费者行为是指在互联网营销环境下,网络消费者的感知、认知、行为以及与网络环境因需之间相互作用的动态过程。

4.1.2　网络消费需求的特征

网络消费是人们借助于互联网络而实现其自身需要的满足过程。与传统的消费方式相比,网络消费是一种全新的消费方式,网络消费需求呈现以下的特征和趋势。

1. 需求个性化

在当今网络时代,海量的数据呈现在人们面前,传播媒介也与日俱增,信息的创造和传播不再受到时空的限制,每个人都成为传播内容的主体,整个社会在这样大数据时代背景下,消费者需求呈现出个性化、碎片化的特征。互联网的迅速普及以及现代制造技术的高速发展,使得企业满足消费者个性化需求成为可能。因此,在网络时代,个性化消费成为主流。

2. 需求差异化

消费需求的差异是始终存在的,但在网络时代消费者之间的需求差异更加明显。其主要原因在于网络营销没有地域上的界限,网上消费者来自世界各地,因国别、民族、信仰以及生活习惯的不同而产生了明显的需求差异性。因此,企业开展网络营销应该考虑这种差异性,对不同消费者的需求差异采取有针对性的方法和措施,才能取得预期的营销效果。

3. 追求购买便利性和购物乐趣的需求并存

购买便利性是影响消费者购买行为的一个重要原因。消费者通过网络购物可以避免去实体店的交通、排队等花费的时间以及购物中所消耗的体能,网络购物简化了购物环节,节省了消费者的时间成本和精力成本。此外,消费者在网络购物中还能得到相关信息,如可以通过评论看到其他消费者使用产品的心得。他们还可以加入特定的社群,相互分享信息,得到了在传统购物中没有的乐趣。

4. 消费主动性和专业性增强

消费主动性的增强来源于现代社会的不确定性和人们追求心理稳定和平衡的欲望。网络所提供的便利性使得消费者在商品信息的获取方面更加主动。同时,网络消费者在做出购买决策之前,通过分析比较所获取的产品相关的信息及评价,理性地、专业地做出相应的购买决策,其消费行为逐渐从"非专家型购买"向"专家型购买"转变。

5. 价格是影响消费心理的重要因素,价值需求转移

网络销售能减少大量中间环节,致使销售费用降低,因此网上售价绝大多数低于线下

价格，这也是吸引消费者网络购物的重要原因。同时，网络消费者的表达欲望更强烈，更加主动地表达诉求、获取信息以及互动交流，并期望与相关各方产生共鸣，致使价值需求发生转移。消费者不仅追求从功能属性上的满足，还希望其内心深处的情感需求也能得到满足，实现价值共创。

6. 消费需求的超前性和可诱导性

电子商务构建了一个全球性的虚拟大市场，在这个市场中，各种新产品以最快的速度与消费者见面。网络消费者大都是具有超前意识的年轻人，他们对新事物反应灵敏，很容易接受这些新产品，所以，从事网络营销的企业应该充分发挥自身的优势，采取多种营销方式，启发、刺激网络消费的新的需求，唤起他们的购买兴趣，诱导网络消费者将潜在的需求转变为现实的需求。

4.1.3 网络消费者基本行为

2022 年 2 月中国互联网络信息中心（CNNIC）发布的第 49 次《中国互联网络发展状况统计报告》（以下简称为《报告》）显示，各类互联网应用用户规模和网民使用率见表 4.1；再依据塔腾和所罗门将社会化媒体区域划分为四个部分（见图 4.1）。本书将网络消费者基本行为划分为四类：社交行为、搜索行为、娱乐行为和购物行为。

表 4.1　2020.12－2021.12 各类互联网应用用户规模和网民使用率

应用	2020.12		2021.12		
	用户规模（万）	网民使用	用户规模（万）	网民使用率	增长率
即时通信	98 111	99.2%	100 666	97.5%	2.6%
网络视频（含短视频）	92 677	93.7%	97 471	94.5%	5.2%
短视频	87 335	88.3%	93 415	90.5%	7.0%
网络支付	85 434	86.4%	90 363	87.6%	5.8%
网络购物	78 241	79.1%	84 210	81.6%	7.6%
搜索引擎	76 977	77.8%	82 884	80.3%	7.7%
网络新闻	74 274	75.1%	77 109	74.7%	3.8%
网络音乐	65 825	66.6%	72 946	70.7%	10.8%
网络直播	61 685	62.4%	70 337	68.2%	14.0%
网络游戏	51 793	52.4%	55 354	53.6%	6.9%
网络文学	46 013	46.5%	55 159	48.6%	9.0%
网上外卖	41 883	42.3%	54 416	52.7%	29.9%
网约车	36 528	36.9%	45 261	43.9%	23.9%
在线办公	34 560	34.9%	46884	45.4%	35.7%
在线旅行预订	34 244	34.6%	39 710	38.5%	16.0%
在线医疗	21 480	21.7%	29 788	28.9%	38.7%
互联网理财	16 988	17.2%	19 427	18.8%	14.4%

图 4.1　社会化媒体区域

1. 网络社交行为

网络社交行为的发生地点成为社会化社区。社会化社区是指那些聚焦于关系以及具有相同兴趣或身份的人共同参与活动的社会化媒体渠道。因此，社会化社区具备双向和多向沟通、交流、合作以及经验资源分享的特点。处于社会化社区区域的渠道包括社交网站、留言板、论坛和维基百科等，其强调的是在社区背景下的个体贡献、沟通、交流和合作，为了建立和维持关系而进行互动和合作是人们参与这些活动的主要原因。企业网络营销人员可在社交网络中，购买付费空间来做广告，也可以在这些渠道中成为一个积极的参与者进行品牌的宣传和口碑交流。总之，企业品牌可以充分利用社交网络达到若干营销目标，包括促销、品牌推广、客户服务、客户关系管理和营销调研。

据《报告》显示（见图 4.2），截至 2020 年 6 月，微信朋友圈使用率为 85%，QQ 空间、微博使用率分别为 41.6%、40.4%，社交市场总体格局稳定，微信朋友圈等主流社交平台长期占据大部分流量，并通过不断丰富短视频、电商、本地生活等服务，构建完善的流量闭环和服务生态。同时针对小众群体的独特需求，部分细分领域的社交应用产品推陈出新，努力寻求突破。例如，2020 年阿里巴巴推出真实社交产品"Real 如我"等。

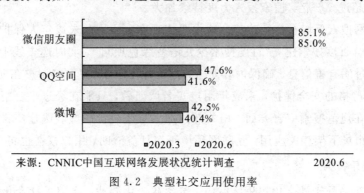

来源：CNNIC中国互联网络发展状况统计调查　　　　　　2020.6

图 4.2　典型社交应用使用率

2. 网络搜索行为

网络搜索行为的基础是社会化发布。社会化发布网站旨在将内容向受众传播，其发布内容渠道主要包括博客、媒体分享网站、微博以及信息和新闻网站。通过在这些媒体分享网站上发布内容，促进网络用户的搜索行为。对于网络营销人员来说，社会化发布具有双重目标：

（1）增加品牌信息的曝光量；

（2）使用内容为品牌的自有媒体带来访问量。在网络社会化发布过程中，营销人员除了使用广告内容传播以外，还可以使用能够指向内容的导入链接（如软文或富媒体形式等），它们主要来自搜索引擎结果、其他网站和社会化媒体社区等，来达到营销目标。

据《报告》显示（如图 4.3 所示），我国搜索引擎用户规模达 8.29 亿，较 2020 年 12 月增长 5908 万，占网民整体的 80.3%。搜索引擎市场发展稳中有变，主要体现在以下几个方面：

来源：CNNIC中国互联网络发展状况统计调查　　　　　2021.12

图 4.3　2017.12 - 2021.12 搜索引擎用户规模及使用率（单位：万人）

（1）搜索引擎企业不断加大在前沿技术领域的投入，开发与多种技术融合的创新搜索产品。服务商通过将语音和图像识别、基于大数据的信息推荐、人机交互等技术与搜索产品深度融合，向用户提供个性化、场景化的精准信息搜索服务，使搜索产品功能得以拓展。例如，搜狗 2021 年 9 月宣布完成私有化交易，成为腾讯全资子公司，在保留独立搜索品牌的同时，为微信提供搜索技术与内容支持，可进一步提升微信的内容分发能力。

（2）在服务延伸方面，以搜索产品为流量入口、多种互联网服务互联互通的生态系统已经形成。搜索应用与信息类、娱乐类、商务消费类互联网应用不断融合，如即时通信、社交、新闻、网络零售、O2O 服务、互联网金融信用等。截至 2021 年 2 月，抖音视频搜索月活跃用户已超过 5.5 亿，搜索投入力度持续加大。

（3）互联网搜索环境在持续改善。这主要体现在：一是在未成年人保护方面，百度内容安全中心联合百度搜索建立"百度搜索少儿语音绿色项目"，实时巡查线上情况、全程监控页面内容、过滤有害信息、确保内容安全；抖音对 14～18 岁实名用户在搜索、内容推荐等方面提供更严格的安全保护，未成年用户实名认证后，只能在经过平台精选的内容中进行搜索；二是在规范搜索广告方面，相关部门加大对违规投放虚假医疗广告行为的处罚力度，多个应用市场下架相关应用，互联网环境正在日益清朗，用户权益也将获得更大保障。

3. 网络娱乐行为

网络娱乐行为处于社会化娱乐区域中，包含社会化游戏、启用了社会化功能的视频游戏、替代现实游戏和娱乐性社会化网络。品牌可以采用多种方式利用社会化游戏进行营销活动。游戏提供了一种受众明确、到达范围广、参与度高且干扰少的促销方式与品牌粉丝互动的方法。企业可以选择在现有的游戏中进行品牌显示广告、产品植入、游戏赞助和品牌植入游戏等方式做广告，还可以开发自己的品牌广告游戏，传递品牌和产品信息，达到营销目的。

根据《报告》数据整合而成的图 4.4 所示，截至 2021 年 12 月，我国网络视频（含短视频）用户规模达 9.75 亿，占网民整体的 94.5%；其中，短视频用户规模 9.34 亿，占网民整体的 90.5%；我国网络游戏用户规模达 5.54 亿，占网民整体的 53.6%；我国网络音乐用户规模达 7.29 亿，占网民整体的 70.7%；我国网络文学用户规模达 5.02 亿，占网民整体的 48.6%。

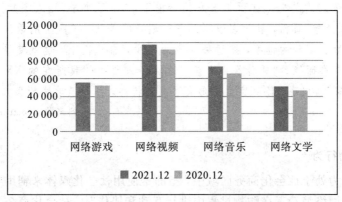

图 4.4　2021.12－2020.12 网络娱乐用户规模（单位：万人）

❋ 阅读资料

"羊了个羊"为什么会火？

想必现在已经没有人不知道"羊了个羊"这款小游戏了。在微信平台，"羊了个羊"微信指数最高近 2.5 亿，日环比增长超 6000%。在微博平台，2022 年 9 月 13 日"羊了个羊"首登微博热搜第一名。截至目前"羊了个羊"的微博话题已经达到近 28.9 亿次阅读，讨论次数近 33 万，相关话题众多。在抖音平台，带"羊了个羊"话题的短视频播放次数已达到65.6 亿次。在小红书平台，关于"羊了个羊"的笔记已超 513 万篇。在百度，"羊了个羊"百度指数近 80 万。从上线到众人皆知，"羊了个羊"仅用了不到一周时间。

现在"羊了个羊为什么会火"已经成为各大网友在社交平台中讨论的热门话题。虽然这款小游戏的玩法看似简单，但从游戏设置上却拿捏了玩家不同的心理需求。"羊了个羊"迅速走红成为爆款游戏，并非只靠运气。

"羊了个羊"的游戏规则极其简单，玩家只需要凑齐三张相同的方块就能消除卡牌，卡牌全部消除后就可以通关。为了帮助玩家过关，游戏中有卡槽位置，可以暂时存放 7 张卡牌，方便玩家先消除其他卡牌。通过观看广告还可以得到关卡的三种帮助。简单的游戏规则和操作方式，让"羊了个羊"成为了人们可以迅速跟风上手的游戏，为日后的火爆奠定了基础。

反差感是玩家对"羊了个羊"游戏的第一印象。因为在该游戏的第一关中，玩家几乎不用思考就可以通过。而接下来的第二关，玩家即使在可以使用关卡帮助的情况下，也依旧很难通过。作为一款消除类游戏，游戏难度从轻松模式瞬间到了地狱模式，少见的难度之大、跨度之大，改变了消除类游戏在玩家眼中简单的固有印象，勾起了玩家对这款游戏的兴趣。

在反差感之下，"羊了个羊"还激发了玩家"以小博大"的赌博心理。从心理学角度而言，这款游戏的本质就如同"老虎机效应"，从开始的急速通关，到过关机会渺茫，玩家开始期待自己拥有好运并一次次尝试。明明胜券在握,却又陷入僵局的复杂心情,驱使玩家反复挑战、观看广告、继续挑战。用无数次的尝试,换取"0.01%通过率"。

"羊了个羊"符合人们的社交需求,容易产生话题性。由于游戏的第二关被设计成了极难通关的地狱模式,因此无论通关与否都可以成为人们社交的话题。通关的人,往往会在社交媒体中进行炫耀,以此获得来自他人的点赞和羡慕。而始终无法过关的人,则会选择吐槽,进而引发旁人的共鸣。在玩家自发的传播下,"羊了个羊"无人不知无人不晓。

进入到"羊了个羊"页面,就可以看到以省市划分的羊队,羊队上的数字就是该省市过了第二关的玩家人数。羊队的排序,按过关人数的多少,自上而下,这就使得许多玩家开始为自己所在省市的荣誉而战。"凭什么 XX 省有这么多人过关""我所在的 XX 省排名怎么这么低""不愧是 XX 省"的出现,让玩家自然形成了竞争状态,并为了地域荣誉努力过关。

资料来源:vmarketing.cn 2022.9.19

4. 网络购物行为

网络购物行为处于社会化商务区域中,指的是使用社会化媒体来辅助在线购买和销售产品与服务。当网络消费者在购物过程中进行互动和协作时,社会化商务对网络消费行为起到杠杆作用。社会化商务渠道包括评论网站或品牌电子商务网站的评论和评分、折扣网站和折扣聚合器(将折扣信息聚合为个性化的折扣推送)、社会化购物市场(拥有消费者推荐商品、评论和在购物时与朋友沟通等功能的网络商城)和社会化商店(在如 Facebook 这样具备社会化功能的社交网站上经营的零售商店)。除此之外,企业还可以通过使用微信、微博链接和分享来使其传统的电子商务网站社会化。

据《报告》显示(见图 4.5),我国网络购物用户规模达 8.42 亿,占网民整体的 81.6%。作为数字经济新业态的典型代表,网络零售继续保持较快增长,成为推动消费扩容的重要力量。国家统计局数据显示,2022 年 1~7 月,网上零售额达 7.32 亿元,其中实物商品网上零售额占社会消费品零售总额比重达 25.6%。网络消费呈现新特征:

(1) 消费群体方面,"80、90 后"网购普及最高,"95 后"消费潜力最大;

(2) 消费趋势方面,国产品牌网购消费意识增强。在文化自信和品牌升级的推动下,国产品牌网购消费热潮高涨,国产品牌广泛受到网购用户的青睐。

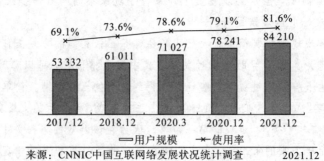

来源:CNNIC中国互联网络发展状况统计调查　　　　　2021.12

图 4.5　2017.12-2021.12 网络购物用户规模及使用率(单位:万人)

网络购物市场已进入成熟期,线上线下融合并进,行业整合、并购更加频繁。网络购物市场呈现出以下特征:一是新技术、新模式应用驱动电商业态多元化。在直播全民化、自媒体专业化快速发展的背景下,网红、直播等形式带动网络购物娱乐化、体验化、内容化的方向发展。电商平台加大内容领域投入,新的流量聚集也有效促进了特定品类的交易转化。二是助力外循环,跨境电商快速发展。2021 年 7 月,国务院办公厅发布《关于加快发展外贸新业态新模式的意见》,针对跨境电商发展提出多项举措,助力行业发展。三是推动内循环。目前,农村电商物流日趋完善,农产品上行,带动农民创业、就业可促进内循环。2021 年全国"快递进村"比例超过 80%,电商扶贫累计带动 771 万农民就地创业就业,带动 618.8 万贫困人口增收。

4.2　网络消费者购买动机与购买决策

4.2.1　影响网络消费者购买的主要因素

网络消费者的购买决策除了受个人因素,如个人收入、年龄、职业、学历、心理、对未来风险的认知等因素的影响以外,还受到网购产品的新颖性、产品的价格、购物的便捷性、支付的安全性、口碑评价和服务水平等因素的影响。

1. 产品的新颖性

无论是传统市场还是网上市场,产品都是影响消费者购买行为最关键的要素,是消费者决策过程中所关注的重点,产品的质量、外观、品牌、功能、效用等都会影响消费者的选择。目前网络市场中产品种类丰富、同质化严重,这使得消费者在产品选择上掌握了主动权,新颖时尚的产品更能吸引消费者的注意。追求产品的时尚、独特和新颖是许多网络消费者重要的购买动机。

2. 产品的价格

一般来说,价格是影响消费者心理及行为最主要的因素。即使目前消费者收入普遍提升,价格的影响仍然不可忽视。只要产品价格降幅超过消费者的心理预期,消费者就会迅速采取购买决策。网络的开放性和共享性使得消费者可以第一时间方便地获得不同商家最新的报价信息,因而在同类商品中价格占优势的商家更能得到网络消费者的青睐。

3. 购物的便捷性

购物便捷性是消费者选择购物的首要考虑因素之一。一般而言,消费者选择网上购物时考虑的便捷性,一方面是时间上的便捷性,可以不受时间的限制并节省时间;另一方面,是可以足不出户,在很大范围内选择商品。

4. 支付的安全性

网络支付的安全性是影响消费者进行消费决策的一个重要因素。由于在网上消费,消费者一般需要先付款后送货,这将失去传统购物的"一手交钱一手交货"的付款方式在安全性上给予的较强保障;同时,这种基于网络的电子支付方式也存在一定的交易风险。因此,在网上购物各个环节必须加强安全措施和控制措施,保护消费者购物过程的信息传输安全和个人隐私保护,以及树立消费者对网站的信心。

5. 口碑评价

在网络购物情境中,网络的虚拟性使得消费者无法亲身体验产品的相关信息;同时网络充斥海量的信息，消费者很难做出准确的判断。因此，消费者在进行购买决策过程中更加信赖真人的口碑评价，拥有好口碑的产品或品牌能够促使消费意愿的产生。

6. 服务水平

在"体验式经济"时代，消费者进行购买决策时不仅局限于考察产品本身的功能效用，还更加关注整个消费过程中的体验。企业的服务水平是其中的重要因素。积极主动的售前咨询、严谨负责的售后服务能够提升企业在消费者心中的品牌形象，增强消费者的品牌忠诚度，促进购买行为的发生，甚至为重复性购买奠定基础。

4.2.2　网络消费者的购买动机

动机是一种内在的心理状态，不容易被直接观察到或被直接测量出来，但可以根据人们长期的行为表现对其进行分析和归纳。网络消费者的购买动机是指在网络购买活动中，促使网络消费者产生购买行为的某些内在的驱动力，是消费者行为与消费者购买决策的前提。对企业而言，只有足够了解消费者的购买动机，深入分析其产生的原因，才能有效地预测消费者的行为，进而采取更具有针对性的营销战略。网络消费者的购买动机主要分为需求动机和心理动机两类。

1. 需求动机

消费者产生购买行为的根本原因是需求。尽管需求与刺激都是动机产生的条件，但需求是最基础的。一个人的购买行为总是直接或间接地为了实现某种需求的满足，由需求产生购买动机，再由购买动机导致购买行为。因此，研究人们的网络购买行为，首先要研究人们的网络购买需求。在传统的营销过程中，美国心理学家马斯洛的需求层次理论被广泛应用。该理论认为人的需求分为五个层次：生理的需求、安全的需求、社交的需求、尊重的需求和自我实现的需求。虽然这一理论可以解释虚拟社会中消费者的许多购买行为，但是虚拟社会毕竟和实体社会存在很大差别，马斯洛的需求层次理论也面临着不断补充的要求。虚拟社会，人们联系的实质基础是人们希望满足三种基本的需求——兴趣、聚集和交流。

（1）兴趣需要，即人们出于好奇和能获得成功的满足感而对网络活动产生兴趣。这种兴趣的产生主要来自探索和猎奇的驱动力。网络世界给人们展示了一个前所未有的广阔世界，人们出于好奇的心理探索、获取信息，希望能够找出符合自己预想的结果。

（2）聚集需要。网络给相似经历的人提供了一个聚集的机会，这种聚集不受时间和空间的限制，并形成了富有意义的个人关系。通过网络聚集起来的群体是一个极为民主的群体。在这样的群体里，所有的成员都是平等的，每个成员都有独立发表自己言论的权力，也有与人争论的权力。这种宽松的社会氛围使得在现实社会中经常处于紧张状态的人们渴望在虚拟社会中寻求解脱的理想得以实现。

（3）交流需要。聚集起来的人们自然产生一种交流的需求，随着互动交流频率的增加，其辐射范围不断扩大，能够吸引更多有着相同兴趣的成员聚集在一起，形成网络社区。网络消费者在一起互相交流买卖的信息和经验，针对产品质量、功能、服务、价格等方面进行沟通评价，交流心得与体会，从而影响消费行为。

2. 心理动机

心理性购买动机是指消费者由认识、情感、意志等心理过程而引起的购买商品的动机。它比需要动机要复杂得多，强调满足精神上的需要。消费者的心理动机主要包括以下几个方面：

（1）情感动机。情感动机是由于人的情绪和感情所引起的购买动机。这种购买动机可以分为两种形态：一种是低级形态的情感购买动机，由快乐、感激、喜欢、好奇等情绪引起。这种购买动机一般具有冲动性，不稳定性的特点。例如，在网络上突然发现一本好书，一种好的游戏软件，一种新产品，很容易产生冲动性的情感购买动机。还有一种是高级形态的情感购买动机，是由人们的道德感、美感、荣誉感、群体感等所引起的，具有较大的稳定性、深刻性的特点。比如说为了友谊的需要而购买礼品，用于馈赠亲朋好友等。

（2）理智动机。理智动机是建立在人们对商品客观认识的基础上的，通过学习、运用知识及经验，经过分析、比较、思考之后产生的购买动机。网络消费者的购买动机是建立在人们对于网络产品客观认识的基础上的，他们的购买动机是在比较分析后产生的，因此理智购买动机具有客观性、周密性和控制性的特点。在理智购买动机驱使下的网络消费购买动机，对于产品的先进性、科学性和质量高低的关注先于产品的经济性。这种购买动机的形成基本上受控于理智，而较少受到外界因素的影响。

（3）惠顾动机。惠顾动机是基于情感和理智动机之上的，对特定的网站、图标广告、商品产生特殊的信任与偏好而重复地、习惯性地前往访问并购买的一种动机。它具有明确的经常性、习惯性的特点。具有惠顾动机的网络消费者，往往对于某个产品或品牌具有较高的忠诚度，或是某一站点的忠实浏览者。

✻ 阅读资料

999 感冒灵的情感营销："有人偷偷爱着你"

2017 年年末 999 感冒灵的《有人偷偷爱着你》暖心视频全网发布。此次 999 感冒灵的营销目标旨在重塑品牌形象，打造全新"走心"形象。通过传播"有人在偷偷爱着你"治愈片，传递 999 全新品牌态度及社会形象。其营销内容策略是：通过城市"丧文化"引发共鸣，以 5 个真人故事改编，运用反转剧情，把生活中的"丧"转化为"天使在身边的温暖"，直击社会情绪的敏感点，拥抱"丧文化"，告诉大家这世界没你想的那么糟，这世界总有人在偷偷爱着你，对社会进行一场心灵治愈。

999 感冒灵的暖心视频在其官博上首发，通过与明星应援互动平台及情感类 KOL 转发视频造势，并上线＃有人偷偷爱着你＃话题，借助粉丝群体的力量为话题造势。后续又联合泸州老窖、百雀羚等品牌进行品牌跨界、定制 999 份暖心礼包回馈参与粉丝，引爆话题发酵，在社交端传播，最终由行业总结文引发全面刷屏关注。

数据显示，该视频在视频平台上的播放量单周破 1.55 亿、全网累积播放破 2 亿；在微博上"总有人在偷偷爱着你"话题阅读量超 7400 万，讨论量超 19 万，视频单条阅读量 1310 万，总计互动量（转发＋评论＋点赞）共计 99 415 次；微信端广告、4A 广告文案精选实现单篇阅读量超 1000 万，且 95％以上为非投放的自发转载，"感恩节语境＋对抗社会丧文化"能量氛围带来两度刷屏高潮。从营销效果的反馈情况可以看出，999 感冒灵通过此次的情感营销活动实现了"走心"品牌形象的塑造目标。

4.2.3　网络消费者的购买决策过程

消费者的购买决策过程，是消费者需要、购买动机、购买活动和买后使用感受的综合与统一。网络消费的购买过程可分为以下五个阶段：诱发需求、收集信息、比较选择、购买决策以及购后评价。

1. 诱发需求

网络购买过程的起点是诱发需求，当消费者认为已有的商品不能满足需求时，才会产生购买新产品的欲望。在传统的购物过程中，消费者的需求是在内外因素的刺激下产生的，而对于网络营销来说，诱发需求的动因只能局限于视觉和听觉，文字的表述、图片、声音的配置成为诱发网络消费者购买的直接动因。因而网络营销对消费者的吸引是有一定难度的。这就要求从事网络营销的企业注意了解与自己产品有关的实际需要和潜在需要，掌握这些需求在不同的时间内的不同程度以及刺激诱发的因素，以便设计相应的促销手段去吸引更多的消费者，诱发他们的需求。

2. 收集信息

当需求被唤起后，每一个消费者都希望自己的需求能得到满足，所以收集信息、了解行情成为消费者购买的第二个环节。收集信息的渠道主要有两个方面：内部渠道和外部渠道。消费者首先在自己的记忆中搜寻可能与所需商品相关的知识经验。如果没有足够的信息用于决策，他便要到外部环境中去寻找与此相关的信息。当然，不是所有的购买决策活动都要求同样程度的信息和信息搜寻。根据消费者对信息需求的范围和对需求信息的努力程度不同，可分为以下三种模式：

（1）广泛的问题解决模式。这种模式是指消费者尚未建立评判特定商品或特定品牌的标准，也不存在对特定商品或品牌的购买倾向，而是很广泛地收集某种商品的信息。处于这个层次的消费者，可能是因为好奇、消遣或其他原因而关注自己感兴趣的商品。这个过程收集的信息会为以后的购买决策提供经验。

（2）有限问题的解决模式。处于有限问题解决模式的消费者，已建立了对特定商品的评判标准，但尚未建立对特定品牌的倾向。这时，消费者有针对性地收集信息。这个层次的信息收集，才能真正而直接地影响消费者的购买决策。

（3）常规问题的解决模式。在这种模式中，消费者对将来购买的商品或品牌已有足够的经验和特定的购买倾向，他的购买决策需要的信息较少。

3. 比较选择

消费者需求的满足是有条件的，这个条件就是实际支付能力。消费者为了使消费需求与自己的购买能力相匹配，就要对各种渠道汇集而来的信息进行比较、分析、研究，根据产品的功能、可靠性、性能、模式、价格和售后服务，从中选择一种自认为"足够好"或"满意"的产品。

由于网络购物不能直接接触实物，因此网络营销商要对自己的产品进行充分的文字描述、图片和视频的展示，以吸引更多的顾客。但也不能对产品进行虚假的宣传，否则可能会永久地失去顾客。

4. 购买决策

网络消费者在完成对商品的比较选择之后，便进入到购买决策阶段。与传统的购买方式相比，网络购买者在购买决策时主要有以下三个方面的特点。首先，网络购买者理智动机所占比重较大，而感情动机的比重较小。其次，网络购物受外界影响小。最后，网上购物的决策行为与传统购买决策相比速度要快。

网络消费者在决策购买某种商品时，一般要具备三个条件：① 对企业有信任感；② 对支付有安全感；③ 对产品有好感。所以，树立企业形象，提升支付的安全保障，改善商品物流方式以及全面提高产品质量，是从事网络营销的企业要重点抓好的工作，这样才能促使消费者购买行为的实现。

5. 购后评价

消费者购买商品后，往往通过使用对自己的购买选择进行检查和反省，以判断这种购买决策的准确性。购后评价往往能够决定消费者以后的购买动向。企业在网络上收集到这些评价后，经过科学的分析，可以及时了解消费者的意见和建议，迅速找出工作中的缺陷和不足，制订相应对策，改进自己产品的性能和售后服务，提高企业的竞争能力。

4.3　网络消费者购买行为模式分析

4.3.1　AIDMA 购买模型

1. AIDA 模型

1898 年，路易斯提出消费者购买 AIDA 模型（见图 4.6），它确定了个人在购买产品或服务的过程中所经历的阶段。其内容包括：① 引起注意（Attention），即通过广告、促销、人员推广等活动刺激顾客，打断其注意力，让其将精力、关注对象转移到本公司广告、产品或服务上；② 产生兴趣（Interest），即在吸引顾客注意的基础上，使其对本公司的广告、产品或服务等产生兴趣；③ 激发欲望（Desire），即调动顾客兴趣后，激发其积极情绪，产生强烈的拥有欲望；④ 实现购买（Action），指将顾客购买欲望转化为购买行动，促成交易。

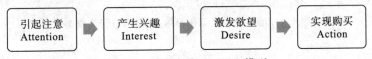

图 4.6　消费者购买 AIDA 模型

2. AIDMA 模型

在路易斯的 AIDA 模型基础上，1925 年爱德华·斯特朗考虑到广告的滞后效应和消费者决策的心理行为过程，增加了一个"形成记忆"阶段，提出了五阶段 AIDMA 模型（见图 4.7）。该模型描述消费者从接收信息到产生行动之间的动态过程，用以指导企业营销传播实践。

图 4.7　消费者购买 AIDMA 模型

4.3.2 AISAS 购买模型

1. AISAS 模型

在大众媒体时代，AIDMA 模型能够较好地解释消费者从信息接收到行为实现的过程。但在互联网环境下，消费者作为信息的接收者和发布者承担着双重角色，其购买模式也随之发生变化。为此，2005 年日本电通公司提出了 AISAS 模型（见图 4.8），用来描述互联网环境下的消费者购买行为决策过程。其内容包括：① 引起注意（Attention），② 产生兴趣（Interest），③ 展开搜索（Search），④ 购买行动（Action），⑤ 购后分享（Share）。该模型在 AIDMA 的基础上增加了消费者由于网络运用带来的消费行为变化 Search 和 Share。消费者在对广告或促销信息产生兴趣后，会主动利用各种搜索引擎，检索了解企业、产品及服务等相关信息，搜索的信息结果对其购买行为产生重要影响。在 AIDMA 模型中，购买行动（Action）是购买模式的终结，而在 AISAS 模型中，在互联网环境下，消费者购买后会根据自己的体验，对产品做出评价，形成二次传播，引起其他人的注意，在下一个消费者身上形成新一轮的购买过程。

图 4.8 AISAS 模型

2. AISAS 模型在社会化媒体环境下的拓展：SIPS 模型

2011 年，日本电通公司考虑到互联网社会化属性不断增强的客观背景，在 AISAS 模型之后又发布了 SIPS 模型（见图 4.9），其内容包括：① 共鸣（Sympathize）；② 认同（Identify）；③ 参与（Participate）；④ 分享与扩散（Share&Spread）。该模型突出了消费者获得信息后在社交媒体上的社会行为与结果。

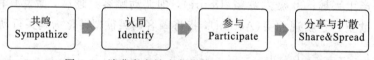

图 4.9 消费者在社会化媒体上的 SIPS 行为模型

4.3.3 AISASCC 模型

日本电通公司提出的 AISAS 和 SIPS 模型都有其适用范围，能够解释网络消费者行为，指导企业互联网传播实践，但是还有进一步拓展空间。例如，消费者购后分享行为之后是如何与社会化媒体上的其他顾客建立关系的？如何与企业发生进一步关系等。基于此，戴鑫在 2022 年结合在线社群发展的新特点，提出 AISASCC 模型（见图 4.10）。在消费者完成购买和分享之后还会进一步：① 人群聚类（Cluster），即与在线社区内其他持有相似评价或价值观的顾客产生相似性效应，人以群分，最终聚合成为兴趣相同或价值观相似的亚社群。这个阶段相当于 SIPS 模型中的共鸣（Sympathize）和认同（Identify）两个环节。也就是，当一位顾客的分享得到社区其他顾客共鸣和认同时，他们的关系会更加亲近，形成相对紧密的亚社群。② 建立承诺(Commitment)，顾客因购买企业产品而认识其他顾客，形成在线社区共同体，企业就是这个共同体的纽带。也就是说，顾客社群会与企业建立一种类似组织承诺的关系，包括感情承诺，即对企业的感情依赖、认同、忠诚、参与投入；持续承诺，即为了不失去在企业已投入所换来的待遇(如会员等级、会员专享权等)而继续留在该企业社区；规范承诺，指由于社会影响形成的社会责任而留在企业社区。上述承诺对于顾客的具体表现就是参与(Participate)企业活动，主动对企业的产品和服务进行分享与扩散(Share&Spread)。

图 4.10　AISASCC 模型与 AISAS、SIPS 模型关系逻辑图

在网络营销视角下，营销策略发生了很大的改变。其核心内容是，营销模式从原来的顾客思维向用户思维转变；在战略层面上，更加关注与用户的协同和交融。在具体策略上，首先强调的是消费者的体验与参与，以此挖掘消费者的内在需求；其次，坚持价值导向，通过低价格或更好的服务体验让消费者感受到产品或服务的价值，进而投入到价值共创中来；再次，重视社会网络渠道，增强互动型，构建自己的圈子或社群，吸收更多的粉丝；最后，强调传播与分享，充分利用消费者之间的互动行为来扩散口碑。

本 章 小 结

网络消费者行为是消费者行为在网络环境下的体现，是消费者在外部、内部因素以及网络环境因素的共同作用下，为了满足自身需求而采取的包括信息搜寻行为、购买行为和购后行为在内的各种行动。具体来说，网络消费者行为是指在互联网营销环境下，网络消费者的感知、认知、行为以及与网络环境因需之间相互作用的动态过程。

网络消费需求呈现以下的特征：需求个性化；需求差异化；追求购买便利性和购物乐趣的需求并存；消费主动性和专业性增强；价格是影响消费心理的重要因素，价值需求转移；消费需求的超前性和可诱导性。网络消费者基本行为划分为四类：社交行为、搜索行为、娱乐行为和购物行为。

网络消费者的购买决策除了受个人因素，如个人收入、年龄、职业、学历、心理、对未来风险的认知等因素的影响以外，还受到网购产品的新颖性、价格、购物的便捷性、支付的安全性、口碑评价和服务水平等因素的影响。

消费者的购买动机可能是由一种或多种动机协同作用的结果，网络消费者的购买动机主要分为需求动机和心理动机两类。需求动机中马斯洛的需求层次理论可以解释虚拟社会中消费者的许多购买行为，同时网络消费者还希望满足兴趣需求、聚集需求和交流需求。心理动机是指消费者由认识、情感、意志等心理过程而引起的购买商品的动机。它比需要动机要复杂得多，强调满足精神上的需要。心理动机主要包括情感动机、理智动机和惠顾动机三种。

网络消费的购买过程可分为五个阶段：诱发需求、信息收集、比较选择、购买决策以及购后评价。网络消费者购买行为模式部分介绍了几种购买模型：AIDMA购买模型、AISAS模型、SIPS模型、AISASCC模型。

复 习 思 考

1. 阐述网络消费者行为的概念，其基本行为有哪些？
2. 网络消费需求具有哪些特征？
3. 简述影响网络消费者购买的主要因素。哪些因素对你的影响最大呢？
4. 网络消费者的购买动机有哪几种？结合自己的网购经历谈谈你的理解。
5. 简述网络消费者的购买决策过程。
6. 阐述网络消费者购买行为模式中AIDMA购买模型和AISAS购买模型的内容。

❖ 案例分析

小米论坛粉丝运营分析

小米成立于2010年，是一家专注于智能硬件和电子产品研发的移动互联网公司。公司在短时间内形成初具规模的用户平台，成为增长最快的公司，创造了两个奇迹：一是用户奇迹，粉丝规模大且活跃度高；另一个是业绩奇迹，从2011年到2016年创造的营收相当于传统企业十几年的财富积累。其成功的背后，小米社区功不可没。根据奥维咨询（AVC）的《小米论坛粉丝运营》，对小米论坛的营销活动进行分析。

1. 小米粉丝画像

在小米的粉丝群中，"85后""90后"占比为73.6%。他们渴望被认同，喜欢"淘""秀""晒"的深度自我化，与低经济自由度之间的矛盾促使他们通过"圈子"来自由发表观点，重建联系。粉丝中本科生和大专生占比为79%。他们有一定的学历，但多为学生或职场"菜鸟"，他们渴望成功，渴望被认可，同时他们又不得不直面生活中的"柴米油盐"。面对理想与现实的落差，他们希望通过小米社区表达观点，获取认同感，微光前行。

男性占比为91.8%。他们普遍痴迷于计算机、技术升级、刷机，喜欢玩手机且花较多时间在手机上，是典型的"手机控"。68.6%的米粉集中在珠三角、长三角和环北京经济圈。在一线城市，米粉在年轻人中的渗透率最高，其次是二线城市，三四线城市最低。意见领袖量不足1%，但发回帖频次较高，对整个论坛活跃度贡献较高。意见领袖数量虽少，但对小米的作用大。米粉追求高性价比，具有高价格敏感度。

2. 小米论坛运营策略

小米论坛运营策略主要包括以下方面：

（1）引流。通过线上线下平台相互引流，扩大用户规模，并通过扩散型平台引流至小米论坛进行用户沉淀，打造发烧友集散地，为小米企业服务。

（2）转化。通过多种社交媒体引流粉丝至小米官网，最终实现产品销售。

（3）圈化。论坛板块在满足粉丝"淘""秀""晒"的基本需求的同时，还根据不同粉丝团的兴趣爱好设置专属板块，提供给粉丝展现自我价值的平台。各个板块满足了米粉不同层次的内心需求，保障了论坛的活跃运营。

（4）糯化。根据米粉在论坛上的表现，设置从纵深化会员到小米头衔会员的管理体系，给予会员从享受基本权限到获取权利与福利的管理权限，吸引粉丝快速升级并精心经营论坛身份，给予米粉在升级与论资排辈中更多的认同与满足感，增加粉丝黏性。尊重粉丝建议与体验，打造"无薪员工"参与系统更新，并通过高额奖励众筹精英参与设计，实现粉丝自我价值。其特色主要集中在圈化和糯化两个环节，具体见表 4.2。

表 4.2　小米论坛主要活动形式

活动形式	线上活动	线下活动
活动分析	1. 针对小米产品的整个生命周期开展活动，活动主题与产品生命阶段相结合，注重活动的节奏，通过用户参与，实现产品从开发到退市再到迭代的良性循环过程； 2. 开展话题活动与粉丝互动，打造其他厂商活动平台，尝试平台化； 3. 充分利用论坛，除具有社交功能外，通过活动持续激发粉丝的活跃性，不断扩大其功能外延，如调研、营销、销售、服务等，最终打造成开放性平台	同城会变革——组织线下活动，提升群组成员活跃度与拉新
活动组合	简单的低投入活动组合快速吸引新老粉丝围观，增加论坛人气，同时也为产品销售达到了造势的目的，线上活动平台拉新，线下活动平台进行抢购、玩机、刷机等心得交流，建立联系，发挥意见领袖的作用，扩大粉丝规模及增强粉丝黏性，同时扩大品牌区域影响力	

思考：虚拟品牌社区体验能提升消费者的品牌忠诚吗？

第 5 章　　网络营销调研

学习目标

    1. 了解网络营销调研的主要内容和步骤；

    2. 掌握网络营销调研的优势与不足；

    3. 掌握网络直接市场调研和间接市场调研的基本方法；

    4. 掌握并能运用网络问卷调查方法。

知识结构图

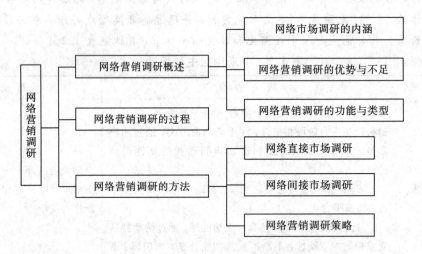

5.1　网络营销调研概述

　　市场调研在营销系统中扮演两种重要的角色。首先，它是市场情报反馈过程的一部分，向决策者提供关于当前市场营销组合有效性的信息和进行必要变革的线索。其次，它是探索新的市场机会的基本工具。市场调研是管理者及时获取制定决策所需信息的主要渠道，也有助于管理者识别最有利可图的市场机会。随着互联网的发展和大数据时代的来临，传统市场调研受时间、地域、成本等限制，网络市场调研的诸多优势凸显，因而快速地发展起来。

5.1.1　网络市场调研的内涵

　　市场调研是指以科学的方法，系统地、有目的地收集、整理、分析和研究所有与市场有关的信息，特别是有关消费者的需求、购买动机和购买行为等方面的信息，从而帮助营销者把握市场现状和发展趋势，有针对性地制定营销战略，取得良好的营销效益。市场调研是市场营销链中的重要环节，一个策划完美的营销方案必须建立在对市场细致周密的调研基础之上。

网络营销调研是指企业通过互联网开展收集市场信息、了解竞争者的情报及调查消费者对产品服务的意见等的市场调研活动，以此为企业网络营销决策提供数据支持和分析依据。网络营销调研是网络营销活动的一个有机组成部分。网络营销调研包括对信息的判断、收集、记录、分析、研究和传播等活动，其工作对象是网络市场信息，直接为网络市场营销服务。

网络营销调研的主要内容包括如下五个方面。

1. 消费者的需求特征

网络消费者的需求特征，特别是需求及其变化趋势调查是网络营销调研的重要内容。利用互联网了解消费者的需求状况，首先要识别消费者的个人特征，如性别、年龄、职业、消费偏好、住址等。为鼓励网络用户填写问卷，不仅需要告知问卷发放者将对被调查者隐私的保护，还需要在调查中采取一定的方法和技巧，从侧面了解、印证与推测有用的信息。

2. 企业产品或服务的信息

企业可通过网络营销调研了解当前所提供的产品或服务的市场地位、消费者反应等，将其与消费者需求相对比，找出差距。企业现有产品或服务的相关信息包括产品供求状况、市场容量、市场占有率、消费者满意度、产品或服务销售额趋势、消费者建议等。

3. 目标市场信息

目标市场信息主要包括市场容量、产品供求形势、市场份额、市场开发潜力、市场存在的问题、竞争格局等。

4. 竞争对手信息

竞争对手分析主要包括竞争对手是谁、实力如何、竞争策略是什么、网络营销战略定位、发展潜力以及其产品信息等。收集此类信息的途径主要有访问竞争者网站，收集竞争者网上发布的信息，从其他网站摘录竞争者信息，从有关新闻报道或电子公告中获取竞争对手信息等。

5. 市场宏观环境信息

企业在做重大网络营销决策时，必须对市场宏观环境进行分析，包括政治、法律、经济、文化、地理、人口、科技等各个方面。该类宏观信息可通过相应的网站或有关书刊获取。例如，政府信息可以通过政府网站和网络内容提供商（Internet Content Provider，ICP）网站查找。

此外，企业还应该根据实际情况了解合作方、供应商、中间商等的相关信息。

5.1.2　网络营销调研的优势与不足

网络营销调研是企业通过互联网开展的调研活动，与传统市场营销调研相比较，具有较为显著的差异，其中既有优势也有不足。

1. 网络营销调研的优势

互联网在市场调研中的应用丰富了市场调研的数据来源，扩展了传统的市场调研方法。与传统市场调研方式相比，网络市场调研具有以下优势：

（1）便捷且成本低。企业进行网络营销调研时不受时间和地域的限制，不需要派出专人开展实地调查，只需拥有一台能上网的计算机，网络调研者就可以在企业网站、专业市场调研平台等发布调查问卷，并通过微博、电子邮件、BBS论坛、微信等社交媒体发送给网络用户，最后也是通过网上用户的终端完成信息的收集和录入，最终得到调研结果。整个过程方便快捷，仅需少量的人力和物力即可实现，大大降低了企业市场调研的成本。

（2）及时且高效。由于受时空的限制，传统市场调研周期相对较长。但在网络市场调研中，网络信息的传输速度快，而且能及时地传送给互联网中的每个用户，这就保证了网络信息的即时性，网络营销策划人员能及时地根据市场情况制定相应的营销方案，大大提高了市场调研的工作效率。

（3）客观性。传统的营销调研方式中，受访者多是被拦截或抽取到的，在回答问题时相对被动。而网络营销调查问卷的填写者多数是对该企业产品或服务感兴趣的人，回答问题时也是在完全独立的环境中，不容易受到其他外在因素的误导和干预，所以这种基于老客户和潜在消费者的网络营销调研结果更具有客观性，也能较大程度上反映消费者的消费心态和市场发展的趋势。

（4）样本随机性。由于传统市场调研的过程和结果受时间、地域、费用等因素的影响较大，调研人往往只能获得小样本数据，有时无法较好地满足样本随机性。但在互联网时代，尤其是大数据环境下，通过电子商务网站、社交媒体网站、搜索引擎、网上数据库、网上问卷调查系统等，调研人可以快速、便捷地收集到大量和消费者有关的数据，能够更好地满足样本随机性，得到的结论更为客观。

综上所述，网络营销调研有很多传统市场调研所不具备的优势，具体如表5.1所示。

表 5.1　网络营销调研与传统市场调研比较

项　目	网络营销调研	传统市场调研
调研成本	低廉	很高
便捷性	方便快捷	比较繁琐
时效性	全天候进行	受时空限制
即时性和共享性	比较强	相对较弱
客观性	相对真实可靠	措施严格，可信性高
适合范围	长期的大样本调查、要迅速得出结论的情况	面对面的深度访谈，食品类等感官测试等情况

2. 网络营销调研的不足

除了以上优势，网络营销调研还存在着一些不足。

（1）覆盖范围有限。网络营销调研的覆盖范围是指网络营销调研对象占调研目标总体的比率。其中调研目标总体是理想状态下所涉及的调研总体对象，而网络营销调研对象主要是指普通网民。因网络不普及或某种原因可能会使调研覆盖范围受限。

（2）对象缺乏代表性。网络营销调研受网上受众特征的限制，上网者通常有年轻化、城市化等特征，其调查结果一般只反映网民中对特定问题有兴趣的人群的意见，因此使得网络营销调研对象难以具有真正的代表性。

（3）过程较难控制。由于网络的虚拟性，网络营销调研人员很难控制调研对象，如无法控制调研对象真实、客观地回答调查问卷的问题，也无法控制被调查对象是否符合调研对象的实际要求，而这些都可能会造成调查结果的不准确。

5.1.3　网络营销调研的功能与类型

网络市场调研与传统市场调研类似，具有三种功能：描述、诊断和预测。描述功能指调研人收集有关消费者的大量信息，据此客观陈述信息所反映出来的事实。例如，某行业的月销售额、同比增长百分比、环比增长百分比等。诊断功能指利用已有信息对已采取的行动所产生的效果进行分析、解释。例如，相比原会员制，现有会员制对维护顾客忠诚度是否更为有效？捆绑销售后是否能够提高产品销售量？预测功能指利用已有信息对行动所产生的效果进行预测。例如，消费者是否关注产品的某项性能？提高其性能后是否能增加产品销量、提高市场占有率？

根据调研功能的不同，网络营销调研可以分成结论性调研和探索性调研两大类。其中结论性调研又分为描述性调研和因果性调研两种（如图 5.1 所示）。

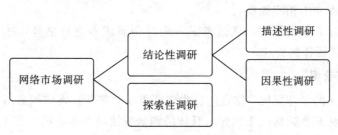

图 5.1　网络营销调研类型

根据调研信息来源的不同，网络营销调研可以分为网络直接市场调研和网络间接市场调研两种。网络直接市场调研指的是为当前特定的目的在互联网上收集、分析与研究一手资料或原始信息的过程。网络间接市场调研指的是网上二手资料的收集、分析与研究过程。

5.2　网络营销调研的过程

网络营销调研与传统市场调研一样，需要遵循一定的方法步骤，以保证调研的质量。网络营销调研的实施过程一般包括以下五个步骤。

1. 明确调研目标

明确调研问题和调研工作所要达到的目标是网络营销调研的首要任务，它为整个调研过程提供保证和方向。例如，此次调研是为了实现诊断功能，如相比原会员制，现有会员制对维护顾客忠诚度是否更为有效？还是为了预测目前策略的效果，如消费者是否关注产品的某项性能？调研目标既不可过于宽泛，也不能太狭窄，要明确地界定调研目标并充分考虑网络调研成果的实效性。

2. 制订调研计划

网络营销调研的第二个步骤是制订可行的营销调研计划，包括确定资料来源、调研对象、调研方法、调查手段等。具体来说，网络调研计划应包括以下几个方面：

（1）确定调研资料的来源。为了实现调研目标需要哪些类型的资料，是一手资料还是二手资料。

（2）确定调研对象的类型。网络营销调研的对象，主要分为企业面向的消费者或潜在消费者、企业的竞争对手、企业的合作者和行业内的中立者四种类型。前两类是调研中经常选择的对象。

（3）选用恰当的调查方法。在网络营销调研过程中，经常使用的方法包括网络问卷调查法、在线讨论法、网络访谈法、实验法、网络文献法等。同时，还要选择相应的调研手段，如借助计算机辅助电话调查系统、网络调研软件系统等。

（4）确定抽样方案，包括抽样单位、样本规模及抽样程序等。抽样单位是抽样的目标总体。样本规模则涉及调研结果的可靠性。抽样的目的就是为了利用少量样本数据得到关于总体的信息。可样本毕竟不能代表总体。因此样本数量足够大，样本选择的随机性高，样本分析的准确度才能相应提高。

（5）做好经费预算及管理。调研者需事先对调研成本进行估算，将各项开支逐条列出，以便实施时进行控制管理。

3. 收集调研数据

网络通信技术的迅速发展，使得信息收集变得非常简单。网络调研过程通过互联网可采用多种调研方法开展数据收集工作。具体的调研方法将在本章第二节中详细地阐述。

4. 分析调研数据

分析数据的目的在于利用杂乱无章的数据揭示出有关消费者态度、倾向或行为的规律性结论，并预测市场发展趋势、时机等。在网络营销调研中，调研者如何从数据中提炼与调查目标相关的信息，会直接影响最终的调研结果，关系到企业的决策，因此数据分析非常重要。在进行数据分析时，需要掌握相应的数据分析技术和借助一些统计分析工具，如通用的分析软件系统 SPSS、SAS、R 语言等。常用的统计分析方法主要有分类、聚类、回归分析、相关性分析、方差分析等。

5. 撰写调研报告

数据分析完成后，调研人负责撰写调研报告，包括调研问题、调研内容、调研步骤及方法、数据来源、分析方法、得到的结论，最后是向管理者提出的一些建议。这是整个过程的关键环节，也是调研活动的最后一个阶段。调研报告是网络营销调研成果的集中体现，不应简单堆砌数据和资料，而应在科学分析数据后，整理得出相应的有价值的结果，为企业管理者制定营销策略、做出决策提供依据。

5.3　网络营销调研的方法

根据调研信息来源的不同，网络营销调研可以分为网络直接市场调研和网络间接市场调研两种。网络直接市场调研是在互联网上收集、分析与研究一手资料或原始信息的过程，主要调研方法有网络问卷调查法、网络讨论法、在线访谈法、实验调查法等。网络间接市场调研是网上二手资料的收集、分析与研究的过程，主要包括网络搜索引擎、专有数据库、网络文献法等。每种调研方法都有自己的特点和适用背景，在网络营销调研过程中具体采用哪种方法来收集数据资料，要根据实际调研目的和需要来选择。

5.3.1　网络直接市场调研

1. 网络问卷调查法

网络问卷调查法是获取第一手资料最常用的调研方法，在网络营销调研中应用也最为广泛。该方法是调查者将其所要获取的信息设计成调查问卷，在网上发布问卷，让访问者通过网络填写问卷并提交的一种调查方式。

调查问卷一般包括导言、问题指导语和正文。导言用来说明由谁执行此次调查、调查目的和调查意义。这段文字语气要亲切，态度要诚恳，要对受访者的合作表示感谢。问题指导语即填表说明，用来向受访者解释怎样正确地填写问卷。正文一般包含两部分内容。一部分是有关受访者特征指标的问题，如年龄、性别、职业、受教育程度等。第二部分是问卷的主体，包括问题和选项，是问卷的核心部分。问题的类型分为封闭型问题（问题后有若干备选答案，受访者只需在备选答案中做出选择即可）、开放式问题（只提问题，不设相关备选答案，受访者有自由发挥的空间）和半封闭问题（在采用封闭型问题的同时，再附上开放型问题）三类。

网络调查问卷常见的发布方式有以下几种：

（1）网站直接发布。这种方式是将问卷发布在网站上，由访问者自愿填写问卷。网站本身就是宣传媒体，调查问卷既可以发布在本企业的网站上，也可以发布在综合门户网站、相关的行业门户网站以及专业的调查网站上。利用企业网站开展网络营销调研时，由于企业网站的访问者大都是对该企业感兴趣、与企业有业务往来的个人和组织，他们对企业有一定的了解，更有利于提供准确、有效的信息。这种方式主要适合大型知名企业。而对于知名度不高、企业网站访问量较少的中小型企业，可以借助知名度高的行业门户网站和专业的问卷调查网站进行问卷调查，以扩大调查对象的涉及范围，获取更丰富的调查样本。专业的问卷调查网站功能强大，能够为用户提供全面的问卷调查解决方案，提供的服务包括问卷设计、问卷发布、数据采集、统计分析、生成报表和报告等。例如，问卷星网站提供大量问卷调查模板、统计分析报告和原始答卷可免费下载，还支持手机填写，多渠道（微信好友、QQ 好友、微信群、QQ 群、群发短信邀请、群发邮件邀请等）推送问卷并收集答卷和红包抽奖等，大大提高了调研的便利性和受访者的参与热情。

（2）利用 E-mail 发布。利用 E-mail 将调查问卷直接发送给被调查者，被调查者完成问卷后通过 E-mail 返回。这类似于传统调查中的邮寄问卷调查，需要调查者收集目标群体的 E-mail 地址作为抽样样本。被调查者的 E-mail 地址可以从现有的邮件列表或已有的顾客数据库中获取，还可以委托专门的调研公司负责问卷调查。使用 E-mail 进行问卷调查时应遵循"许可营销"的原则，不要不经邀请或提醒就把问卷直接发给被调查者。

（3）利用讨论组发布。这种方式是在相应的讨论组中发布问卷，要求受访者参与调查。该方式成本低且被访问者是主动的，容易获取比较真实的信息。但在新闻组和电子布告栏系统(Bulletin Board System，BBS)上发布时，应注意调查的内容与讨论组主题的相关性，否则容易引发受访者的反感或抵制情绪，从而无法完成调研。

（4）利用社交媒体发布。目前，微博、微信、QQ、人人网、网络社区等各类社交媒体快速发展并拥有大量的用户，将问卷链接以消息的形式发布到各类社交媒体上，这些调查问卷便会在社交网络用户的分享过程中快速传输给大量的网络用户，从而有可能得到更多的关注和回复。

2. 网络讨论法

网络讨论法是互联网上的小组讨论法，它通过新闻组、BBS、邮件列表讨论组、网络实时交谈、网络会议等多种途径实现讨论，从而获得信息。例如，在相应的讨论组中发布调研主题，邀请感兴趣的访问者参与讨论；将分散在不同地域的被调查者通过网络视频会议连接在一起，在主持人的引导下进行讨论等。

网络讨论法在具体实施上，首先需要确定要调查的目标市场，识别目标市场中可参与调查的讨论组；其次，确定可以准备讨论的具体话题；再次，登录相应的讨论组发布调查项目，让组内成员参与讨论，发表各自的观点和意见；最后，通过过滤系统发现有用的信息，或发布新的话题深入挖掘信息。例如，小米手机专门针对用户开设了小米社区，通过用户的聊天、讨论、分享，以更好掌握小米的产品。

3. 在线访谈法

访谈法指调研人依据调查提纲与被调查者通过对话、讨论等面对面的形式直接进行交谈，了解被调查者的心理和行为，收集语言资料的一种方法。因为调研问题的目的、性质和对象不同，采用的访谈方式有不同的形式。根据访谈对象的数量，访谈法可分为一对一的个别访谈和一对多的小组访谈两种；根据访谈内容的深度，可分为常规访谈和深度访谈；根据访谈进程的标准化程度，可分为结构型和非结构型访谈。结构型访谈，指访谈按照一定标准或流程进行，通常是采用调查问卷的形式进行；非结构型访谈，指没有标准化程序的自由交谈。根据媒介，可分为面对面访谈、电话访谈、在线聊天室访谈等。

在线访谈法和传统访谈法本质上并无大的不同，在线访谈可根据每次进行访谈时的参与人数分为个别访谈和小组访谈。在线个别访谈指调研者通过即时通信工具(如微信、Skype、QQ等)和被调查者私下进行口头或书面沟通而获取有关消费者心理和行为信息的一种方式；在线小组访谈指调研人通过网络(如利用虚拟社区、网上论坛、博客等网络工具)发起某一话题，通过参与、观察、记录被调查者之间进行的书面交流而获取有关消费者心理和行为信息的一种方式。但在形式上，在线访谈利用了网络带来的诸多便利性。例如，被调研人参与受访时间、受访地点不限，还可以通过留言、回复等其他方式进行。

4. 实验调查法

实验调查法，是调查者有目的、有意识地通过改变或控制一个或几个市场影响因素的实践活动，来观察市场现象在这些因素影响下的变动情况的方法。实验调查法的应用范围很广。例如，改变商品包装、改变产品价格、改进商品陈列以及进行新产品试验等，均可以用实验调查法研究其变化对消费者行为的影响。通过实验调查法，实验者能够在市场现象的发展变化过程中直接掌握大量的第一手实际资料，并用以揭示或确立市场现象之间的相关关系或因果关系。其过程是：研究人员首先挑选出调研对象并对其随机分组，然后给与每组不同的刺激因素；随后研究人员通常用问卷调查的形式测量调研对象对于刺激因素的反应，从而通过判断这些组之间的差别就能归因于这个刺激因素，这个过程就是所谓的因果关系。

借助于互联网，调查者可开展在线实验。营销人员在网上可以比较容易测试备选网页、展示广告和促销活动。例如，企业将两份不同定价方案以 E-mail 方式分发给不同的顾客群，两份定价方案中各自包含一个超级链接（分别可以连接到企业赞助方网站上的不同网页）；营销人员可以通过这两个网页的点击率来判断哪种定价方案的拉动作用更大。

5. 在线观察法

在线观察法是实地调查法在互联网上的应用，是一种对网站的访问情况和用户的网络行为进行观察和监测的调查方法。企业常见的做法有两种，一种是对在聊天室、BBS 或邮件列表中的闲聊和邮件发送行为进行观察；另一种是在企业网站上提供聊天空间，或者让消费者加入到相关产品话题的企业微信公众号等。在线观察法也可以借助于技术手段来实现。一种是客户端数据收集，通过安装"网络跟踪器文件"直接在用户电脑上收集他们网上浏览的信息；另一种是服务器端数据收集，是指网站分析工具通过使用网站日志软件分析和记录访问网页的用户数、访问位置、购买记录等信息，便于调查者分析消费者的在线行为，并对网站促销方式和网页做出相应的调整。

5.3.2　网络间接市场调研

网络间接市场调研是指调研数据来自网上的二手资料。互联网上虽有海量的二手资料，但有效的网络商务信息能保证提供适合于网络营销决策的信息，所以对网络商务信息收集的要求是及时、准确、适度和经济。互联网为商务信息的收集提供了便利快捷的手段。世界各国和地区发行的报纸、杂志、政府出版物、新闻公报、各种调查报告等可以在网上获取，网络营销调研者只要掌握利用搜索引擎的技巧和相关网络资源与工具的应用，就可以获取有价值的网络商务信息。网络间接市场调研主要借助搜索引擎、网络社交媒体、E-mail 等多种途径来进行。以下介绍几种常见的应用方式：搜索引擎的应用、百度指数的应用以及专业数据库的应用。

1. 搜索引擎在网上调研中的应用

搜索引擎是网络搜索工具的通称，是网络信息检索的核心。用户利用搜索引擎，只需在检索框内输入检索关键词，或者按照分层类目结构依次逐一选择，就可以获取含有相关信息的大量网页。网络营销调研者可以使用综合性商务信息网站、地区性商务信息网站、专业性商务信息网站等，通过搜索引擎，就可以获得大量的市场信息，包括行业信息、竞争对手的情报，消费者评论、政府机构的法规政策等，通过对这些信息的跟踪、整理、分析，可以判断其产品和服务在行业中所处的位置，发现优势与不足，并提出改进的办法。

2. 百度指数在网上调研中的应用

百度指数是以百度海量网民行为数据为基础的数据分享平台。在百度指数里，当调查者输入某个关键词，即可了解到这个关键词在百度的搜索规模、搜索趋势，以及关注这个词的用户画像等，以此为依据来优化企业数字营销活动方案。

目前，百度指数的功能模块主要包括基于单个词的趋势研究、需求图谱和人群画像，基于行业的整体趋势、地域分布、人群属性、搜索时间特征。通过打开"趋势研究"可以查看某个关键词最近7天、最近30天的单日指数，用户还可以自定义时间进行查询。因为每一个用户在百度的检索行为都是主动意愿的展示，所以每一次的检索行为都可能成为该消费者消费意愿的表达。百度指数的"需求图谱"基于语义挖掘技术，向用户呈现关键词隐藏的关注焦点、消费欲望。例如，搜索一个品牌名（如"京东"），打开"需求图谱"，"需求分布"立即会显示出其他用户对该网站的形象认知分布情况，了解用户经常把哪些词语与该品牌联系起来，这对于产品和营销效果分析具有较大帮助。通过"人群画像"，即可获得用户年龄、性别、区域、兴趣的分布特点，信息真实、客观。以往需要花费巨大精力开展的调研可以通过在百度指数上输入关键词而替代。

百度指数自发布之日，便成为众多企业营销决策的重要依据。类似于百度指数的数据分享平台在互联网上还有许多，借助它们可以很直观、客观地获取有价值的商务信息。

3. 专业数据库的应用

除搜索引擎与百度指数的应用外，网络营销调研者还会采用专业数据库等相关网络资源来进行相关调研信息资源的获取。例如，世界贸易数据库（World Trade Database）、世界能源数据库（World Energy Database）、世界宏观经济数据库（World Macro Economy Database）、中国宏观经济数据库（China Macro Economy Database）、中国金融数据库（China Finance Database）等。例如，中国宏观经济数据库，数据来源于国家统计局，主要包括宏观经济年度数据、季度数据、月度数据，主要指标包含国民经济核算、人口、就业人员、职工工资、能源、财政、价格指数、人民生活、城市概况、环境保护等许多方面。它是用于研究和分析中国经济发展的状况以及人民生活水平的基础数据库。

5.3.3　网络营销调研策略

1. 提高网络调研参与度

在传统的营销调研中，调查者可以采用不同的抽样方法来选择调研对象，主动通过调查区域的选择、年龄阶段的设定等各类标准，有针对性地选取样本。网络营销调研则不同，调查者难以决定谁是网站的访问者，不好确定调研对象的群体范围。因此，吸引更多的访问者参与调研成为网络调研的关键。一般网络营销调研者会采取一些手段激励用户参与调研。例如，在网站上提供免费的咨询服务等，通过网站内容和服务来吸引用户注册、提高访问数量，并激励访问者填写网站上的调查问卷，参与互动活动，从而达到调研目的。还可以通过适当的物质奖励，如在网站发放优惠券、试用品、小额现金等，鼓励访问者完成问卷或参与讨论，提高网络调研的参与度。

2. 改善网络问卷调查效果

网络问卷调查是网络营销调研中最常用的方式，其中在线问卷的质量直接影响调研的结果，因此企业应根据调研目标科学地设计网络问卷。设计调查问卷的目的在于将研究目标转化为特定问题，所以问卷的设计必须与调研主题密切相关，问题的表述需要清楚、准确、便于回答。设计一份好的问卷需要遵循以下几个原则。

（1）表述清晰。问卷中的问题和答案表达准确、完整，语义明确，以免产生歧义。例如，问题是"您的婚姻状况"，答案是"A 未婚；B 已婚"。显然，这个问题还有第三种答案——离婚或丧偶或分居。如按照以上设置填写问卷，会给被调查者造成选择上的困难，带来有效信息流失等问题。

（2）问卷的设计严谨，具有逻辑性，符合应答者的思维程序。问卷的设计一般是先易后难、先简后繁、先具体后抽象。这会让访问者感觉问题易于填写，便于调研者获得比较完整的信息。

（3）考虑受访者可接受性原则。问卷设计还要考虑受访者能否接受，要使其愿意回答。应避免涉及隐私、敏感性的问题。如果需要提问此类问题，最好采用间接询问的形式，语言委婉、有礼貌，尽量争取对方的合作，以提高调查质量。

（4）避免提具有诱导性的问题，即问题不带有提示性、完全中立。例如，问题是"你认为这款香水对你的吸引力在哪里？"答案是"A 诱人的气味；B 持久性长；C 精美的包装；D 低廉的价格"。这种设计具有明显的诱导性和提示性，无形中掩盖了被调查者对问题的客观认识，导致数据可信度降低。如果将上述答案换为"A 气味；B 持久性；C 包装；D 价格；E 广告"，这样的问题设计就是客观的、中立的。

（5）简明性原则。问卷设计最重要的任务之一就是要使访问者能够充分理解问题，乐于回答、正确回答。因此调查内容要简明、易懂、易读，以便访问者能够快速回答。没有价值或无关紧要的问题不要列入，还要避免重复，力求以最少的项目涉及必要的、完整的信息资料。问卷问题应简短，数量不宜多。

（6）便于处理性原则，指调查结果便于进行检查、数据处理和分析。成功的问卷除了考虑紧密结合调查主题与方便信息收集外，还要考虑调查结果的容易得出和说服力。这就需要考虑到问卷在调查后的整理和分析工作。

此外，问卷设计出来，应多方征求意见，认真修改、补充和完善。最好在小范围内进行预调研，听取受访者的意见，验证问卷设计是否符合调研的需要，从而保证问卷调查的实际效果，避免出现大的失误。

本 章 小 结

网络营销调研是指企业通过互联网开展收集市场信息、了解竞争者的情报及调查消费者对产品服务的意见等市场调研活动，以此为企业网络营销决策提供数据支持和分析依据。网络营销调研是网络营销活动的一个有机组成部分。网络营销调研的内容主要包括消费者的需求特征、企业产品或服务的信息、目标市场信息、竞争对手信息、市场宏观环境信息等。

网络营销调研与传统市场营销调研相比较，既有优势也有不足。网络市场调研具有便捷且成本低、及时且高效、客观性、样本随机性等方面的明显优势；同时，网络营销调研还存在着覆盖范围有限、对象缺乏代表性、过程较难控制等不足方面。

网络市场调研具有三种功能：描述、诊断和预测。根据调研功能的不同，网络营销调研可以分成结论性调研和探索性调研两大类。其中结论性调研又分为描述性调研和因果性调研两种；根据调研信息来源的不同，网络营销调研可以分为网络直接市场调研和网络间接市场调研两种。网络营销调研的实施过程一般包括 5 个步骤：① 明确调研目标；② 制订调研计划；③ 收集调研数据；④ 分析调研数据；⑤ 撰写调研报告。

网络直接市场调研是在互联网上收集、分析与研究一手资料或原始信息的过程，主要调研方法有网络问卷调查法、网络讨论法、在线访谈法、实验调查法等。网络间接市场调研是网上二手资料的收集、分析与研究的过程，主要包括网络搜索引擎、专有数据库、网络文献法等。每种调研方法都有自己的特点和适用背景，在网络营销调研过程中具体采用哪种方法来收集数据资料，要根据实际调研目的和需要来选择。

网络营销调研者在实施过程中会采取一些策略激励用户参与调研。例如，在网站上提供免费的咨询服务、参与互动活动、适当的物质奖励等，来提高网络调研的参与度。网络问卷调查是网络营销调研中最常用的方式，在线问卷的质量直接影响调研的结果，因此企业应根据调研目标科学地设计网络问卷。问卷设计出来，应多方征求意见，最好在小范围内进行预调研，验证问卷设计是否符合调研的需要，从而保证问卷调查的实际效果。

复习思考

1. 简述网络营销调研的主要内容有哪些。
2. 简述网络营销调研的优势与不足。
3. 简述网络营销调研的功能与类型。
4. 网络直接调研方法包括哪些调研方法？
5. 实践题：运用所学的网络直接调研方法或网络间接调研方法，收集分析某企业的产品评价信息，做出调研报告。
6. 实践题：就某个主题设计网络问卷，开展问卷调研，阐述调研目的、调研步骤、调研策略等方面，最后做出总结。

❖ 案例分析

《2021 中国无糖饮料市场趋势洞察报告》

近日，中国科学院大数据挖掘与知识管理重点实验室发布《2021 中国无糖饮料市场趋势洞察报告》（以下简称"报告"）。报告指出，随着公众健康意识的增强，无糖饮料的市场规模将进一步保持增长势头，预计未来 5 年内实现翻番，2025 年增至 227.4 亿元规模。报告显示，在其中占据重要份额的无糖气泡水领域，元气森林成为最受年轻消费者欢迎的品牌，获得了超过 8 成的消费者的认可。相比之下，含糖的传统碳酸饮料未来将面临较大挑战。

市场的快速增长，也对无糖饮料品牌提出了更高要求。报告认为，"0 防腐剂"将成为无糖饮料品牌未来的竞争焦点。在 19 款评测的主流饮料中，仅元气森林、农夫山泉等少数国货品牌的 6 款饮料不添加苯甲酸钠、山梨酸钾等防腐剂，不足评测产品的三分之一，大部分无糖饮料仍存在一定数量的防腐剂。

代糖方面，报告指出，天然甜味剂的市场占比正在逐年提升，由 2010 年的 8.16% 提升至 2020 年的 29.41%。根据国家减糖标准，在规定范围内使用甜味剂作为代糖是安全的。

报告表示，作为在无糖饮料中常见的代糖品类，赤藓糖醇因其安全性和不参与身体代谢，已成为达到"0 糖，0 脂，0 卡"目标的首选。相比之下，阿斯巴甜等人工甜味剂因为安全性受到质疑，正在被天然甜味剂取代。

居民糖摄入量超标是全球各国人民共同面临的健康挑战，含糖饮料是居民糖摄入量的主要来源之一。报告表示，如何在饮料产业实现更深入的"减糖、控糖"，将是控制普通人群糖摄入量的关键环节。

1. 国内无糖饮料市场规模呈现快速增长趋势

随着物质社会进步和现代社会公众健康意识的增强，人们越来越关注糖的影响，大量的科研成果表明，长期大量摄入糖分将对身体健康造成多种不良影响。此前，无糖饮料的消费群体主要由肥胖、健身等有特定需求的人群组成，但随着公众健康意识的增强，越来越多人了解到糖对身体的负面影响，许多普通消费者也成为了无糖饮料的追捧者。因此近几年，无糖饮料的市场规模呈现出快速增长的趋势。

报告指出，随着 2030 健康中国计划的推进以及消费者健康意识的提升，国内无糖饮料的市场规模将进一步保持增长势头（见图 5.2）。2020 年市场规模达 117.8 亿元，较 2014 年翻了 7 倍。2025 年该市场将增至 227.4 亿元，5 年内实现规模翻番。2027 年，该市场将继续攀升至 276.6 亿元规模。其中，无糖碳酸饮料（包含气泡水）是无糖饮料市场的重要组成部分。从 2018 年元气森林推出无糖气泡水并迅速爆红至今，国内各类无糖气泡水的品牌和产品如雨后春笋般竞相冒头。2020 年，无糖碳酸饮料市场规模达到 66.9 亿元，占无糖饮料市场的半壁江山。

数据来源：产业信息网

图 5.2　无糖饮料市场规模及预测

报告针对无糖气泡水这一细分品类，做了大量消费者选择偏好的深度调研。调研显示，最早抢占无糖气泡水市场的元气森林保持着较强劲的品牌优势，在所有的无糖气泡水品牌中，82.1% 的消费者倾向选择元气森林，是其他品牌总和的 4 倍。在选择偏好方面，71% 的用户更在意口感口味，21% 的用户在意健康配方。有意思的是，仅 3.9% 的用户在意明星代言，这一项数据似乎低于此前业内预期。

除此之外，近几年国潮品牌快速崛起成为快消品市场的热门主题。以 80、90 后消费者为主的国内主流消费群体不再迷信于国外品牌，反而更认可一些充满创新特色的国货品牌，也更关注产品本身的质量或性价比。相关网络调查数据显示，只买国货和只买进口品牌的消费者数量大致相当，进口品牌"自带光环"的时间已经过去了。

报告援引相关数据显示，最近十年国内饮料市场各大品牌表现迥异。其中，元气森林复合增长率最高，达334％，但2020年其在整体饮料市场份额仅为0.4％。农夫山泉复合增长率为14％，占整体市场3.3％。可口可乐、百事可乐等两大国际巨头复合增长率分别为7％和2％，分别占整体市场4.5％和1.8％。

2. 赤藓糖醇成为健康食品的"0糖"目标首选

报告指出，居民糖摄入超标的主要原因是甜食、甜饮料能够提供良好的食品口感，从而令追逐糖分成为一种消费本能。近年来，一些人工合成和天然提取的物质，可以提供接近糖的甜味口感，却没有糖的危害，正在成为"糖的替代品"。其中，人工合成甜味剂是市场使用时间最早、使用量最大的甜味剂类型，属于高倍甜味剂，相对价格成本较低。常见的人工合成甜味剂包括甜蜜素、阿斯巴甜、安赛蜜等。

值得注意的是，甜蜜素在美国、日本、加拿大、英国等发达国家目前已全面禁用，在我国有使用量限制，符合使用量限制的仍可以在食品和饮料中使用。阿斯巴甜安全性同样较低，有较明确的使用量限制，并要求标明"阿斯巴甜（含苯丙氨酸）"等字样。在过去多年，阿斯巴甜等人工合成甜味剂的安全性在全球范围内引发不少质疑，来源于植物的天然甜味剂成为更多"无糖"产品的优选。常见的天然甜味剂包括赤藓糖醇、甜菊糖苷、罗汉果苷等。在10多项甜味剂的评比中，赤藓糖醇安全性最高（见表5.2）。

表5.2　常见甜味剂特性对比

名称	类型	甜味	口感	特点	使用量限制	安全性
阿斯巴甜	人工甜味剂	蔗糖甜味的200倍	纯正	摄入消化吸收后，不会增加热量，可防龋齿等	有，应标明：阿斯巴甜（含苯丙氨酸）	★★★☆☆
安赛蜜	人工甜味剂	蔗糖的200～250倍	金属味	甜味纯正且持续时间长，易融入水，不参与身体的代谢	有	★★★☆☆
三氯蔗糖（蔗糖素）	人工甜味剂	蔗糖的600倍	较纯正	唯一一种以白糖为原料加工生成的高倍甜味剂	有	★★★★☆
甜菊糖苷	天然甜味剂	蔗糖甜味的200～300倍	甘草味、薄荷醇味、苦涩味	常与其他甜味剂混合使用，具有抗菌、抗氧化等作用	受一定限制	★★★★☆
赤藓糖醇	天然甜味剂	蔗糖甜味的60％～70％	纯正	甜味协调好，不升高血糖，防龋齿，能促进双歧杆菌的增殖	不受限制	★★★★★

根据英敏特数据库的数据显示，在 2010 年到 2020 年的十年间，天然甜味剂的添加占比逐年提升，由 2010 年的 8.16% 提升至 2020 年的 29.41%。人工合成甜味剂的使用占比出现明显的逐年降低趋势，以天然甜味剂、糖醇为代表的新型甜味剂，因为更符合健康、安全、天然、控糖等新生活态度的需求，在代糖市场上呈现出积极快速的发展态势。最近几年，赤藓糖醇已出现取代阿斯巴甜等人工甜味剂的明显趋势。

报告指出，赤藓糖醇之所以能成为公认的"0 热量"天然甜味剂，主要是因为赤藓糖醇在进入人体后不参与糖的代谢，而是大部分排出体外，不会引起血糖变化，也不会产生热量。因其天然安全和 0 热量的双重属性，赤藓糖醇成为了健康食品达到"0 糖"目标的首选。目前市场上的无糖饮料，在代糖选择方面体现出了较大区别。

在报告调研的 19 款无糖饮料中，仅 2 款饮料只添加了天然甜味剂，分别为元气森林的燃茶和雀巢的优活气泡水。其中，燃茶仅添加赤藓糖醇，优活气泡水添加了赤藓糖醇和甜菊糖苷。元气森林、喜茶、农夫山泉气泡水等 7 款饮料添加了天然甜味剂和少量三氯蔗糖。三氯蔗糖是目前唯一一种以蔗糖为原料生产的高倍甜味剂，属于安全性较高的甜味剂。少量的三氯蔗糖与天然甜味剂搭配使用，可以获得更好的饮品口感，且能够满足无糖健康的需求。此外，娃哈哈生气啵啵、可口可乐 0 度可乐、百事可乐无糖可乐等 6 款饮料含有阿斯巴甜、安赛蜜等人工甜味剂；依能气泡水、崂山苏打气泡水和果子熟了苏打气泡 3 款饮料含有甜蜜素。

根据沙利文研究的数据显示，近年来我国赤藓糖醇的消费量呈现出明显的增长态势。2018 年赤藓糖醇消费量增长率达到了 89.7%，2019 年的增长率达到 100%。随着"健康中国 2030"计划的稳步推进，以及全球范围内控糖、减糖意识的逐步普及和渗透，赤藓糖醇在未来的消费量仍有较大的提升空间。

3. "0 防腐剂"将成为无糖饮料的竞争点

作为一个快速增长的新兴品类，无糖饮料目前在配料及口味、产品卖点上均呈现出同质化竞争趋势。对目前市场上销量较好的 14 款品牌无糖气泡水进行调研后发现，在元气森林之后，清泉出山、农夫山泉等 9 款品牌均推出了白桃味道；果子熟了等 9 个品牌均采用了元气森林"0 糖 0 脂 0 卡"近似的宣传说法。

报告指出，不添加防腐剂成为企业和公众关注的话题。由于满足消费者对"健康"的关注，防腐剂将成为未来各大饮料品牌的主要竞争点。目前饮品类常用的防腐剂包括苯甲酸钠和山梨酸钾。相比之下，山梨酸钾安全性超过苯甲酸钠。

此外，报告对市面上常见的 19 款无糖饮品配料表进行了统计（见表 5.3）。调研发现，目前仅元气森林、农夫山泉、加多宝等 6 款饮品未使用防腐剂，有 11 款产品添加了一种防腐剂，有 2 款产品添加了两种防腐剂。报告认为，尽管一定程度添加防腐剂符合国家标准，但少数国产品牌已通过自我革新确立了"0 防腐剂"的更高追求，在产业链、科技创新方面进行了积极探索尝试。

此外，报告还显示，近 80% 的消费者选择消费无糖饮料的原因在于"更健康"，而非有明确控糖需求。无糖饮料产品的增多让消费者的选择标准变得更为严苛，很多细心的消费者已经养成了关注产品配料表和营养成分表的习惯。在这样的趋势之下，减少或取消防腐剂的使用，将成为无糖饮料市场未来的竞争关键点。

表 5.4 无糖饮品配料表

分类	品牌	产品	防腐剂（苯甲酸钠，山梨酸钾）
不含防腐剂	元气森林	无糖气泡水	无
	元气森林	燃茶	无
	农夫山泉	无糖气泡水	无
	加多宝	无糖凉茶	无
	崂山	无糖气泡水	无
	康师傅	无糖冰红茶	无
含一种防腐剂	喜茶	无糖气泡水	山梨酸钾
	可口可乐	无糖气泡水（小宇宙 AH-HA）	山梨酸钾
	百事可乐	无糖气泡水（Bubly 微笑趣泡）	苯甲酸钠
	娃哈哈	无糖气泡水（生气啵啵）	山梨酸钾
	健力宝	无糖气泡水	山梨酸钾
	雀巢优活	无糖气泡水	山梨酸钾
	果子熟了	无糖气泡水	苯甲酸钠
	依能	无糖气泡水	苯甲酸钠
	名仁	无糖气泡水	苯甲酸钠
	可口可乐	零度可乐	苯甲酸钠
	清泉出山	无糖气泡水（清汀）	山梨酸钾
含两种防腐剂	百事可乐	无糖可乐	苯甲酸钠、山梨酸钾
	怡泉	无糖气泡水	苯甲酸钠、山梨酸钾

资料来源：前瞻产业研究院 2022.10 编选

思考：请以元气森林等无糖饮料品牌作为调研对象，分析其市场定位、产品定位以及营销推广策略。

网络营销

Wangluo yingxiao

第6章 网络营销的战略规划

学习目标

    1. 了解网络营销的战略规划的内容与制定步骤；

    2. 理解 STP 战略的内容和市场细分的标准；

    3. 掌握基本的目标市场战略；

    4. 掌握网络市场定位的形式。

知识结构图

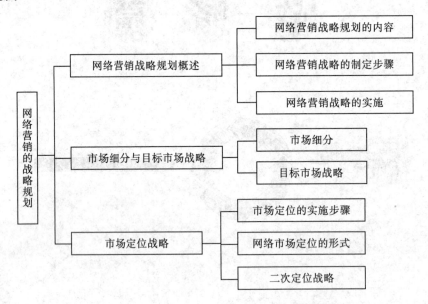

6.1 网络营销战略规划概述

    网络营销战略规划是指在激烈的市场竞争中，企业为了充分利用市场机会，避免环境威胁，求得持续、稳定、健康、高效的发展，在对企业外部营销环境和内部环境条件充分分析的基础上，对企业网络营销的任务、目标及实现目标的方案和措施做出总体的、长远的谋划，并付诸实施与控制的过程。简言之，网络营销战略规划就是指企业以互联网为媒体，以新的方式、方法和理念实施网络营销活动的计划。

    在企业的网络营销活动过程中，希望实现的目标往往不止一个，但企业必须依据内部条件和外部环境，确定一个一定时期内最为合理的目标，这是网络营销的战略规划的第一层含义。同时，实现一个既定的目标，往往不止一种途径，谋划、选择和确定一个最为合理、最为可行、最能快速高效地实现其预定目标的方案，这是网络营销的战略规划的第二层含义。

6.1.1　网络营销战略规划的内容

网络营销战略规划是在网络营销观念的指导下,对网络营销活动所做的一个较为全面有序的安排。企业网络营销战略是企业市场营销管理思想的综合体现,又是企业市场营销决策的基础。网络营销战略规划的内容主要有以下几个方面。

1. 分析网络营销环境

战略性分析是制定网络营销战略规划的准备阶段。通过对企业外部环境的分析,掌握企业所面临的各种机会与威胁;通过对企业内部因素的分析和预测,掌握市场营销过程中企业内部条件的变化情况,确定企业的优势和劣势等,从而为企业制定网络营销战略规划提供有效的依据。

2. 明确网络营销任务

企业开展网络营销、制定战略规划的首要问题就是在网络营销环境的基础上,界定企业网络营销活动的任务。企业网络营销的任务可能是增加顾客、展示企业历史、促进公共关系、塑造企业形象等方面中的一项或几项。例如,海尔集团将其网络营销的任务定义为:通过建立网站,一方面宣传海尔企业的形象,另一方面利用现代化的信息网络,加大自己产品的市场推销的力度。

3. 确定网络营销目标

企业的网络营销任务确定以后,还要将这些任务具体化为网络营销各部门、各环节的目标,最终形成一套完整的目标体系,使网络营销各作业环节都有自己明确的目标,并负起实现这些目标的责任。网络营销战略目标,就是确定开展网络营销后达到的预期目的,以及制定相应的步骤,组织有关部门和人员参与。

网络营销战略目标一般有以下几种类型。

(1) 销售型网络营销目标。销售型网络营销目标是指为企业拓宽销售渠道,借助网络的交互性、实时性、全球性和直效性等特点为顾客提供方便快捷的网上销售点。目前,许多传统的零售店都在网上设立销售点,如国美的"国美在线"和苏宁的"苏宁易购"。

(2) 服务型网络营销目标。服务型网络营销目标主要是为顾客提供网上联机服务。顾客可以与网上客服人员进行远距离咨询和售后服务。目前大部分信息技术性公司都建立了此类站点,如联想和惠普等公司的技术咨询与服务都是通过网站完成的。

(3) 品牌型网络营销目标。品牌型网络营销目标主要是在网站上建立自己的品牌形象,加强与顾客之间的直接联系和沟通,提升顾客的品牌忠诚度,为企业以后的发展打下基础。目前大部分企业属于此类型,如华为、小米等公司。

(4) 提升型网络营销目标。提升型网络营销目标主要是通过网络营销替代传统营销手段,全面降低营销费用,改进营销效率,促进营销管理和提高企业竞争力,如海尔、戴尔等企业站点都属于此类型。

(5) 混合型网络营销目标。混合型网络营销目标是试图同时达到以上几种目标。例如,亚马逊通过设立网上书店作为其主要销售网络,同时又创立了网站品牌,并利用新型的营销方式提升企业竞争力。因此其目标既是销售型,又是品牌型,同时还属于提升型。

4. 制定网络营销战略规划方案

确定了网络营销目标以后，营销人员按照 STP 战略和 4P 的内容以及关系管理制定营销战略方案，以实现既定的目标，即关于产品、定价、分销及促销的计划目标。此外，营销人员还要设计客户关系管理及合作伙伴关系管理战略。STP 理论中的 S、T、P 分别是 Segmenting、Targeting、Positioning 三个英文单词的缩写，即市场细分、目标市场和市场定位的意思。其主要内容是：

第一步，市场细分(Market Segmenting)，根据购买者对产品或营销组合的不同需要，将市场分为若干不同的顾客群体，并勾勒出细分市场的轮廓。

第二步，确定目标市场(Market Targeting)，选择要进入的一个或多个细分市场。

第三步，市场定位(Market Positioning)，在目标市场顾客群中形成一个印象，这个印象即为定位。

6.1.2　网络营销战略的制定步骤

制定网络营销战略可以使企业在总体目标和网络营销观念的指导下更有效地实现其整体发展战略，更好地达到企业预期的经营目标。制定企业网络营销战略可以遵循以下六个步骤。

1. 营销战略目标与任务

制定网络营销战略，首先必须明确网络营销的目标。不同企业所处行业的环境特点不同，企业愿景有所区别，经营产品的特性以及整体营销需要等因素的差异，其网络营销目标也就不同。应根据企业总体目标的需要，确定合理的目标，明确界定网络营销的任务。通过选择合理的网络营销目标，明确企业实施网络营销会带来的主要效益和需支出的费用，设定这些效益和费用的数量指标，才能明确界定网络营销部门的任务。

2. 需求环境分析

需求环境分析是指对企业实施网络营销过程中对各种环境因素进行充分的分析，认识环境因素对网络营销活动效果的影响，为制定有效的网络营销策略提供依据。企业需要分析其所处的宏观环境，如政策环境、经济、文化、消费群体的需求环境等方面，这些是与企业网络营销有关的外部因素，在企业准备进入国际市场时尤为重要。此外还要分析企业的内部环境，包括生产技术水平、企业各种可控资源、企业营销能力等。只有深入了解了企业所处的环境，才能做出正确的战略选择。

3. 评估企业的机会与威胁

在网络营销战略制定过程中，通过分析企业的内外部环境，企业可以发现、评估自身所面临的各种机会和威胁，确定本企业的优势和劣势，寻找特定的市场营销机会，来指导营销战略的制定。

4. 瞄准目标市场，确定资源的分配水平

企业通过将整个市场划分为若干个子市场，并对各子市场的需求差异加以区分，选择其中一个或几个子市场作为目标市场，开发适销对路的产品，开发相应的市场营销组合，以满足目标市场的需要。每一个重要的细分市场都应制定特定的市场营销战略。在选择目标市场和产品项目时，必须考虑有限的资源分配。一般来说，实现市场目标的经营活动决定了所需各种资源的水平，目标市场重要性的大小直接影响到企业的决策。

5. 选择整体战略

企业的营销战略就是企业管理层对如下关键业务问题的答案：是满足广泛范围的顾客需求，还是聚焦于某一个特定的小市场；是将企业的竞争优势建立于低成本之上，还是建立于产品质量的优越性上；如何对新市场和环境做出反应等。因此，市场营销战略实际上反应了企业管理者所做的各种决策，表明其将要致力于某些特定的产品、市场、竞争策略。

6. 确定市场营销组合

网络营销计划是为实现企业市场营销战略而制定的行动方案。它主要涉及产品、分销、促销、价格四个重要因素，这四个因素被称为市场营销组合因素。企业的市场营销战略正是通过这些因素的组合来加以体现和贯彻的。

营销战略是基于企业既定的战略目标的，在向市场转化的过程中，必须要关注客户需求的确定、市场机会的分析，自身优劣势的分析、市场竞争因素的分析、存在问题的预测、管理团队的培养和提升等综合因素，最终确定出市场营销战略，作为指导企业将既定战略向市场转化的方向和准则。

6.1.3　网络营销战略的实施

网络营销战略的实施是系统工程，首先应加强对规划执行情况的评估，判定是否充分发挥此战略的竞争优势和有无改进余地；其次是对执行规划时的问题应及时识别和加以改进；最后是对技术的评估和采用。网络营销的实施不是简单的某一个技术方面的问题或某一个网站建设的问题，还需要从整个营销战略方面、营销部门管理和规划方面，以及营销策略制定和实施方面进行调整。

企业在确立网络营销战略后，要组织战略的系统化执行。实施战略规划有以下几个阶段：

(1) 目标规划。在确定使用某一战略的同时，识别与之相联系的营销渠道和组织，提出改进目标和方法。

(2) 技术规划。网络营销战略实施很重要的一点是在技术投入和支持上，设备配置以及人员培训都应该统筹安排。

(3) 组织规划。实行数据库营销后，企业的组织需进行调整以配合该策略的实施，如增加技术支持部门、数据采集处理部门，同时调整原有的营销部门等。

(4) 管理规划。组织变化后必须要求管理的变化，企业管理必须适应网络营销的需要，如销售人员在销售产品的同时，还应记录顾客的购买情况等。

6.2　市场细分与目标市场战略

6.2.1　市场细分

1. 市场细分的概念

市场是一个综合体，是多层次、多元化的消费需求的集合体，任何企业都不可能满足所有消费者的需求。市场细分是企业根据消费者需求的差异性，把整个市场划分为若干个具有需求差别的消费者群体的过程。

在这个过程中，企业营销人员通过市场调研，根据消费需求的"异质性"，选定一些特定的"细分参数"或者称为"细分变量"，把某种商品的整体市场划分为若干个由需求相似的消费者群体所组成的子市场，从而结合自身条件，确定目标市场和市场定位。其客观基础是消费者需求的异质性。进行市场细分的主要依据是异质市场中需求一致的顾客群，实质就是在异质市场中求同质。

2. 市场细分的标准

企业开展网络营销，需要进行准确的目标市场细分和定位。此时进行市场细分和定位的依据是在传统营销的基础上，根据网络市场和网络消费者的特征确立新的依据。以下是几种常见的市场细分标准。

（1）地域细分。不同地域的消费需求构成了整体的网络市场。处于不同地理位置和空间环境下的消费者，对于同一类产品也往往有不同的需要和偏好。主要的细分变量包括国家、地区、城市、乡村、城市规模、自然环境、气候条件、地形地貌、交通条件等。网络营销不受地理区域的限制，降低了地理因素在市场细分时的重要程度，但对于区域性明显的产品或服务还是可以采取地域细分的方法。

（2）人口细分。总体市场是由不同的消费者群体组成的，各个群体会因消费者的性别、年龄、职业、收入、宗教信仰、国籍、民族习惯等产生差异。网络营销中人口细分的标准可以从两个方面去考虑。一是对企业的产品和服务进行传统意义上的人口细分，二是根据消费者使用网络的特征进行更细致的划分。与其他变量相比，人口变量相对明确、稳定、比较容易获得和使用。因此，人口变量是网络消费者市场最为常用的细分变量。

（3）心理细分。心理细分是比人口细分更加深入的细分方式。消费者的心理包括个性、价值观、生活方式、兴趣与观点等。网络营销上的心理细分要把握消费者的网络消费心理，包括网络消费的原因以及希望通过网络获取怎么样的消费体验等。目前，越来越多的企业注重按照消费者的个性细分网络市场，因为这样可以更好地满足消费者的需求，如用不同设计风格的网页来满足不同价值观的网络群体需要。

（4）行为细分。网络营销中，企业会根据消费者购买或使用产品的动机、消费者所追求的利益、消费者的使用情况、对品牌的忠诚度、待购阶段和消费者对产品的态度等行为变量来细分消费者市场。购买行为是消费者心理活动的外在表现。与心理变量相比，行为变量处于显现状态，更容易获取数据，经常为企业所使用。

3. 市场细分的程序

网络市场细分作为一个比较、分类、选择的过程，应该按照市场细分的程序来进行，任何一个环节的舍弃与割裂，都有可能破坏市场细分的有效性。

（1）识别市场细分目标，定义市场范围。进行市场细分的目的有很多，如增加现有顾客对产品的忠诚度，吸引新的顾客，为短期规划服务，为长期战略服务等。因此，进行市场细分首先要明确目的，识别市场细分的目标，充分了解市场信息，定义市场范围。

（2）拟定市场细分的方法与具体变量。企业根据实际需要拟定采用哪一种市场细分的方法，即决定从哪个或哪些方面对市场进行细分；还要确定具体的细分变量，将其作为有关的细分形式的基本分析单位。确定细分变量是市场细分过程中最重要的一步。企业往往使用多种细分依据，考虑多种变量的影响，才能比较准确地显示一个市场的差异。

（3）分析评估细分市场。首先，企业对将要细分的市场进行调查，收集相关的数据和资料。其次，企业运用科学方法分析数据，合并相关性高的变量，找出有明显差异的细分市场。最后，根据分析数据，对各个细分市场的经济可行性（市场规模、性质、竞争状况、变化趋势）进行评价、分析，比较各个子细分市场的现状及特点，准确分析各个子市场的价值和风险。

6.2.2　目标市场战略

在市场细分的基础上，企业必须对不同的细分市场进行评估，评估时要考虑各细分市场的规模、发展潜力、成长性、获利能力等，之后结合企业的目标和资源从中选择一定数目的细分市场作为目标市场。在选择目标市场的基础上，企业可以针对不同的目标市场制定相应的营销战略。目标市场战略主要有四种：无差异化营销战略、差异化目标市场战略、集中性目标市场战略、一对一营销战略。

1. 无差异化营销战略

无差异化营销战略是把整个市场作为一个大目标开展营销，只考虑消费者或用户在需求上的共同点，而忽视他们在需求上的差异性。无差异化营销的理论基础是成本的经济性，因此也称为成本领先战略。实施企业可以借助网络营销的低成本优势，从管理成本、生产和采购成本、营销费用等方面降低经营成本，从而使企业取得竞争优势，如拼多多平台上的企业。

2. 差异化目标市场战略

差异化目标市场战略通常是把整体市场划分为若干细分市场，针对不同目标市场的个性化需求，分别制定出独立的营销方案，按方案生产目标市场所需要的商品，满足不同消费者的需要；是通过品牌定位与传播，赋予品牌独特的价值，树立鲜明的形象，建立品牌的差异化和个性化核心竞争优势。

差异化营销的依据是市场消费需求的多样化特性。企业通过提供差异化产品和服务能更好地满足消费者的需求。差异化营销的关键是积极寻找市场空白点，选择目标市场，挖掘消费者尚未满足的个性化需求，开发产品的新功能，赋予品牌新的价值。采取差异化营销战略的风险包括：竞争者的模仿使得差异消失；保持产品的差异化往往以高成本为代价等。

例如，可口可乐公司不只向市场提供可乐碳酸饮料，还相继推出了汽水、果汁，如低糖饮料健怡可乐、汽水饮料芬达和儿童果汁饮料酷儿等。可口可乐公司由原来的无差异营销战略转向差异化营销战略，取得了成功，市场竞争地位得以保全。

企业可以从五个方面实现差异化：产品、服务、人力成本、渠道和形象。

（1）产品差异。企业可以使自己的产品区别于其它竞争对手的产品。产品独具特色的功能、利益与顾客需求相适应的优势，即企业能向市场提供在质量、功能、品种、规格、外观等方面比竞争者更好的产品的满足顾客需求的能力。

实现产品差异化是最重要的一个网络营销战略，也就说，企业可以提供各式各样的产品,将种类繁多的产品作为一个平台,给客户提供度身定制的产品。亚马逊公司以及其他众多的网络企业就是依靠众多的产品、小量的交易这样的"长尾"经营方式获得了可观的收入。

(2)服务差异。除了靠实际产品区别外,企业还可以使其与产品有关的服务不同于其他企业。赢得和保持顾客的关键是比竞争者更好地了解顾客的需要和购买过程,提供更多的附加价值。在网络上,可以从多个方面实行服务差异化。一天24小时接受顾客的反馈,并迅速、及时地做出回应,能够有效地提高顾客服务质量。

(3)人力成本差异。企业可通过雇用和训练比竞争者更专业的人员取得更强的竞争优势。传统营销也强调个性化服务,但需要成本高昂的人力资源。网络营销中,企业可以利用互联网,整个交易过程自动化,使人力成本大大降低。

(4)渠道差异。网络经营中渠道的差异化体现在多个层面:第一,利用互联网作为一个沟通渠道,在网络上提供产品或服务信息的企业比没有利用网络的企业具有较大的优势;第二,进行网上商品交易的企业可以利用互联网的优势将网络打造成交易和配送渠道;第三,在较高层面上,企业与竞争对手的网络服务形成差异化。

(5)形象差异。即使竞争的产品看起来很相似,购买者也会根据企业品牌形象观察出不同来。因此,企业通过树立形象使自己不同于竞争对手。企业可以创造独特的客户体验以使自己与众不同(如一流的客户服务),反过来又能为这种体验打造品牌。通过体验的品牌化,企业可以极大地维系客户,锁定高端客户,提高在线经营的盈利能力。

3. 集中性目标市场战略

集中性目标市场战略是企业选择一个或几个市场细分作为营销目标,集中企业的优势力量,对某细分市场采取攻势营销战略,以取得市场上的优势地位。一般说来,实力有限的中小企业多采用集中性市场策略。

实行差异化营销战略和无差异化营销战略,企业均是以整体市场作为营销目标,试图满足所有消费者在某一方面的需要。集中性营销策略则是集中力量进入一个或少数几个细分市场,实行专业化生产和销售。实行这一策略,企业不是追求在一个大市场角逐,而是力求在一个或几个子市场占有较大份额。但其存在的风险包括:一是市场区域相对较小,企业发展受到限制;二是潜伏着较大的经营风险,一旦目标市场突然发生变化,如消费者兴趣发生转移等,都可能使企业因没有回旋余地而陷入困境。

4. 一对一营销战略

一对一营销战略又称为定制化营销战略,是企业把对消费者的关注、消费者的个性释放及个性需求的满足推到空前中心的地位,企业与市场逐步建立一种新型关系,建立消费者个人数据库和信息档案,与消费者建立一对一的联系,及时了解市场动向和顾客需求,向顾客提供一种个人化、一对一的销售和服务。顾客根据自己的需求提出商品性能要求,企业尽可能按顾客要求进行生产,迎合消费者的个别需求和品位,并应用信息,采用灵活战略适时地加以调整,以生产者与消费者之间的协调合作来提高竞争力,以多品种、中小批量混合生产取代过去的大批量生产。

在网络时代,个性化消费成为市场环境的主要特点。因此,企业需要在消费者的个性化需求和规模效益之间找到最佳契合点,营销特征也从全面转向个性化,把满足不同消费者需求的能力(如个性化的营销和个性化的生产能力等)作为企业生存发展的核心能力。企业可通过完成下列四个步骤来实现对自己产品或服务的"一对一营销"。

(1) 识别客户,建立目标顾客数据库。企业首先需要通过各种渠道接触现实顾客或潜在顾客,收集顾客资料,建立目标顾客数据库。做到掌握顾客的姓名、住址、电话号码,搜集包括顾客习惯、偏好在内的所有尽可能多的信息资料。然后,挖掘出一定数量具有较高价值的顾客,并与每一位顾客建立良好关系,以最大限度地提高每位顾客的价值。

(2) 目标顾客差别化分析。顾客差别化主要体现在不同的顾客有不同的需求与价值水平这两个方面。企业在充分掌握顾客的信息资料并考虑了顾客价值的前提下,对现有目标顾客数据库进行一定程度和一定类型的差别化,可以使企业集中有限的资源从最有价值的顾客那里获得最大的收益。此外,这也将有助于企业在特定的经营环境下制定合适的经营战略。

(3) 与目标顾客保持积极接触与沟通。顾客交流是企业成长战略的一个重要组成部分。网络各种沟通工具方便了企业及时与顾客开展"一对一"沟通,既降低了与顾客的沟通成本,又增强了与顾客沟通的效果;企业还可以通过建立自己的网站实施一对一营销,更全面、具体地了解顾客,发现顾客价值,进而开发出相应的增值业务。

(4) 企业行为定制。为了真正实现一对一的个性化营销,企业需要依托互联网与信息技术,将生产过程、业务流程进行重新设计再造,根据顾客的具体要求,确定如何利用自己的生产能力,以较低的成本满足顾客的需要,最终实现为每一个顾客提供定制的产品或服务。

❋ **阅读资料**

戴尔的一对一营销

戴尔公司是世界上最成功的采用网络直销的计算机公司,也是一对一营销的典范。该公司能够按照客户的要求生产计算机,并向客户直接发货。例如,戴尔公司为福特公司不同部门的员工设计了各种不同的配置,当通过福特公司内联网接到订货时,戴尔公司立即知道订货的是哪个工种的员工,他需要哪种计算机,戴尔公司便组装合适的硬件和软件,很快送到客户手中。

戴尔公司网站上除了提供全面的营销功能和服务功能外,还提供了生产活动中的两个重要的职能——生产设计和产品客户化,戴尔提供了一种网上用户定制计算机设计网页,如图 6.1 所示。显然,戴尔公司所提供的个人电脑系统是迎合顾客需求的。例如,顾客可以选择不同尺寸的显示器、不同品牌的微处理器或者其他的配件设备,顾客所收到的笔记本或台式电脑,都已经装上 DOS、视窗等操作系统以及文字处理、报表处理等套装软件。戴尔还提供"一对一营销"服务保障。它承诺:保证 48 小时内到达服务现场;保证 48 小时内送到并更换机器;保证不到两个营业日交出订货等。

综上,戴尔的成功来自于其个性化营销模式所具有的两个优势:一是通过网络直销,为用户提供最廉价的电脑;二是为客户提供"一对一"的定制产品及服务。戴尔公司的创始人迈克尔·戴尔曾说:"也许我不知道如何设计或制造世界上最棒的电脑,但我却懂得如何销售。"在网络经济时代,以一种创新的方式接近顾客,然后竭尽全力取悦顾客,这个理念可以成就一个戴尔,当然也可以成就一个又一个其他领域的戴尔。这是戴尔模式给予我们的启迪。

图 6.1　戴尔公司网站用户产品自定义设计网页

6.3　市场定位战略

市场定位,就是根据竞争者现有产品在市场上所处的位置,针对消费者对该产品某种特征或属性的重视程度,强有力地塑造出本企业产品与众不同的、令人印象鲜明的个性或形象,并把这种形象生动地传递给消费者,从而使该产品在市场上确定适当的位置。也可以说,市场定位是塑造一种产品在市场上的位置,这种位置取决于消费者或用户怎样认识这种产品。企业一旦选择了目标市场,就要在目标市场上进行产品的市场定位。市场定位是企业营销战略计划中的一个重要组成部分。它关系到企业及其产品如何与众不同,与竞争者相比是多么突出。

6.3.1　市场定位的实施步骤

1. 识别可能的竞争优势

识别可能的竞争优势是市场定位的基础。网络营销企业的竞争优势主要表现在两方面:成本优势和差别化优势。成本优势使企业能够以比竞争者更低廉的价格销售相同的产品;差别化优势是指产品、服务、人员或者形象等方面区别于竞争对手而获得的竞争优势。消费者一般都选择那些给他们带来最大价值的产品和服务。

2. 选择合适的核心优势

核心优势是与主要竞争者相比(如在产品开发、服务质量、销售渠道、品牌知名度等方面),在市场上可获取明显的差别利益的优势。识别企业核心优势时,应把企业的全部营销活动加以分类,并对各主要环节在成本和经营方面与竞争者进行比较分析,最终定位和形成企业的核心优势。

3. 制定发挥核心优势的市场定位策略

一旦选择好核心优势，企业就必须采取切实步骤把市场定位传达给目标消费者，企业所有营销活动必须支持这一市场定位战略。例如，通过网络广告、内容营销等向消费者传递核心优势战略定位，使其形成一种鲜明的市场概念。

例如，国内美丽说和蘑菇街两个导购网站，看似有所相同，都是侧重女性购物，其实两者有实质差异。美丽说定位于媒体属性，主要靠自身运营即 PGC 来拉动用户；而蘑菇街定位在社交属性，依靠用户自身所产生的内容即 UGC 为主。

6.3.2　网络市场定位的形式

网络市场定位主要有以下五种形式。

1. 产品或服务特性定位

产品或服务特性是指产品或服务的性质，如尺寸、颜色、成分构成、速度专利等。例如，唯品会公司是以品牌特卖、限时抢购和正品保证来定位而成功。

2. 技术定位

技术定位表示企业在技术上走在同行的前列。这种特性对于网络经营者尤为重要。例如，英国服装零售商 Land's End 公司在其网站(www.landsend.com)上通过充分利用 3D 模型网上技术，使网上试穿服装变为了现实。顾客可以通过在"电脑度身间"栏目中输入自己的体型、三围、身高、体重、眼睛形状、嘴唇形状、鼻子宽窄、发型和发色等参数来创造自己的 3D 模型，然后选择自己中意的衣服款式和颜色，就能在网上看到自己穿上所选衣服后的直观效果(见图 6.2)。

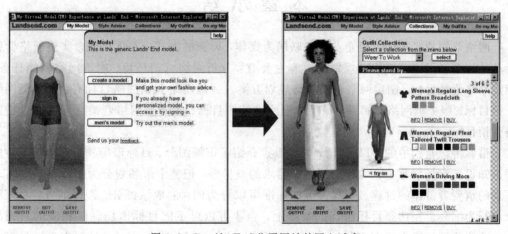

图 6.2　Land's End 公司网站的网上试穿

3. 利益定位

利益是商品特性的反映，也就是这种特性对顾客有什么用。利益定位是一个较为重要的定位要点。例如，Polo 公司的网站(www.polo.com)关注的是自己的产品如何去塑造客户的生活方式。公司不仅提供领带和夹克这样的产品，还会让顾客对一个冒险的、时尚的梦想世界充满遐想。金佰利公司的"好奇"纸尿裤网站(www.huggies.com)在网络社区中向父母们提供育儿方面的建议和帮助,使网站与儿童父母之间建立起关系。比如,在"快乐宝贝"板块,父母们可以用他们孩子的名字自己编故事。

4. 用户类别定位

用户类别定位方式取决于客户群。如果一个群体的某些特质和产品的用处的联系比其他群体更加紧密,那么这个定位就成功了。例如,Eons 是一个老年人社区网站(www.eons.com),其用户群体是 1946 年至 1964 年出生的"婴儿潮"一代。该网站开设了"兴趣小组""照片分享""生活轨迹(按时间顺序罗列重要经历)"等板块。

5. 综合定位

综合定位指企业将自己定位在能够向顾客提供某一产品线上(或某一行业)的所有产品,甚至将自己定位于综合供应商(如沃尔玛网站)。这种战略对网络企业尤为重要,因为网络消费者需要便利和一站式购物方式。例如,TheKnot.com 是提供一揽子婚庆服务的网站,其向用户提供礼品订购、婚礼策划、婚庆咨询等婚庆相关服务。

6.3.3　二次定位战略

二次定位是对品牌、产品或者企业本身进行新的定位,或者调整定位的一个过程。在网络环境下,消费者需求瞬息万变,网络企业可以通过追踪消费者的购物偏好和习惯来实现二次定位。例如,世界上第一家网络零售商——亚马逊公司在企业发展过程中就进行了二次定位。初始时期,亚马逊网站定位为世界上最大的网上书店;而现在,它定位为世界上购物选择最多的地方,从音乐到电子产品,应有尽有。

本 章 小 结

网络营销战略规划是指企业以互联网为媒体,以新的方式、方法和理念实施网络营销活动的计划。网络营销战略规划的内容主要有:分析网络营销环境、明确网络营销任务、确定网络营销目标、制定网络营销战略规划方案。一般网络营销战略目标有:销售型网络营销目标、服务型网络营销目标、品牌型网络营销目标、提升型网络营销目标与混合型网络营销目标。

借鉴传统营销中的 STP 理论,本章重点介绍了市场细分、目标市场战略与市场定位的理论知识。市场细分是企业根据消费者需求的差异性,把整个市场划分为若干个具有需求差别的消费者群体的过程。市场细分的标准可以分为四种:地域细分、人口细分、心理细分与行为细分。在选择目标市场的基础上,企业可以对不同目标市场制定相应的营销战略。这些营销战略主要有四种:无差异化营销战略、差异化目标市场战略、集中性目标市场战略、一对一营销战略。

之后开展市场定位,也就是根据竞争者现有产品在市场上所处的位置,针对消费者对该产品某种特征或属性的重视程度,强有力地塑造出本企业产品与众不同的、令人印象鲜明的个性或形象,并把这种形象生动地传递给消费者,从而使该产品在市场上确定适当的位置。网络市场定位的形式主要有:产品或服务特性定位、技术定位、利益定位、用户类别定位与综合定位。在网络环境下，由于消费者需求瞬息万变，网络企业可以通过追踪消费者的购物偏好和习惯来实现二次定位。二次定位是对品牌、产品或者企业本身进行新的定位，或者调整定位的一个过程。

复 习 思 考

1. 简述网络营销战略规划的概念和内容。
2. 简述网络营销战略目标的类型有哪些。
3. 如何理解网络营销中的 STP 策略？
4. 什么是市场细分？市场细分的标准有哪些？
5. 举例说明目标市场战略有哪些类型？各自的优缺点是什么？
6. 企业可以从哪些方面实现差异化战略？
7. 结合阅读材料戴尔公司的案例，谈谈你对网络定制化战略的理解。
8. 举例说明几种网络市场定位的形式。

❖ 案例分析

小红书的运营策略

小红书是一款为喜欢购物和热爱生活的年轻化的互联网用户提供分享交流和购买途径的社交电商平台。用户可以通过平台发现全世界的好东西，浏览各个达人总结的产品攻略，分享自己关于产品的使用心得，也可以在电商平台内完成线上购物。

成立于 2013 年的小红书最初以海淘购物信息不对称为切入点，主要是用户对美妆、个人护理等的海外购物经验的内容分享社区，由于创办时市场上没有与其定位非常相似的产品，所以小红书在创立之初就成为一匹黑马，上线仅一年用户数量就超过了 1500 万。到后来，这种分享的边界被不断拓展，触及了消费经验和生活方式的方方面面。小红书增加了旅游、运动、家居、酒店、餐馆等内容版块，并引导用户进行交易，是一个网络社区、跨境电商、共享平台、口碑库集合体平台。

小红书的电商福利社上线半年时间，销售额就高达 7 亿元，5 年用户量超过 7000 万。截止到 2020 年 12 月，小红书的累计下载量已超 53 亿，用户数量突破 3 亿。小红书是怎么杀出电商重围的？又是如何占据有利市场，吸引了众多忠诚的用户呢？

1. 市场定位

1）产品定位

随着生活水平的提高及网络购物的兴起，越来越多的消费者喜欢选择网购甚至是海外购物。可现在的产品种类不计其数，产品质量、价格也参差不齐，无论是海淘还是网购都有较大几率买到不合适的产品。针对这一问题，小红书创始之初以工具型产品为定位，主要针对海外市场的基础购物指南；后期建立网络社区，邀请有经验的海淘精英进驻社区平台，通过深耕 UGC（用户创造内容）购物分享社区，不断融合内容社区与"小红书福利社"电商模块，发展成为全球最大的消费类口碑库和社区电商平台。目前小红书官方将小红书 APP 定义为年轻人的生活方式平台。以"UGC 内容社区"为核心，用户可以通过短视频、图文等形式记录生活点滴，分享生活方式，并基于兴趣形成互动，还可以通过福利社一键购买来自全世界的优质商品,是一款线上购物笔记分享社区以及自营保税仓直邮电商平台。

小红书的重心是购物心得分享社区,去中心化的社区能提高用户的参与度。小红书自2014 年上线"小红书福利社区",通过对用户帖子内容的精选来挑选商品,使商品具有较高的精准度。正是这种从用户角度出发的商品挑选模式使其商品更加容易受到用户的关注。

2)用户群体定位

小红书的目标群体为中高端消费人群。据统计,小红书用户集中在一线城市 18 岁到30 岁之间的年轻女性白领和学生。一线城市用户占小红书总用户群体的 50% 左右,女性用户占 90% 以上。

在小红书上,用户所享受的更多是高质量的社交。交流互动体系呈现扁平化,使"小白"用户也能跟达人们进行顺畅交流,社交效率更高。在小红书上,用户之间就像线上闺蜜团一样,有着共同的话题和共同的兴趣爱好。用户还可以通过在社区的分享去完善自己对美的全方位了解,提高自己的购物标准,同时也记录了美好生活。

3)内容定位

由于小红书 90% 以上的用户为女性群体,因此在小红书的社区讨论中以箱包、美妆、皮肤保养等女性关注的话题居多。其内容定位也是为消费群体提供时尚、护肤、生活方式等方面的相关指南。

小红书从最开始的由用户根据自己的需要选择指南版块,再进行数据融合,对用户进行智能推荐推送,发展到现在,设置了关注、发现、附近三个栏目,可以根据用户的搜索习惯,融合大数据及定位自动推送推荐笔记。正是这种"个性化"的营销思路、"精致化"的定位,使其取得了较好的营销效果。

2. 运营策略分析

根据小红书的发展历程,从初创期、成期期、成熟期这三个时期来分析其运营策略,具体见表 6.1。

表 6.1　小红书的运营策略

时期	初创期 2013—2014.12	成长期 2015—2016.12	成熟期 2017 年至今
定位	境外旅游购物指南手册,Slogan 为"把旅行装进你的购物袋"	内容＋电商 Slogan 为"全世界的好东西"	内容＋社交＋电商 Slogan 为"标记我的生活"
用户群体	爱好出境游和购物价值的女性用户	女性海淘用户	90、95 后新生代女生
用户需求	什么值得买,去哪买	买买买,买得值、买得到、买得放心	产品及使用效果等内容的获取与分享
商业需求	吸引购物达人分享购物笔记,实现产品冷启动	完成海淘电商品牌的塑造,实现商业闭环	扩大产品 SUV,开放平台,实现用户价值最大化
运营策略	吸引用户,重在产品打磨	活跃用户,营销造势	留住用户,转化用户
核心任务	制定社区规则并通过内容运营增强竞争力	盈利性运营,寻求与电商融合发展的途径	关注内容社区的运营,用户口碑传播为导向

1）初创期（2013—2014.12）

2013 年 10 月，以 PGC 为主的小红书购物攻略应运而生，其 Slogan 为"把旅行装进你的购物袋"。它是一个主要针对爱好出境游和购物价值的女性用户的基础购物指南，覆盖了美国、日本、韩国等 8 个国家和多个热门旅游地。该阶段的核心用户需求是"什么值得买，去哪买"，其商业需求是吸引购物达人多多分享购物笔记，实现产品冷启动。通过邀请各领域达人、社群推广等方式，鼓励有境外购物习惯的女性开始在小红书上分享自己的购物心得，通过 UGC 的方式生产出的高质量的内容使小红书积累了一大批中高收入的女性用户，用户黏性有了质的飞跃，越来越多的用户愿意交流购物经验，完成了早期种子用户的获取和激活。上线不到一个月，小红书就被下载了 50 万次，成功吸引了一批具有境外购物习惯的青年女性，这也证明了用户对于海外购物的需求，为小红书 APP 上线积累了第一批原始用户。

当时，跨境电商还处于蓝海市场，小红书准确捕捉到目标用户和用户需求，专注海外购物分享这个空白市场，精准捕捉到人们在海外购物的痛点，以趋向海外市场购物的一线城市女性为目标人群，收获了第一批用户。在运营策略上小红书几乎没有花费资金在广告上，一心一意深耕社区，制定社区规则并通过内容运营加持社区格调，建立自身的壁垒，加强产品竞争力。用户评论："作为一个购物指南，通过真实的用户购物分享笔记，整个社区非常的健康，彼此的信任度很高，小红书积极打压软文及水军，通过社区真实笔记沉淀和良好的信息流管理，赢得了数十万用户的芳心。"

2）成长期（2015—2016.10）

2014 年 7 月起，随着政策开放，跨境电商兴起，各类电商巨头纷纷入局，如天猫国际、京东海外购、蘑菇街、唯品会、网易考拉等。小红书凭借初创期沉淀的海外购物笔记分享，天然地打造了一个海外品牌教育基地，获取的用户非常精准，而且用户黏性高、消费能力强，小红书迎来了自己的风口。2014 年 10 月小红书从内容社区升级为"内容＋电商"，上线"福利社"模块，商业闭环最终形成。小红书明确了用户需求和产品发展方向，成为了从内容种草到商城下单的女性海外购物社区电商一站式平台。此阶段小红书运营的核心目标是能够快速获得用户增长，通过产品功能的更新和创意活动的举办吸引越来越多的用户，迅速占领市场，其 Slogan 改为"全世界的好东西"。

2014 年年末小红书举办了首届全球大赏活动，20 天内，有 187 万人参与了投票，十分火爆，最终形成时尚榜、彩妆榜、家具榜单，用户在小红书内的讨论热度显著增加，为小红书带来了较高的人气和活跃度，同时也为小红书获取到了一批新用户。此后，2015 年、2016 年小红书连续三年举办全球大赏活动，进一步扩大了影响力。

2015 年 9 月，小红书在全国五座城市的 12 所高校中举办"校草快递"的营销活动，再次引爆风潮。最后"校草快递"事件以 5297.7 万的曝光量，4.7 万的讨论量完美收官，成功在 90 后圈子里提高了整体的知名度。

2016 年 4 月，小红书策划了《胡歌与小红书的三天三夜》活动，通过将胡歌打造为一个"普通用户"，跟着小红书的笔记寻找好东西，营造了非常真实、清晰的使用场景，代入感很强。精准的艺人匹配和贴近生活的广告录制，以及上线前的微博预热，成功地在微博上制造了一波话题，提升了小红书的知名度，用户新增长率高达 100％。小红书策划了福利社"胡歌广告同款"品类的促销活动，提高用户活跃度的同时也扩大了效量，实现了商业闭环。

3）成熟期（2017 年至今）：

跨境电商市场竞争日益激烈，用户增长变得艰难，商品的真假、售后服务的质量、用户口碑逐渐成为用户的新一轮关注点。小红书通过成长期的运营工作，已经拥有了大规模的用户和较为稳定的地位，树立了品牌形象。在本阶段小红书的 Slogan 改为"标记我的生活"，无论其产品还是定位都在随着用户需求的变化而变化。在运营策略上，小红书更加关注内容社区的运营，进行专题策划，同时以用户活跃度、留存率、商业变现以及用户传播为导向。

2018 年 1 月和 4 月，随着粉丝经济的扩大，小红书分别赞助了 2 档现象级综艺节目——《偶像练习生》和《创造 101》。两大综艺给小红书带来了超高的曝光率，小红书用户进入井喷式增长阶段。两档综艺的观众实际上也是小红书的潜在用户，尤其以女性为主，她们热衷于明星热点、时尚潮流。小红书通过精准综艺投放，成功获取这批潜在用户。这批用户质量高，活跃度也高，他们在小红书上发文分享爱豆、吐槽赛制等均提高了整体的活跃度。同时，投票规则中的发文和分享可以增加投票次数，实际上也提高了用户的活跃度和留存率。练习生们在结束活动以后继续使用小红书记录生活、发表日常，持续吸引着关注他们的粉丝，粉丝们会点赞、评论练习生们的笔记，购买练习生们种草的商品，提高了小红书的活跃度和留存率。

随着淘宝电商直播的爆红，小红书也着手于电商直播以获取平台最新的流量红利。2020 年 4 月小红书直播正式上线，面向平台内全部的创作者开放，并宣布了 30 亿流量和定向的扶持计划，希望将直播常态化、差异化。小红书直播以核心优势内容笔记为依托，以分享和聊天为主，带货氛围更加偏向于情感属性。小红书通过直播的方式提高用户的活跃度和转化率，为平台实现了变现，同时也以变现的方式实现了优秀创作者的留存。

近两年来，小红书推出"创作者开放日""创作者 123 计划""校园大玩家"校园巡讲等活动，为热爱分享生活的创作者开展"百万创作者扶持计划"，旨在帮助内容创作者提升笔记质量和生产效率，希望通过各种激励的方式培养和留存优秀的内容生产者，让创作者和内容释放出更大的影响力，为创作者沉淀私域流量，提供多元商业化道路；同时吸引更多的用户加入到小红书中，完成用户口碑传播的目的。

从小红书的运营之道中可以看到，小红书团队对自身的核心认知非常清晰。初创阶段的用户积累和优质内容的沉淀是小红书的立足之本；后期跟随用户需求的变化，产品快速更迭，持续为用户提供优质体验，则是让小红书一路披荆斩棘，杀出重围的核心竞争力。

思考：搜寻小红书的最新资料，谈谈你对这类内容电商平台模式的企业核心竞争力的看法。

第 7 章　网络营销的产品策略

学习目标

  1．掌握网络产品的整体概念和分类；

  2．了解网络新产品开发的环境和战略；

  3．理解并掌握网络营销产品策略；

  4．熟悉网络品牌策略的内容。

知识结构图

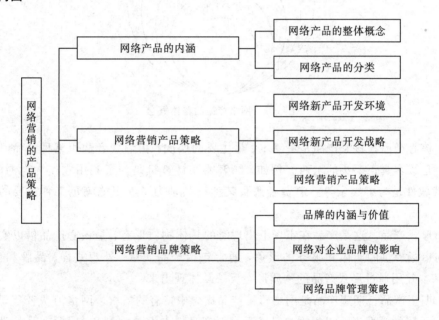

7.1　网络产品的内涵

7.1.1　网络产品的整体概念

1．传统营销产品的三个层次

  从市场营销学的角度看，产品是指企业向市场提供的，能满足消费者某种需求或欲望的一切东西。市场营销过程是一个发现顾客需求并满足顾客需求的过程。而顾客的需求是多方面的，主要包括物质需求和精神需求两个方面。因此，产品的含义也十分丰富。作为一个产品整体，营销产品的含义有三个层次：核心产品、有形产品和附加产品。核心产品指产品能提供给顾客的最核心的使用价值；形式产品指产品的外观式样、包装、商标、质量等；附加产品指产品的安装、送货、信贷、保证等附加服务。

2. 网络营销产品的整体概念

网络营销是在网络虚拟市场开展的营销活动。与传统营销方式相比，产品的设计和开发的主体地位已经从企业转向顾客，企业与顾客的互动性大大增强，顾客的多样化与个性化需求可以得到更好的满足。因此，网络营销产品的内涵与传统产品的内涵有一定的差异，其层次也大大扩展了。网络营销产品的整体概念用五个层次来描述其构成，即核心产品、形式产品、期望产品、附加产品和潜在产品五个层次（见图 7.1）。

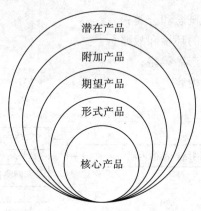

图 7.1　网络产品的整体概念

（1）核心产品。核心产品是最基本、最主要的层次，指消费者购买某种产品时所追求的利益，是顾客真正要买的东西。例如，顾客购买计算机是为了利用它作为上网的工具，购买游戏软件是为了娱乐等。消费者购买某种产品是为了获得能满足某种需要的效用或利益。

（2）形式产品。这是产品在市场上出现时的具体物质形态，是核心产品借以实现的形式，即向市场提供的实体和服务的形象，通常包括产品质量、外观式样、品牌和包装等。产品的基本效用通过形式产品的物质形态反映与体现出来。

（3）期望产品。期望产品是网络营销产品概念中特有的层次。网络消费者呈现个性化的特征。不同的消费者可以根据自己的爱好对产品提出不同的要求，因此产品的设计和开发必须满足顾客的个性化消费需求。期望产品是指顾客在购买前对产品的质量、特点、使用方便程度等方面的期望值。例如，海尔集团提出"您来设计我实现"的口号，消费者可以向海尔集团提出自己的需求个性，如性能、款式、色彩等，海尔集团可以根据消费者的特殊要求进行产品设计和生产。

（4）附加产品。附加产品指顾客在购买产品时所获得的全部附加服务和利益，包括提供信贷、免费送货、质量保证、安装、售后服务等。美国学者西奥多·莱维特曾指出："新的竞争不是发生在各个公司的工厂生产什么产品，而是发生在其产品能提供何种附加利益（如包装、服务、广告、顾客咨询、融资、送货、仓储及具有其他价值的形式）"。

（5）潜在产品。潜在产品也是网络营销产品概念中特有的层次，位于附加产品之外，具体指企业提供的能满足顾客潜在需求的产品层次。它与附加产品不同，主要是产品的一种增值服务。例如，联想公司在推出网络时代计算机天禧系列时，不但提供计算机原有的一切服务,还提供了直接上网的便捷服务,用户便捷上网后还可以通过联想公司的网站获取信息和网上其他服务。

7.1.2　网络产品的分类

在网络上销售的产品,按照其产品性质的不同可分为两大类:实体产品和虚体产品。

1. 实体产品

实体产品指具有物理形状的物质产品。在网络上销售实体产品的过程与传统的购物方式有所不同。在这里没有传统的面对面的买卖方式,网络上的交互式交流成为买卖双方交流的主要形式。消费者通过浏览卖方的主页了解感兴趣的产品,在网上直接下订单;交易达成后,卖方按照顾客的要求将产品送达顾客。

2. 虚体产品

虚体产品一般指无形的产品,产品本身的性质和性能必须通过其他方式才能表现出来。在网络上销售的虚体产品可以分为两大类:数字产品和服务产品。

(1) 数字产品。数字产品包括计算机系统软件、电子读物、电子游戏等软件产品。该类产品利用网络的优势,以提供顾客可直接下载的产品的方式达到销售的目的,免去了实物产品配送的麻烦。数字产品具有锁定用户的特性,因此网上软件销售商往往采用提供一段时间的免费试用期,允许用户尝试使用并提出意见,以吸引顾客并最终达到营销目的。

(2) 服务产品。服务产品一般分为普通服务和信息咨询服务两大类。普通服务包括远程医疗、法律救助、各种订票服务、旅游服务、远程教育等;信息服务产品指专门提供有关信息的咨询的服务,如股市行情咨询、金融资讯、法律咨询、医药咨询、电子新闻等。

7.2　网络营销产品策略

在网络时代,由于信息和知识的共享、科学技术创新速度的加快,企业的竞争从原来的简单依靠产品的竞争转为不断开发新产品能力的竞争。

7.2.1　网络新产品开发环境

新产品开发指从研究选择适应市场需要的产品开始到产品设计、工艺制造设计,直到投入正常生产的一系列决策过程。从广义而言,新产品开发既包括新产品的研制也包括原有的老产品的改进与换代。新产品开发是企业研究与开发的重点内容,也是企业生存和发展的战略核心之一。互联网的迅猛发展和信息技术更新速度的加快,使得企业在新产品开发方面面临着许多挑战。网络新产品开发环境的变化具体体现在以下几个方面:

(1) 不断分裂的市场。市场的分裂导致了产品和服务要素的解体及重组,以创造出不同寻常的新产品和新公司。

(2) 速度的提高导致了激烈的竞争,缩短了新产品的仿制时间与生命周期。当一种新产品成功后,竞争对手立即就会对之进行模仿,从而使新产品的生命周期大为缩短。例如,就网络拍卖来说,某天诞生了网络拍卖公司 Ebay,第二天亚马逊公司与其他公司也相继提供拍卖服务。

（3）权利移至买方，再加上网络的全球性，许多不同寻常的企业合作、企业联合和消费者联合都成为可能。合作者形成协同团体，共同设计传递价值的产品。例如，戴尔计算机根据合同将其计算机监控器需求数量的 25% 给予一名供货商，然后供货商从公司中调遣工程师与戴尔产品开发与市场推广小组共事。同样，客户也可以与公司联合设计产品。

（4）知识管理允许公司在线监控客户行为并在一夜间创造出新产品。现在推动产品开发的是信息流而非实物流。公司可以在线测试不同价格水平的各种产品利益，不论顾客是否购买都可以进行产品改进。

因此，互联网的发展带来的新产品开发的困难，对企业来说既是机遇也是挑战。企业开发的新产品如果能适应市场需要，可以在很短时间内占领市场，打败其他竞争对手。

❋ 阅读资料

马化腾的七种武器

一位创始型企业家的性格和才能，将最终决定这家企业的所有个性。就如同苹果从来只属于乔布斯一样，腾讯从气质和灵魂的意义上，只属于马化腾。在腾讯这个案例上，我们看到了马化腾团队所形成的极具个性的核心能力，我将之概括为"马化腾的七种武器"，它们包括以下方面（如图 7.2 所示）：

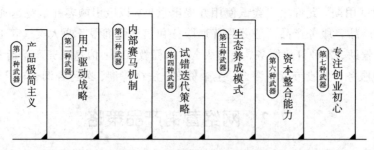

图 7.2　马化腾的七种武器

- 第一种武器：产品极简主义。

由于起始于一个体积极小的 IM（Instant Messaging，即时通信）工具，腾讯从第一天起就天然地具备了"产品"的概念，并且认为"少就是最合适的""Don't make me think!（别让我思考!）""让功能存在于无形之中"。马化腾本人是"细节美学"和"白痴主义"的偏执实践者，这在中国乃至全球互联网界都是早慧的。在 PC 时代，它的优势并不明显，而进入移动互联网时代，则成为最具杀伤力的公司哲学。腾讯也是工程师文化与产品经理文化融合的标本。

- 第二种武器：用户驱动战略。

早在 2004 年，马化腾就提出，互联网公司具有三种驱动力，即技术驱动、应用驱动、用户和服务驱动，腾讯将着力于第三种能力的培养。在相当长的时间里，腾讯团队探索并发掘对中国用户的虚拟消费心理的掌握，他们把"虚拟道具"重新定义为用户的"情感寄托"。在技术上，腾讯形成了大数据下的用户反馈体制，在应用性工具创新方面，提供了诸多中国式的理解。

　　• 第三种武器：内部赛马机制。

　　互联网世界的几乎所有创新，都具备颠覆式特征，它们往往突发于边缘，从微不足道的市场上浮现出来。身在主流并取得成功的大型公司对之往往难以察觉。在腾讯的 18 年发展史上，决定其命运的几次重大产品创新，如 QQ 秀、QQ 空间及微信，都不是最高层调研决策的结果，而是来自中基层的自主突破，这一现象得益于马化腾在内部形成的赛马机制。

　　• 第四种武器：试错迭代策略。

　　与以标准化、精确化为特征的工业经济相比，互联网经济最本质的差异是对一切完美主义的叛逆。"小步、迭代、试错、快跑"，是所有互联网公司取得成功的八字秘诀。它要求公司在研发、反馈及迭代上，形成完全不同于制造业的制度构建。在这一方面，腾讯的表现可谓典范。

　　• 第五种武器：生态养成模式。

　　作为全球员工规模最大的互联网公司之一，腾讯提供了管理超大型企业的中国经验。马化腾是进化论和失控理论的拥趸。面对巨大的不确定性，他试图让腾讯成为一家边界模糊的生态组织。他在 QQ 时代就提出让互联网"像水和电一样融入生活当中"；在 2013 年前后，他进而提出"连接一切"和"互联网＋"的理念。在对内、向外的双重延展中，腾讯形成了柔性化的组织及竞争模式。

　　• 第六种武器：资本整合能力。

　　腾讯是最早获得风险投资的中国互联网公司之一，但是，一直到 2011 年之后才真正形成了自己的投资风格。马化腾和刘炽平将腾讯的开放能力定义为流量和资本，将前者的优势和战略设想，转化并放大为后者的动力。腾讯是中国互联网企业中最大、最激进的战略型投资者之一。

　　• 第七种武器：专注创业初心。

　　创业于 20 世纪 90 年代末的马化腾，是改革开放之后的知识型创业者。在他的创业初心中，改善财富状况的需求让位于个人兴趣和改造社会的热情。在 18 年中，马化腾几乎摒弃了所有的公共表演，而一直沉浸于产品本身，这构成了他最鲜明的职业特征。

资料来源：吴晓波. 腾讯传 1998－2016：中国互联网公司进化论.
杭州：浙江大学出版社，2017

7.2.2　网络新产品开发战略

　　产品开发战略是开发新的产品来维持和提高企业的市场占有率。开发新产品可以是开发全新产品，也可以是在老产品的基础上做改进，如增加新的功能，改进产品的结构等。与传统新产品开发一样，网络营销新产品开发战略有下面六种类型。

1. 全新产品

　　全新产品即开创了一个全新的产品，这种战略适合应用于创新公司。在网络时代，市场要求发生了根本性的变化，消费者的需求和消费心理也发生了重大变化。在产品开发的过程中，如果有很好的产品构思和产品理念，就可以凭借这些产品构思和理念获得风险投资金，成功开发新的产品。例如，社交电商平台拼多多公司，以"拼着买更便宜"的新模式迅速发展起来。

2. 新产品线

产品线是由满足同类需求，但规格、式样、档次不同的密切相关的一组产品构成的。新产品线是指使公司首次进入现有市场的新产品。互联网与网络技术的发展使得迅速模仿和研制开发出已有产品成为一条捷径。但因网络环境下新产品开发速度的加快和产品寿命周期的缩短等因素的影响，这种战略只能作为一种对抗的防御性战略。

3. 现有产品线外新增加的产品

现有产品线外新增加的产品即补充公司现有产品线的新产品。由于网络时代市场需求差异性加大，市场分工越来越细化，每种新产品只能对准较小的细分市场。这种战略不但能满足不同层次的差异性需求，而且还能以较低的风险进行新产品的开发。

4. 现有产品的改良品或更新

现有产品的改良品或更新即提供可改善现有功能或有较大感知价值的并且可替换现有产品的新产品。在网络营销市场中，消费者挑选商品的范围、权利与传统市场营销相比大大增加。所以，企业为了满足消费者的需求，就必须不断改进现有产品和更新换代，否则就会被市场淘汰。

5. 降低成本的产品

降低成本的产品即提供具有同样功能但成本较低的新产品。网络消费者虽然注意个性化的消费，但是他们的消费行为变得更加理智，常会货比几家，追求性价比高的商品。因此，企业提供具有相同功能但成本更低的产品更能满足网络市场需求。

6. 重定位产品

重定位产品即以新的市场或细分市场为目标市场的现有产品。这种策略是网络营销初期可以考虑的。因为网络营销面对的是更加广泛的市场空间，企业可以突破时空的限制去占领更多的市场。在全球的广大市场上，企业重新定位产品，可以获得更多的市场机会。

综上，以上的新产品开发战略各有优势和特点，企业可以根据自己的实际，在产品策略中选取具体的新产品开发方式，以利于在激烈的市场竞争中取胜。

✽ 阅读资料

谷歌的新产品开发

在产品创新方面，谷歌公司始终处于领先地位。谷歌新产品开发流程是这样的：参与创新的人员首先在公司的实验室开发新产品，然后将开发出来的软件交给一些准用户去进行测试，最后再推向市场，整个流程一般持续一年时间。在开发过程中，谷歌善于向客户学习，把客户的意见体现在最终推向市场的产品中。谷歌网站上的产品组合包括 15 种搜索产品、3 种广告产品、21 种网络应用产品、5 种企业产品、2 种无线应用产品，所有的这些网络新产品都符合谷歌公司的经营理念。

7. 2. 3 网络营销产品策略

1. 产品定制策略

定制营销，是网络时代企业营销的典型模式。一方面，网络时代消费者独立的个性要求企业能够生产定制化的产品，他们会把自己对产品外形、颜色等方面的要求直接传递给生产者而不愿再接受商店内有限范围的选择。另一方面，以顾客为导向的营销理念也要求企业满足不同顾客的个性化需求，这也是企业为什么要运用产品定制策略的原因。

网络在为用户提供针对性的信息资讯方面有得天独厚的优势。网络资讯产品的提供者应了解顾客的要求和愿望，将大规模营销改进为分众营销，甚至是一对一的营销，为消费者提供极大个性化的信息产品，使企业营销具有更多的人性化关怀。例如，蓝色尼罗河珠宝公司（见图 7.3）是一家网上珠宝零售商，该网站的客户可以挑选不同品质的钻石（如钻石的类型、透明度、尺寸等），然后再挑选与之相配的钻石底座。

图 7.3 蓝色尼罗河珠宝公司网站

2. 产品组合策略

产品组合是指一个企业生产或经营的全部产品线、产品项目的组合方式。它包括三个变数：广度、深度和关联度。广度指企业产品组合中所包含产品线的多少，产品线越多，广度越大，反之则小。深度指企业经营的每个产品线所包括的产品项目的平均数的多少，平均项目越多，深度越大，反之则小。关联度指各产品线之间在最终用途、生产条件、销售渠道等方面的相互关联程度。企业产品组合选择和评价的依据是：有利于促进销售和增加企业的总利润。要基于上述三个维度，根据企业的综合实力以及经营战略，选择适合企业发展的网络产品组合策略。企业在调整自己的产品组合时，可选择以下两种策略。

（1）产品组合扩大策略。产品组合扩大策略也称全线全面型策略，即扩展产品组合的广度和深度，增加产品系列或项目，扩大经营范围，以满足市场需要。利用网络营销在建立和维护客户关系方面的优势，企业可以利用核心产品打造一个高度忠诚的客户群体，并围绕这个群体，增加产品系列或项目，扩大经营范围。这样有利于综合利用企业资源，扩大经营规模，降低经营成本，提高企业竞争能力；还有利于满足客户的多种需求，进入和占领多个细分市场。但扩大产品组合策略要求企业具有多条分销渠道，采用多种促销方式，对企业资源条件要求较高。

例如，京东商城作为 B2C 平台型电子商务服务商，在占领了 3C 产品这一市场后，开始增加新的经营品种。其业务范围已经从电脑、手机、电子产品成功拓展到大家电、图书、家具、服装、食品等其他领域。

（2）产品组合缩减策略。产品组合缩减策略指降低产品组合的广度和深度，将获利很少的产品系列或项目从产品组合中剔除。该策略能够使企业将各项资源、原材料等合理应用于获利较多或有潜力的产品项目上，集中力量经营少数产品项目，提高专业化水平，以求从经营较少的产品中获得较多的利润。

3. 产品延伸策略

产品延伸策略指突破企业原有的经营范围，改变企业原有产品的市场定位，扩大产品线的策略，主要包括向上延伸、向下延伸和双向延伸三种策略。

（1）向上延伸策略，指企业从只经营低档产品，逐步增加到经营中高档产品。此策略可提高企业及现有产品的声望。消费者购买商品，不但取得了产品的所有权及其附加的当期收益，还获得了各种远期收益。例如，现在大多数软件商都承诺用户可以享受免费的软件升级服务，我国一些软件公司就是通过自己的网站向用户提供免费的升级软件。

（2）向下延伸策略，指原来经营高档产品的企业增加经营低档产品。此策略可吸引受经济条件限制的消费者，扩大企业的市场规模。例如，美国通用汽车公司（GM）的网站上不仅销售新车，同时还提供旧车交易。想购买二手车的消费者，可进入标有"经 GM 认可确保质量的二手车"字样的网页进行选择。另外，随着网上金融服务体系的逐步建立，网络银行的业务也会由传统的银行业务，延伸到电信、税务、水电、交通等行业，完成诸如代收电话费、水电费、税费、交通罚款等代理业务。

（3）双向延伸策略，指经营中档产品的企业，逐步增加经营高档和低档产品的一种策略。原定位于中档产品市场的企业掌握了市场优势后，采取双向延伸策略，可使企业同时获得上述两种延伸所产生的效果。对于开展网络营销的企业来说，产品不但包括要出售的货物，还包括各种服务、各种商业过程以及可增值的信息。因此双向延伸也不仅仅是增加传统意义上的高档或低档产品，而是要在产品的各个组成部分中进行延伸。例如，企业可以为每个产品的客户制定一种相应的服务方案，包括送货服务方式、安装和培训服务以及维修服务等，以增加服务的价值；为所有客户提供一系列可增值的信息，如供应商的生产能力、产品前景预测、产品设计、保修、交易和送货条款等，通过这些延伸达到提高产品的附加值和市场占有率的目的。

7.3　网络营销品牌策略

网络营销的成功秘诀之一是创造一个响当当的网络品牌。品牌在作为极具效率的推广手段的同时，也具有较高的经济价值。它是无形价值的保证形式。网络给企业品牌建设提供了能更快、更有效地传播和强化的方法。因此，企业需要重视自己网络品牌的建设，为消费者传递良好而新颖的网络品牌印象，以利于品牌基于互联网的口碑传播。

7.3.1　品牌的内涵和价值

1. 品牌的内涵

按照美国市场营销协会的定义，品牌是一种名称、属性、标记、符号或设计，或是它们的组合，其目的是借以辨认某企业的产品或服务，从而帮助其与竞争对手的产品和服务区别开来。品牌是一种企业资产，涵盖的意念比表象的正字标记或是注册商标更胜一筹。品牌是一种信誉，由产品品质、商标、企业标志、广告口号、公共关系等混合交织形成。品牌是一个集合概念，包括品牌名称、品牌标志、商标。

2. 品牌价值

品牌价值是品牌管理要素中最为核心的部分，也是品牌区别于同类竞争品牌的重要标志。迈克尔·波特在其《品牌竞争优势》中曾提到：品牌的资产主要体现在品牌的核心价值上，或者说品牌核心价值也是品牌精髓所在。品牌价值是品牌在某一个时点、以类似有形资产的评估方法计算出来的金额，一般是市场价格。

7.3.2　网络对企业品牌的影响

网络对企业品牌的影响可概括为以下几个方面。

（1）网络提供了品牌个性化的延伸路径，使品牌与目标客户的关系更加密切。网络的交互性和针对性能够提供无数的机会，吸引受众以自己的节奏参与交流，充分了解自己喜爱的品牌。同时，通过赋予品牌个性化特点，消费者能发展与品牌更个人化的关系，如开发定制个性化产品等。

（2）网络大大缩短了获得较高品牌知名度和认可度所需要的时间。可口可乐花了 50 年的时间才成为全球市场的领先者，但是在线搜索引擎这一领域，雅虎公司只花了 5 年时间就取得了市场的主导权。在网络上，顾客能更多地控制交互的时间和交互的频率，而且不需要增加任何的成本费用，这可能会导致品牌联想和品牌关系的强化，从而使网络环境下的品牌能够较快地获得顾客的认可。

（3）网络使品牌可以直接面对全球范围的目标受众。网络的全球性使很多的在线品牌一开始就具有全球化的特征。而网络在帮助品牌国际化的过程中也扮演了极为重要的角色。

（4）网络丰富了品牌形象的同时，也增加了品牌形象整合的难度。网络的出现注定要增加品牌传播的数量和复杂性。网络为信息的发布与更新提供了一个快速的渠道。网络多媒体的信息表现又丰富了品牌形象的内容，但同时也增加了品牌形象传播不一致的可能性。

（5）网络为消费者创造最完美的品牌体验。互联网不仅改变了我们的生活，更重要的是提供了关于创造美好生活的理念。互联网使品牌与消费者的联系更加密切，品牌时刻关注消费者的新的需求变化，为消费者创造更超值的价值。无论技术如何发展，对不同消费者给予人性化的互联网消费体验始终不变。例如，小红书网站的品牌 Slogan 是"标记你的生活"，快手网站的品牌 Slogan 是"记录生活记录你"。

❋ 阅读资料

喜茶的品牌定位与推广

在众多奶茶品牌中，喜茶是品牌知名度和用户忠诚度都比较高的一个品牌。喜茶原名皇茶，于 2012 年诞生于一条名叫江边里的小巷，后来为了与山寨品牌区分开，全面升级为喜茶。喜茶的门店主要分布在一、二线城市。当代热爱生活、追求独特个性的年轻用户是喜茶的目标用户。对这些目标用户来说，饮品好喝、独特、美观，奶茶店环境雅致都非常重要。因此，喜茶在提倡健康、美味、时尚的基础上，结合养生文化，将健康、养生观念融入茶饮的制作中，开发了芝士茗茶、当季限定、"莓莓芒芒"家族、"满杯水果"家族、"波波"家族、茶冰激凌、茶极客限定、喜茶热麦、喜茶食验室等系列产品，满足了目标用户的口味需求。在门店装修上，喜茶以现代简约风为主，店面空间大、时尚潮流，满足了目标用户的环境需求。

喜茶的营销推广选择将微信作为其主要的营销平台。喜茶非常注重对微信公众号的营销，将其微信公众号打造成了有格调、有品位，但又不失随性自然的形象。喜茶在微信公众号中开设了"茶茶食安"专栏，该专栏会对用户提出的或门店自查发现的食品质量安全问题进行公布，这样就很好地完善了对食品质量安全的管控，从而让用户安心喝茶。同时，喜茶还联合一些用户数量较多的微信公众号进行软文推广，持续增加自身的曝光量，扩大影响力。另外，喜茶通过微博与用户互动。例如，点赞用户发布的关于喜茶的好评微博，回复粉丝提出的问题、建议，及时处理负面评论等。这些都在一定程度上提高了用户对喜茶品牌的好感度与忠诚度。

7.3.3　网络品牌管理策略

网络被认为是进行品牌管理最优秀的工具之一。网络在域名管理、网站管理和品牌形象管理等方面成为品牌管理的重要领域。

1. 域名管理

域名是企业在互联网上的名称，是网站品牌的重要组成部分，被视为企业的"网上商标"。作为一种全球资源，域名的稀有性、可识别性及域名与商品和企业名称的对应使域名具有极高的商业价值，域名管理因此与网络营销中的品牌管理有不可分割的联系。

域名管理主要表现在以下几个方面。

1）域名的选取和命名

域名的选取和命名是以英文字母为基础进行的，由于英文字母数量的有限性，以及顶级域名的国际标准规定，导致域名的选择具有很大的局限性。同时，由于申请者的广泛性，域名选择重复和类似的概率非常高，企业还面临域名被抢先使用或类似使用的障碍。考虑到域名的商标资源特性，域名的选取与命名一般应考虑以下几个方面：

（1）与企业已有商标或企业名称具有相关性。

（2）简单易记，便于使用。

（3）准备多个域名备选。由于域名命名的限制和申请者广泛，极易出现类似的域名，减弱了域名的识别和独占性，会导致顾客的错误识别。因此企业一般要同时申请多个类似相关的域名以保护自己。

（4）国际性。因为互联网使用者遍布全球，目前互联网上的标准语言是英语，所以命名一般以英语单词为佳。采用汉语命名不利于国外客户对企业的识别，继而导致丧失一些潜在客户。

2）域名商标的管理

域名商标的管理主要是针对域名对应站点内容的管理。因为消费者识别和使用域名是为了获取有用信息和服务，站点的页面内容才是域名商标的真正内涵。要保证域名使用和访问频度高，必须注意下面几点：

（1）信息服务定位。域名作为商标资源，必须注意与企业整体形象保持一致，提供信息服务必须和企业发展战略进行整合，避免提供信息服务有损企业已建立的形象和定位。

（2）内容的多样性。丰富的内容才能吸引更多用户，才有更大的潜在市场。一般可以提供与企业相关联的一些内容或站点地址，使企业页面具有开放性。还必须注意内容的多媒体表现，采取生动活泼的形式提供信息，如声音、文字和视频的配合使用。

（3）时间性。页面内容应该是动态的，经常变动的。因为如果是固定页面，访问一次就可以了，没有必要多次访问。这一点非常重要，因为企业大部分收益是由少数固定消费者消费实现的。

（4）速度问题。由于访问者对某站点的等待时间是极其有限的几秒钟，如果在短时间内企业未能提供信息，消费者将毫不犹豫选择另一域名站点。因此，企业的首页一般可设计得简洁些，以便用户很快有内容查看，不致感觉等待太久。

（5）国际性。由于访问者可能来自国外，因而企业提供的信息必须兼顾国外用户。一般对于非英语国家都提供两个版本的页面，一个是母语，另一个是英语，供查询时选择使用。

（6）用户审计。加强对域名访问者的调查分析，针对特定顾客提供一对一的特殊服务，如采取 Cookie 技术对用户进行记录和分析，以提高与顾客交互的质量，提高顾客域名忠诚度。但需注意不能强行记录顾客有关个人隐私信息，这是目前上网者最担心的问题。

3）域名品牌发展

提高站点内容的丰富性和服务性，还需注重域名及站点的发展问题，以便发挥域名的商标特性和站点的商业价值，具体可从以下几个方面着手。

（1）多方位宣传。域名是一种符号和识别标志。企业在开始进入互联网时其域名往往还鲜为人知，这时企业应善用传统的平面与电子媒体，并舍得耗费一定的资金推出品牌广告，让网址通过各种机会多方面曝光。例如，美国的求职网站 Monster.com 拨出将近一半的年度广告预算，只求在全美收视率数一数二的超级杯足球年度大赛（Super Bowl）露脸几十秒钟。Monster.com 这一广告播出以后，前来网站求职的人数在一天之内跃增了 4 倍。此外，通过建立相关链接或友情链接来扩大企业的知名度也是一种非常有效的方法和途径。同时还应在有关搜索引擎登记，如在 Google、百度等进行登记，提供多个链接转入点，以提高本企业域名站点的被访问率。

（2）高度重视用户的网站使用体验。这一点对网站品牌格外重要。例如，戴尔公司让顾客在其官网上可以根据个人需求定制计算机；Yahoo 和 AOL 都提供一系列的个人化工具；而亚马逊更坚定地指出，Amazon.com 的品牌基石不是任何形式的广告或赞助活动，而是网站本身。

（3）利用公关造势。这对新兴网站非常重要。利用公关造势，必须注意树立良好形象。企业要审慎对待谣言和有损形象的信息，因为网上传播的影响力是世界性的。例如，Intel 公司某款 Pentium 芯片的 Bug 被发现后，由于 Intel 公司的掩盖，一些发现者在网上到处传播，使 Intel 公司不得不花费巨资收回已售出的芯片来维护企业形象。

（4）遵守约定规则。互联网开始是非商用的，这使其一开始就形成了使用低廉、信息共享和相互尊重的原则。互联网商用后，企业提供的服务最好是免费的或者是非常低廉的，发布信息要遵守道德规范，未经允许不能随意向顾客发布消息，否则可能引起顾客反感。

（5）持续不断塑造网上品牌形象。创建品牌其实就是一种"收购人心"的活动，顾客心念的形成与改变可能旷日持久，因此创建品牌也必然是终身事业。想要成为网上的可口可乐或是迪斯尼，需要长久不断的努力与投资。在瞬息万变的网上世界之中，只有掌握这个不变的定律，才能夯实永续经营的基石。

2. 网站管理

消费者识别和使用域名最终是为了获取有用的信息和服务，企业网站的页面内容才是域名商标的真正内容。通过企业网站，才能与消费者进行交互，从而树立网上的品牌形象。企业网站管理应该从网站的设计出发考虑以下几个方面的问题。

（1）顾客导向。网络管理要从顾客导向出发，首先要确定本企业的网上目标市场，了解并掌握其需求特征，有针对性地设计和制作网页。其基本原则是要建立方便的站内导航、快捷的访问和下载，以及提供消费者所需要的内容。

（2）定位准确。网站定位就是企业网站在网上扮演什么角色，要向目标群传达什么理念，透过网站发挥什么作用。因此网站定位相当关键。换句话说，网站定位是网站建设的策略，网站架构内容、表现等都围绕网站定位展开。

（3）形象一致。企业的网络形象是企业在网络上所展示的整体对外形象。企业网站网页的制作应纳入企业 CIS(Corporate Identity System，企业识别系统)规划，体现 CIS 战略在网上的实施，树立与网下企业形象一致的网上企业形象。

（4）便于推广。事实上，在网站的设计和制作过程中，就应该把推广的理念充分考虑进去。例如，针对搜索引擎的网站优化以及围绕客户关系进行的栏目设置等。

3. 品牌形象(声誉)管理

在网络时代，企业品牌形象管理必须强调对公众评论、舆论的反应速度和与公众最大的接触面，达到公众和企业之间建立起相互信任的关系的目的，并积极做好品牌危机管理。在品牌形象受到不利信息的冲击时，可以及时获得事件信息，对其做出快速反应并做好善后处理工作，重塑品牌形象。通过网络塑造品牌形象的有效方法有以下几种：

（1）通过网络倾听公众对企业声誉的议论，尤其要留意欠佳的口碑，使声誉问题能够防患于未然。

（2）通过网络有效地向公众传播有关公司的信息，阐述公司对公众所关心的问题的看法，增进公众与企业之间的感情交流。

（3）慎重、从容地面对媒体，尤其在涉及暴露于公众面前的问题时，要与记者积极配合，开诚布公，同时避免对不适合暴露于公众面前的问题进行公开讨论。

（4）充分利用多种交往手段，如广告、BBS、Email 等，加强对外宣传和沟通。

本 章 小 结

网络营销产品的内涵与传统产品的内涵有一定的差异，网络产品整体概念包含核心产品、有形产品、附加产品、期望产品和潜在产品五个层次。在网络时代，由于信息和知识的共享、科学技术扩散速度的加快，企业的竞争从原来的简单依靠产品的竞争转为不断开发新产品能力的竞争。产品开发战略是开发新的产品来维持和提高企业的市场占有率。网络营销新产品开发战略有六种类型：全新产品、新产品线、现有产品线外新增加的产品、现有产品的改良品或更新、降低成本的产品和重定位产品。

根据企业的综合实力以及经营战略，选择适合企业发展的网络营销产品策略。具体的网络新产品开发策略有：产品定制策略、产品组合策略和产品延伸策略。企业在调整自己的产品组合时，可选择产品组合扩大策略与产品组合缩减策略。产品延伸策略指突破企业原有经营的范围，改变企业原有产品的市场定位，扩大产品线的策略，主要包括向上延伸、向下延伸和双向延伸三种策略。

网络给企业品牌建设提供了能更快、更有效地传播和强化的方法。开展网络营销的企业，必须重视企业网络品牌的管理和推广，建立起良好的网上品牌形象。企业可通过域名管理、网站管理和品牌形象管理等方面来进行网络品牌管理。域名是企业在互联网上的名称，是网站品牌的重要组成部分，域名的稀有性、可识别性及域名与商品和企业名称的对应使域名具有极高的商业价值。域名品牌的发展具体应从以下方面开展：① 多方位宣传；② 高度重视用户的网站使用体验；③ 利用公关造势；④ 遵守约定规则；⑤ 持续不断塑造网上品牌形象。企业网站的页面内容才是域名商标的真正内容，企业网站管理从网站的设计出发需要考虑顾客导向、定位准确、形象一致和便于推广等方面。企业品牌形象管理强调对公众评论、舆论的反应速度和与公众最大的接触面，达到公众和企业之间建立起相互信任的关系的目的，并积极做好品牌危机管理。

复 习 思 考

1. 网络营销产品的整体概念包括哪几个层次？请举例说明。
2. 网络新产品开发战略有哪些类型？
3. 网络产品组合策略包括哪些策略？各自的优缺点是什么？
4. 举例说明你所知道的几种网络产品延伸策略。
5. 如何对企业的网上品牌进行管理？
6. 实践题：以某品牌网站为例，谈谈其是如何开展品牌发展的。

❖ **案例分析**

安踏的品牌营销

成立于 1991 年的安踏是一家专门从事设计、生产、销售运动鞋服、配饰等运动装备的综合性、多品牌的体育用品企业。近年来，安踏、李宁等国产品牌已成为新趋势。2021 年安踏在《财富》中国 500 强排行榜排名 289。安踏能有这样出色的成绩，得益于其近几年在品牌、营销、渠道等方面的耕耘。安踏通过对用户的清晰定位，采用多品牌矩阵满足用户多样化需求，开展了一系列营销活动助力其品牌的迅速发展。

1. 清晰的用户定位

安踏旗下主要包括安踏、安踏儿童、斐乐、斯潘迪、迪桑特、可隆和小笑牛 7 个品牌，其通过多品牌矩阵满足了用户的多样化需求。在开展营销时，安踏会根据产品所针对的用户进行定位和分析。例如，安踏儿童的 UFO2.0 跑鞋，该款跑鞋是安踏儿童品牌 UFO 系列的产品，在营销该款产品时，安踏先进行了大量的用户调研、驻店观察、用户沟通等工作。调查发现，当前的儿童及父母更注重个性展现及社交诉求，愿意花更多钱购买个性化的产品。结合清晰的用户定位，安踏儿童明确了产品的营销定位，结合儿童 7—8 月特殊的暑期及开学季特点，明确了"专业功能＋酷炫外观"的产品营销定位。

用户定位是营销的一个重要环节，会直接影响后期营销工作的开展。安踏在开展营销前通常会明确营销的目标用户、用户的消费特点、用户需求等信息。正是因为充分了解用户，安踏才能准确地吸引他们的关注并获得认可。

2. 借势热点提高品牌和产品的曝光率

借势热点事件进行营销是安踏常用的营销方法。例如，2020 年 7 月，为对火星展开探测任务，"天问一号"计划启动。2020 年 7 月 23 日，安踏儿童充分借势该热点事件并带上话题"登上 UFO 去火星""天问号探测器发射升空""天问号火星探测器"，发布了"火星，我们来了"的宣传视频，视频以加了火焰的跑鞋模拟火箭升空，呈现火箭飞向太空的视觉效果，很好地借势热点提高了产品的曝光率。在线下，安踏儿童还举办了"登上 UFO 去火星"主题快闪活动，巨型的 UFO 跑鞋、逼真的场景装扮，吸引了众多儿童和家长参加。活动中，许多小朋友们穿着 UFO2.0 跑鞋在 UFO 造型的飞行物上体验登上外太空的感受。除此之外，小朋友们还可以参加闯关、在纸浆鞋模上涂鸦等活动。安踏儿童借势热点开展线上、线下全方位的营销，很好地提高了品牌和产品的曝光率。2020 年夏天，这款跑鞋的总销量超过了 30 万双，成功创造了新的销售纪录。

安踏借势的热点都是比较符合其品牌和产品的。除了节日、节气等，其选择的热点大多是与体育行业有关的，如"2021 亚洲举重锦标赛""北京冬奥会""谷 x x 自由式滑雪世锦赛带伤夺 2 金 1 铜"等。

3. 借助 IP 开展跨界营销

跨界营销在于借助不同品牌之间的反应制造话题。基于对用户的洞察和深入研究，安踏发现用户对联名产品的兴趣很大，于是，安踏借助 IP 开展了一系列跨界营销活动。

2020 年安踏携手漫威热门 IP，推出了安踏 KT5"死侍"配色球鞋及安踏 KT6"毒液"联名款球鞋。其中，安踏 KT5"死侍"球鞋的鞋面采用黑色为基础色，加入了电影《死侍》中的很多情节图案，其鞋盒选用红色作为基础色，并印有汤普森的球衣号码 11；安踏 KT6"毒液"联名款球鞋则设计了黑红和荧光数码粉两种配色，在鞋面下方还设计了长条状的黑白两色图案，深度还原了毒液的形象。实际上，早在 2018 年安踏就曾携手漫威热门 IP，推出漫威英雄主题配色的 SEEED 系列跑鞋；2019 年，在首部以女性超级英雄为主角的电影《惊奇队长》上映之时安踏还推出了漫威女生限定款。

　　提及近年大热的 IP，许多人都会想到故宫。作为文创产业的大 IP，围绕故宫的话题和产品总是能吸引众多用户关注。2020 年 1 月，安踏携手故宫推出了"霸道"鞋款。全新的"霸道"鞋款利用了斗彩勾莲纹葫芦瓶和广绣鹤鹿同春图等馆藏文物元素，将运动、潮流和传统文化结合在一起，不仅让经典和时尚潮流完美展现，还间接赋予了品牌"霸道"的性格，传递了安踏的运动态度和精神。2020 年 1 月 5 日，"霸道"鞋掀起了一波抢购潮，在故宫箭亭店开售仅 20 分钟就全部售罄，安踏天猫旗舰店更是仅用了 11 分钟就售罄。

　　在选择 IP 时，安踏会选择具备一定知名度的 IP。尤其是与高知名度 IP 开展营销，不仅可以保障高话题度，还能借助 IP 的高知名度来提高品牌新鲜度，减少用户的认知疲劳。另外，安踏大多会选择调性契合、目标用户有相似特征的 IP，共通的品牌形象和用户市场可以更好地传达品牌调性，促进销售转化。

　　除此之外，安踏联合 IP 进行跨界营销，除了会在线上为产品和品牌营造营销热度外，还会在线下店铺中构建主焦点位，与店外海报、店内视频等共同构成沉浸式组合氛围。纵观安踏近年来的 IP 跨界营销可以发现，安踏开展跨界营销不仅是为了获取短期的关注，还希望通过与一系列 IP 的合作，形成完整的 IP 跨界营销矩阵，构筑长期的专属于品牌的 IP 资产。

资料来源：白东蕊. 新媒体营销与案例分析(微课版).
北京：人民邮电出版社，2022.

　　思考：通过安踏案例，谈谈你对 IP 营销及管理的看法。

第8章　网络营销的价格策略

学习目标

    1. 了解网络营销定价考虑的因素；

    2. 了解网络对定价的影响；

    3. 掌握网络营销定价的特征；

    4. 掌握网络营销的定价策略。

知识结构图

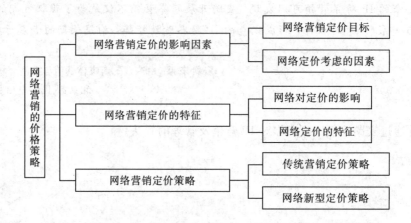

8.1　网络营销定价的影响因素

    企业定价策略指企业在充分考虑影响定价的内外部因素的基础上，为实现企业预定的定价目标而采取的价格策略。制定科学合理的定价策略，不但要求企业对成本进行核算、分析、控制和预测，而且还要求企业根据市场结构、市场供求、消费者心理及竞争状况等因素做出判断与选择。价格策略选择是否恰当，是影响企业定价目标的重要因素。

8.1.1　网络营销定价目标

    网络营销定价目标指企业通过制定产品网络营销价格所要求达到的目的。企业网络营销定价目标主要包括维持生存、当期利润最大化、市场占有率最大化、产品质量最优化等。不同的定价目标，有着不同的含义和运用条件，企业可以据此制定产品的价格。在网络营销中，市场还处于起步阶段的开发期和发展期，企业进入网络营销市场的主要目标是占领市场求得生存与发展机会，然后才是追求企业的利润。因此目前网络营销产品的定价一般都是低价策略甚至是免费定价，以求在迅猛发展的网络虚拟市场中寻求立足之地。

    网络市场可分为两大市场，一个是消费者大众市场，另一个是工业组织市场。前者的网民市场属于前面所说的成长市场，企业面对这个市场时适合采用相对低价的定价策略来占领市场。对于工业组织市场，购买者一般是商业机构，购买行为比较理智；企业在这个网络市场上的定价可以采用双赢的定价策略，即通过互联网技术来降低企业、组织之间的供应采购成本，共同享受成本降低带来的双方价值的增值。

8.1.2 网络定价考虑的因素

影响企业定价的因素是多方面的，如企业的定价目标、企业的生产效率、国家的政策法规、消费者的接受能力、竞争对手的定价水平、供求关系，以及供求双方的议价能力等都是影响企业定价的重要因素。市场营销理论认为，产品价格的上限取决于产品的市场需求水平，产品价格的下限取决于产品的成本费用。在最高价格和最低价格的范围内，企业的产品价格的最终确定，则取决于竞争对手同种产品的价格水平、交易方式等因素。对企业定价有重要影响的因素主要有以下四个方面。

1. 需求因素

从需求方面来看，市场需求规模，消费者的消费心理、感受价值、收入水平、对价格的敏感程度、议价能力等都是影响企业定价的主要因素。经济学中因价格和收入变动而引起的需求的相应变动率被称为需求弹性。需求弹性一般可以分为需求价格弹性、需求收入弹性、交叉价格弹性和顾客的议价能力等几种类型。

2. 成本因素

从供给方面来看，企业产品的生产成本、营销费用是影响企业定价的主要因素。成本是产品价格的最低界限，即产品的价格必须能补偿产品生产、分销、促销过程中的所有支出，并且要有盈利。根据与产量（或销量）之间的关系来划分，产品成本可以分为固定成本和变动成本两类。固定成本指在一定限度内不随产量或销量的变化而变化的成本部分；变动成本指随着产量或销量的增减而增减的那部分成本，如原材料、燃料、电力等费用的支出。二者之和就是产品的总成本。对企业定价产生影响的成本费用主要有总固定成本、总变动成本、总成本、单位产品固定成本、单位产品变动成本、单位产品总成本等因素。

3. 供求因素

从营销学的角度考虑，企业的定价策略是一门科学，也是一门艺术。从经济学的角度考虑，企业的定价大体上还是遵循价值规律的。因此，供求关系也是影响企业产品交易价格形成的一个基本因素。一般来说，当企业的产品在市场上处于供小于求的卖方市场条件下，企业产品可以采用高价策略；反之，当企业产品处于供大于求的买方市场条件下，企业应该实行低价策略；而当企业产品在市场上处于供给等于需求的均衡市场时，交易价格的形成基本处于均衡价格处。因此，企业的定价不能过度偏离均衡价格。

4. 竞争因素

竞争因素对价格的影响，主要考虑商品的供求关系及其变化趋势，竞争对手的定价目标、定价策略及变化趋势。在营销实践中，以竞争对手为导向的定价方法主要有三种：一是低于竞争对手的价格；二是随行就市与竞争对手同价；三是高于竞争对手的价格。因此，企业在定价过程中，应该进行充分的市场调研以改变自己不利的信息劣势；对待竞争者则应树立一种既合作又竞争，共同发展的竞争观念，以谋求一种共赢结局。

8.2　网络营销定价的特征

8.2.1　网络对定价的影响

1. 需求方的视角

狭义的价格是消费者为购买商品或服务所支付的货币。广义而言，消费者为得到商品和服务所付出的代价才是商品的真实价格。因此，广义的价格还包含消费者为得到商品所付出的搜寻成本、时间成本、精神成本、执行成本等，这些额外的费用通称为交易成本。

首先，网络的普及和技术的发展大大降低了交易成本，从很大程度上改变了消费者原先处于信息弱势和信息不对称状况时的劣势。以搜索成本为例，消费者很容易在购物网站上得到相关商品的价格信息并做出比较，既能同时比较不同购物网站的价格，也能线上线下做比较，大大节省了消费者的搜寻成本。其次，消费者通过网络一站式购物和自助式服务节省了交易时间。以数字产品为例，消费者可以实现足不出户享受到相关产品和服务，这对交易成本的节省效果也很显著。最后，互联网的发展有助于消费者之间的合作和沟通，增强了消费者的议价能力和对消费全程的控制，进而有利于实现顾客的主导定价。

2. 供给方的视角

从企业内部来看，产品的生产成本呈下降趋势，在网络营销中，可以从降低营销及相关管理成本和降低销售成本等方面极大地降低企业成本，最终影响到产品价格的制定。

首先，利用互联网可以将采购信息进行整合和处理，统一从供应商处订货，以获得最大的批量折扣，还可以在全球范围内开展招投标业务优选供应商，从而极大地降低了采购成本；其次，利用网络将生产信息、库存信息和采购信息连接在一起，与供应商共享信息，可以实现实时订购、按需供应，最大限度地降低库存，这样既减少了资金占用又降低了库存管理成本；最后，利用网络可以实现远程虚拟生产，在全球范围内寻求最适宜生产厂家生产的产品，既提高了生产效率，节约了产品生产时间，又节省了大量的生产成本。

8.2.2　网络定价的特征

1. 全球性

网络营销市场面对的是开放的、全球化的市场，用户可以在世界各地直接通过网站进行购买，使得网络营销产品定价时必须考虑目标市场范围的变化给定价带来的影响。例如，亚马逊网站的产品来自美国，如果购买者是美国消费者，那其产品定价可以按照原来的定价方法；而如果购买者是中国或其他国家的消费者，若还是采用美国定价方法就很难发挥作用。因此，可采用本地化方法，在不同市场的国家建立地区性网站，以适应消费者需求的变化。

2. 低价位定价

互联网使用者的主导观念是网上的信息产品是免费的、开放的、自由的。在早期互联网开展商业应用时，许多网站想采用收费方式获取盈利，结果被证明是失败的。雅虎公司的成功是通过为网上用户提供免费的检索站点起步，逐步拓展为门户站点，到现在拓展到电子商务领域。它成功的主要原因是遵循了互联网的免费原则和间接收益原则。其次，网上产品定价比传统定价低的主要原因是因为网络营销可以帮助企业降低成本，从而使企业有更大的降价空间来满足顾客的需求。

3. 顾客主导定价

顾客主导定价，指顾客通过充分的市场信息来选择购买或者定制生产自己满意的产品或服务，同时以最小代价（产品价格、购买费用等）获得这些产品或服务。简单地说，就是顾客的价值最大化，顾客以最小的成本获得最大的收益。顾客主导定价的策略主要有：顾客定制生产定价和拍卖市场定价。根据国外拍卖网站 eBay.com 的分类统计，在网上拍卖定价产品，只有 20% 的产品拍卖价格低于卖者的预期价格，50% 的产品拍卖价格略高于卖者的预期价格，剩下 30% 的产品拍卖价格与卖者预期价格相吻合，在所有拍卖成交产品中有 95% 的产品成交价格卖主比较满意。因此，顾客主导定价是一种双赢的发展策略，既能更好地满足顾客的需求，同时企业的收益又不受到影响，而且可以对目标市场了解得更充分，企业的经营生产和产品研制开发可以更加符合市场竞争的需要。

8.3　网络营销定价策略

网络环境下的市场竞争，其激烈程度甚至已经超过了传统市场；而价格作为营销组合策略的重要组成部分，不仅是企业参与网上市场竞争的重要手段，也是一门艺术，需要一定的策略和技巧。定价方法侧重于确定产品的基础价格，而定价策略和技巧则侧重于根据市场的具体情况，从定价的目标出发，灵活运用价格手段，来实现企业的营销目标。在网络营销中到底应该采用怎样的价格策略，要根据产品和市场本身的特征来决定。对于大多数产品而言，产品的性质、生产工艺和过程、市场结构并未因互联网的出现而发生变化，网络只是改变了交易的环境。因此对这些产品来说，一些传统的定价策略和方法仍然可以在网络环境下继续使用，而且结合网络的特点有可能使其中一些得到超常发挥，如低价渗透、折扣定价、心理定价等定价方法。对于一些数字化的产品或服务来说，互联网的一些特性将对其生产成本、交易成本和交易方式产生实质性的影响，并产生了诸如免费、定制定价、使用定价等新的策略或方法。

8.3.1　传统营销定价策略

1. 低价渗透定价策略

低价渗透定价策略是以一个较低的产品价格打入市场，目的是在短期内加速市场成长，牺牲高毛利以期获得较高的销量及市场占有率，进而产生显著的成本经济效益，使成本和价格得以不断降低。在网络营销中，企业借助网络可以降低产品的营销成本，因而网上定价一般来说比传统市场价格更低。

实施这一策略需要具备一定的条件：一是低价不会引起实际和潜在的竞争，如果和竞争对手打起价格战，企业将难以获利；二是产品的需求价格弹性较大，目标市场对价格比较敏感；三是产品的生产成本和营销成本有可能会随产量和销量的扩大而降低。

2. 撇脂定价策略

撇脂定价策略是一种高价格策略，是指在新产品上市初期价格定得很高，以便在较短的时间内就获得很多的利润,如同从新鲜牛奶中撇取油脂一样。这种策略的优点是由于价格较高,不仅能尽快地把开发新产品的费用全部收回,并取得相当的利润,而且可以在竞争者研制出相似产品以后迅速采取降价策略使新产品进入弹性大的市场。但如果新产品价格过高,则不利于市场的开拓,而且会很快招来竞争者,因此是一种短期的价格策略。

适用这一策略的产品一般是具有独特性、差异性较大的全新产品,受专利保护的产品,需求的价格弹性小、顾客的价格敏感性小的产品,流行产品,未来市场形势难以测定的产品等。例如,苹果公司推出的消费类数码产品 iPod,第一款 iPod 零售价高达 399 美元,对于美国人来说,属于高价位产品,但有很多"苹果迷"还是纷纷购买,苹果的撇脂定价取得了成功。

3. 折扣定价策略

折扣就是让利。在产品营销活动中,通过折扣可以降低一部分产品的价格,以达到争取快销和多销的目的。目前网络营销中常用的折扣策略有以下三种:

(1) 数量折扣。数量折扣是用来鼓励顾客大量购买商品的一种定价策略,即购买的数量越多、金额越大,给予的折扣越多。例如,网络促销中的"满 200 减 30"活动就是数量折扣定价策略的应用。这种折扣有累积数量折扣和非累积数量折扣两种。累积数量折扣适用于在一定期限内的购买,该折扣随购买金额的增加而提高。此策略旨在鼓励顾客重复购买本企业的产品,是一种建立和发展与顾客长期稳定关系的策略,如各网站推出的消费积分活动以及会员卡等级优惠活动等都是采用的这种策略。非累积数量折扣多用于一次性较大数量的购买,当顾客一次购买的金额或数量达到一定标准时,按其总量的多少给予不同的折扣。

(2) 现金折扣。现金折扣是企业对按约定日期付款的用户给予不同优待的一种折扣,是为了鼓励购买者快速支付订单的价格削减策略。例如,付款期限为一个月,立即打款可打 5% 的折扣,10 天内付款可打 3% 的折扣,最后 10 天内付清则无折扣。在网络营销中预售活动也是一种现金折扣方式。

(3) 季节折扣。季节折扣通常是生产季节性产品的企业在业务淡季时提供的一种价格减让策略。企业使用季节折扣,一方面可鼓励批发商和零售商早购产品,减少企业库存积压,加速资金周转,提高经济效益;另一方面还使企业的生产淡季不淡,实现产销均衡,提高劳动生产率。

4. 心理定价策略

心理定价策略是一种根据不同消费者的心理特征来确定产品价格的定价策略。在长期的消费实践中,由于价格与质量、支付能力等之间存在着十分密切的关系,消费者形成了多种与商品价格密切相关的消费心理特征。例如,在无法凭感官直觉鉴别商品内在质量时出现"价高质必优"的按价论质心理,中低收入阶层寻求"物美价廉"商品的满意消费心理,快速消费品市场中常见的"习惯价格"心理,以及追求时尚新潮的"高价消费"心理等。这些心理特征多种多样且十分复杂,直接影响到消费者对商品价格乃至对商品整体的接受程度。企业在定价时,若能有效把握这些心理特点,则可大幅提高定价实践的成功率。心理定价策略尤其适用于网络市场环境,能使消费者感到购买这种产品划算、实惠、名贵等满足,从而激发消费者的购买欲望,达到扩大产品销售的目的。

常用的心理定价策略有以下几种。

（1）习惯定价。习惯定价即企业尽量将价格维持在消费者习惯接受的水平上的一种定价策略。由于某些商品在消费者心目中已形成了一个习惯价格（如一些日用消费品，其价格都是家喻户晓的），稍有变动，就会引起顾客的抵触心理。为避免因此给企业造成不利影响，企业可以通过降低生产或经营的成本或在产品的内容、包装、容量方面对价格进行调整。

（2）尾数定价。尾数定价策略是在对产品定价时，针对消费者的求廉心理，取尾数价格而不取整数价格的一种定价策略。例如，将产品价格定为 0.99 元，而不定为 1 元。采用这种定价策略，虽然在核算价格时比较麻烦，但能给消费者带来信任感和廉价感，增强产品的价格竞争力。

（3）声誉定价。声誉定价是针对消费者仰慕名牌产品或企业声誉的心理而采取的一种定价策略，是将产品的价格定得比产品实际成本高很多，以吸引少数经济条件优裕的消费者购买。企业使用声誉定价可以向消费者传达高品质的信号。这种方式通常最适宜那些质量不易鉴别的产品的定价，而且多以较高的价格来迎合消费者"按价论质"的心理。

（4）招徕定价。一些多种商品经营的企业利用部分顾客求廉的心理，对某几种商品实行低价，以吸引顾客，如"节假日的大减价""周末打折"等；也有反向操作的，利用顾客的猎奇心理，推出一些高价商品，来引起顾客的关注，如一些酒店推出的"天价年夜饭"等。两种定价的目的都是在招徕顾客购买或关注这些产品的同时，带动其他商品的销售。

8.3.2　网络新型定价策略

1. 定制生产定价策略

作为个性化服务的重要组成部分，按照顾客需求进行定制生产是网络时代满足顾客个性化需求的基本形式。定制生产定价策略是在企业具备定制生产条件的基础上，利用网络技术和辅助设计软件，帮助顾客选择配置或自行设计能满足其需求的个性化产品，同时顾客愿意按企业为其定制产品提出的新价格进行购买。

例如，戴尔公司的用户可以通过其网站了解各型号产品的基本配置和基本功能，根据实际需要和在所能承受的价格内，配置出自己满意的产品。在网页上配置计算机的同时，消费者也相应地选择了自己认为价格合适的产品，因此对产品价格有比较透明的认识，增加了企业对消费者的信用。目前消费者只能在一定范围内进行挑选，还不能完全要求企业满足自己所有的个性化需求。

2. 使用定价策略

在商务交易关系中，产品买卖是产权式的，即顾客购买后就拥有了产品的产权。但这种前提下还存在着许多产品购买后使用几次就被闲置而造成浪费的问题，因此在网上出现了类似租赁的按使用次数定价的方式。

使用定价策略就是顾客通过互联网进行注册后，获得在线直接使用企业的产品或享用其提供的服务的权利，企业按照顾客使用产品或服务的次数进行计费。此策略一方面可以吸引过去有顾虑的顾客使用产品，扩大生产份额；另一方面对于顾客来说，减少了购买产品、安装产品、维修产品等的开销。目前，这种类似租赁的按使用次数定价的方式比较适合通过互联网传输，可以实现远程调用的软件、音乐、电影、电子书刊、数据库、网上娱乐、专业咨询等数字化产品和服务。例如，用友软件公司推出的网络财务软件，注册用户可在网上直接处理账务，而无须购买软件和担心软件的升级、维护等烦琐的事情。

3. 拍卖定价法

经济学认为要在市场上形成最合理的价格，拍卖竞价是最佳方式。网上拍卖由消费者通过互联网轮流公开竞价，在规定时间内价高者中标。例如，国外比较有名的拍卖站点www.ebay.com，允许商品公开在网上拍卖，拍卖竞价者只需在网上登记，将需拍卖的产品相关信息提交给该公司，经审查合格后即可上网拍卖。

根据供需关系，网上拍卖竞价方式有以下几种：

(1) 竞价拍卖，最常见的是C2C的交易，包括二手货、收藏品的交易，也可以是普通商品以拍卖方式进行出售。

(2) 竞价拍买。它是竞价拍卖的反向过程，消费者提出一个价格范围，求购某一商品，由商家出价，出价可以是公开的或隐蔽的，消费者将与出价最低或最接近的商家成交。

(3) 集体议价。在互联网出现以前，这种方式在国外主要指多个零售商结合起来，向批发商(或生产商)以数量换价格的方式。互联网的出现使普通消费者也能使用这种方式购买商品。

目前拍卖竞价针对的购买群体主要是消费者市场，企业运用此策略需考虑适合的产品，如企业的库存积压产品或新产品，通过拍卖展示起到促销效果，吸引消费者的关注。

4. 免费价格策略

免费价格策略就是将企业的产品或服务以零价格的形式提供给顾客使用，满足顾客的需求。它是目前网络营销中常用的一种营销策略。在网络市场的初级阶段，免费策略是最有效的市场占领手段之一。目前企业在网络营销中采用免费策略的目的，一方面在于让消费者在免费使用成为习惯或偏好后，再逐步过渡到收费阶段；另一方面是想挖掘后续商业价值。它是从战略发展的需要来制定定价策略的，主要目的是先占领市场，然后再在市场上获取收益。

目前，企业主要采用以下几种形式来实施免费价格策略。

(1) 完全免费，即产品或服务从购买、使用到售后服务等所有环节都实行免费。例如，我国的《人民日报》的电子版在网上可以免费浏览；在互联网上诸如搜索引擎、免费邮箱等也都采用完全免费的方式。

(2) 限制免费，即产品或服务可以被有限次地使用，超过一定期限或次数后，取消这种免费服务。例如，一些软件厂商提供的诸如30天免费试用版，购物网站的VIP服务免费使用60天等。

(3) 部分功能免费，即可以对产品整体的某一部分或服务全过程的某一环节的消费享受免费待遇。例如，在线视频网站中常免费提供一些影音作品的片段供用户欣赏，要想观看全部内容则需付费。

✲ 阅读资料

起点网的利润来自VIP用户的在线阅读

以提供网络原创文学作品为经营业务的“起点中文网”(www.qidian.com)，是目前国内用户数最多、收藏最全面、受关注程度最高的原创文学网站之一,也是国内首家赢利的 Web2.0 网站(2010 年数据),其利润主要来自它的 VIP 付费用户。起点网 2002 年正式上线,网站早期提供免费阅读模式,即作者免费写、读者免费读。2003 年起点网推出 VIP 付费制度,开启了网络文学付费阅读时代。起点网创始人之一侯庆辰表示,"我们希望作者能够通过网络扩展自己的产品,使他的劳动成果得到回报"。

为吸引更多的用户注册成为 VIP 用户,起点网为 VIP 用户提供了如下权利:所有 VIP 用户可以在第一时间看到自己喜欢的原创作品,可以投票支持自己喜欢的作品,还可以在线收藏这些作品。起点网免费提供这些作品的前半部分供 VIP 用户阅读,而后半部分则要付费阅读,以章节为收费单位,价格是每千字 2~5 分钱。读者读完一部百万字的小说仅需花费市面 20 万左右字的纸质书的价格。这是很诱人的一招,试想,当你在看一部作品看得入迷时,下面的章节被屏蔽了,此时大多数人会选择掏钱,因为,每千字两三分钱的价格确实不算高,多数读者能够接受。而起点网则按照用户付费额的 50%~70% 给作者付稿酬,这一招尤为高明。与固定稿酬相比,与阅读量挂钩的浮动稿酬更能激励作者,让他们铆足了劲,想方设法创作出更多能吸引读者的作品,从而实现良性循环。

(4) 捆绑式免费,即企业向购买者提供某产品或服务时给其赠送其他产品和服务。例如,一些网络服务提供商为了吸引接入用户,推出了上网免费送 PC 的市场活动,从另一面来看,这种方式相当于分期付款买 PC 附赠上网账号的营销方式。

上面几种定价策略是企业在利用网络营销拓展市场时可以考虑的几种比较有效的策略,但并不是所有的产品和服务都可以采用上述定价方法,企业需要根据产品的特性和网上市场发展状况来决定其定价策略。不管采用何种策略,企业的定价策略都应与其他策略配合,以保证企业总体营销策略的实施。

本 章 小 结

企业定价策略指企业在充分考虑影响定价的内外部因素的基础上,为实现企业预定的定价目标而采取的价格策略。影响企业定价的因素是多方面的,如企业的定价目标、企业的生产效率、国家的政策法规、消费者的接受能力、竞争对手的定价水平、供求关系,供求双方的议价能力等都是影响企业定价的重要因素。网络的普及和技术的发展大大降低了交易成本,使网络定价具有全球性、低价位定价和顾客主导定价等特征。

在网络营销中选择哪种定价策略,要根据产品和市场本身的特征来决定。对于产品的性质、生产工艺和过程、市场结构并未因互联网的出现而发生变化,网络只是改变了交易的环境。对这些产品来说,一些传统的定价策略仍可以在网络环境下使用,而且结合网络的特点有可能使其中一些得到超常发挥。常见的传统营销定价策略有:低价渗透策略、撇脂定价策略、心理定价策略、折扣定价策略等。对于数字化产品或服务来说,互联网对其生产成本、交易成本和交易方式产生实质性的影响,因而产生一些网络营销新型定价策略,如定制定价策略、使用定价策略、拍卖定价策略、免费定价策略等。企业需要根据产品的特性和网上市场发展状况来决定其定价策略。

复习思考

1. 网络营销定价需要考虑哪些因素？
2. 网络营销定价的特征是什么？请解释其原因。
3. 请阐述低价渗透策略和撇脂定价策略指什么？其适用条件是什么？
4. 举例说明几种常见的心理定价策略。
5. 企业采用免费定价策略的目的是什么？实施形式有哪些？
6. 实践题：在网上查找使用网络营销新型定价策略的案例并进行点评。

❖ **案例分析**

Priceline：客户自己定价策略

Priceline 由美国传奇企业家 Jay Walker 创立于 1997 年（网站于 1998 年上线），总部位于康涅狄格州诺沃克市，1999 年在纳斯达克（NASDAQ：PCLN）上市。Priceline 集团旗下品牌包括：欧洲酒店预订网站 Booking.com，以反向定价 Name Your own Price 出名的 Priceline.com，主要面向亚太地区的 Agoda.com，元搜索网站 Kayak 以及租车服务 Rentalcar.com。Priceline 通过这些品牌向全球用户提供酒店、机票、租车、旅游打包产品等在线预订服务。

"Name Your Own Price，NYOP（客户自己定价）"是美国 Priceline 公司独创的一种商业经营模式，并获得了专利。这种模式实质上是一种 C2B 模式。Priceline 允许客户在线预订旅游产品时自定义他们愿意支付的价格，除此之外，自定义内容包括出发时间、产品类别、到达目的地、日程安排等。Priceline 在接到客户报价后会在系统中搜索与之匹配的供应商在系统内提供的折扣报价，以确定是否满足顾客的要求并决定是否接受客户提出的报价。如果不接受，系统会通过引导客户调整某种参数而增加匹配的概率。

Priceline 拥有两种核心商业模式：Merchant 模式和 Agency 模式。

Merchant 模式就是和酒店、机票、租车以及目的地服务商合作，以固定的配额和价格获取相关产品。同时，Priceline 拥有相应的自主定价权向消费者收费，以此获得产品差价。这个模式单笔交易营收通常比较高。"Name Your Own Price"模式下的各项产品预订以及酒店和租车预订都属于这个模式。

Agency 模式就是在用户和产品供应商中担当代理商的角色，在交易中通过抽取佣金赚钱，属于典型的网络经纪。它为买卖双方提供了一个信息平台，以便交易，同时提取一定佣金。这个模式单笔交易营收较低，但比较稳定。

Priceline 公司独特的"Name Your Own Price"开拓了一种创新的零售渠道和零售价格系统：通过 Priceline 网站客户可以按自己认为合适的价格去寻找旅馆、机票或租车服务。他们只要向 Priceline 网站提供所期望的产品或价格等相关需求信息，此后的工作便由 Priceline 公司来完成。Priceline 向卖主（航空公司、酒店、金融服务公司）询问是否有商家愿意接受顾客提出的报价。由于减少了一些交易环节，客户的交易成本降低了，寻找商品的时间也缩短了。通常客户只需付出 30%～50% 的常规价格就可以得到相同质量的旅馆房间或其他服务。这就是为什么 Priceline 公司能吸引客户的关键原因。

与此同时，生产者(航空公司、酒店等)也可通过 Priceline 网站获得市场需求信息(产品需求和价格)，并根据客户的需求特征有针对性地提供其所需要的产品，实现获利。不仅如此，这种交易模式提高了缺乏消费时间弹性产品(如过期的机票、闲置的旅馆房间都是具有时效性的产品)的交易概率和效率，降低了生产商为实现与消费者交易的经营成本，节省下来的费用也为客户提供打折商品创造了空间，并增加了生产者的收入。

作为电子中介商，Priceline 公司制定了严格的交易规则。以旅馆房间预订为例，客户需先把自己的银行卡信息告诉 Priceline 公司才能开始交易，交易成功后自动划账，如果失败则不收任何费用。旅馆、机票等则售出后一概不予退换。在竞拍旅馆时，客户不能指定想住哪一家旅馆，Priceline 公司会把一个城市划分为若干个区域，客户所能指定竞拍的只有区域、旅馆星级、日期和价格。当客户报价后，Priceline 公司会根据其所提供的价格等条件，与那个区域的各个挂钩旅馆进行联系，看谁愿意以其所报的价格出租房间。假如有旅馆愿意并成交，Priceline 公司会就这笔买卖从客户的银行卡里收取 5.95 美元的交易手续费。此外，在要约价格被吸收之前，卖家的许多信息是隐而不见的。Priceline 公司还禁止客户在同一天内就同一竞买标的提交两次报价。假如由于客户报价太低等原因导致竞拍失败，Priceline 公司提供了两种选择：① 72 小时后重新竞拍；② 更改竞拍的区域、旅馆星级等条件，再多加些钱，重新竞拍。

Priceline 的这种自我定价、反向拍卖的模式遵循了经济学中的"保质期"越近，商品价值越小原则。比如，飞机起飞前一天，卖不出去的位置理论价值是 0。对于供应商来说，多卖一个赚一个。这种独特的商业模式有以下几个方面的优势：

(1) 建立了巨大客户黏性(在海外大部分朋友预订酒店机票都只去 Priceline)。而 Priceline 通过这种模式帮助供应商平衡淡季波动，这在旅游行业尤为突出。

(2) 有效整合资源。比如，Priceline 对旅游供应商信息集合越多，就越能帮助消费者找到自己满意的定价的产品。而在大数据技术推出后，这种资源的价格越来越值钱。

(3) 将定价权变为买方定价。当消费者给 Priceline 提供了酒店星级、城市区域、日期和价格信息后，消费者必须接受 Priceline 提供的产品交易，这也让 Priceline 的价格比携程、Expedia 等要便宜很多。通常，一家在 Expedia 上标价 100 美元的 4 星级酒店，在 Priceline 可以用 50 美元左右的价格竞拍到。这种价格差距，对于酒店产品的销售来说，几乎是致命的。

这种由买家掌握定价主动权的定价模式在需求相对稳定或对价格比较敏感的市场中非常实用，如航空机票、酒店预订等。通过该系统订票能比其他网站便宜近 10%，颇具杀伤力，所以该商业模式在前期便为 Priceline 打好了牢固的基础；而后通过一系列成功的海外并购，保留原有管理团队且充分放权，使得公司业务多年来均保持高速增长，成为一家成功的国际化互联网公司。

思考：请对比其他旅游网站，体会 Priceline 网站定价模式的竞争优势。

第 9 章 网络营销的渠道策略

学习目标

1. 理解网络营销渠道的优势和功能；
2. 掌握网络营销渠道的类型及内容；
3. 了解网络营销渠道的建设；
4. 掌握网络营销渠道的策略。

知识结构图

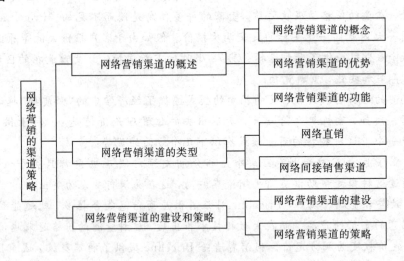

9.1 网络营销渠道概述

9.1.1 网络营销渠道的概念

营销渠道是产品由生产者向消费者转移所经过的途径或环节。在这一过程中，有一整套相互依存的机构参与，涉及信息沟通、资金转移和物品转移等。网络营销渠道就是借助互联网将产品从生产者转移到消费者的中间环节。从狭义上讲，营销渠道，是企业通过互联网为消费者提供的与企业进行产品信息和资金交换的途径和一系列的中间环节，包括利用网络进行订货、结算和配送。从广义上讲，企业与消费者之间、企业与协作厂商之间形成了企业的外部网络渠道，企业的各生产环节之间形成了企业内部的网络渠道。通过互联网，内外渠道相互连接，构成了一个全方位的信息沟通、物品传送、资金流通的企业网络渠道。

9.1.2　网络营销渠道的优势

网络技术的广泛应用与网络市场的发展，使作为分销渠道的互联网成为企业满足顾客需求的更好方式。与传统营销渠道相比，网络营销渠道具有以下三个方面的优势。

1. 功能优势

（1）网络营销渠道扩展了营销活动的时空。对市场的需求和供给双方而言，网络营销渠道能使全球商务更加便捷，方便客户随时随地进行信息搜索及交易的实现。互联网将潜在客户扩展到世界范围；卖方也能够利用互联网缩小甚至消除地理区域差异或劣势。同时，由于在此过程中减少了人为因素的影响，保证了信息传递的整体性和有效性。

（2）网络营销渠道使供需之间的沟通更加便利了。网络提供了双向的信息传播模式，使生产者和消费者的沟通更加方便畅通。对生产者而言，网络渠道是信息发布的渠道，企业的概况、产品的种类、质量和价格以及优惠促销都可以借助网络来传播；同时还能及时统计产品和客户资料，使企业在较短的时间内根据消费者个性化需求进行生产、进货并有效地控制库存。对消费者来说，网络渠道使最终用户直接向生产者订货成为可能，加强了生产者和消费者之间的沟通交流。

（3）网络营销渠道提高了产品分销的效率。网络渠道是企业销售产品、提供服务的快捷途径，使传统渠道实现商品所有权转移的作用进一步加强。用户可以从网上直接挑选和购买自己需要的商品，并通过网络方便地支付款项，这样就明显提高了渠道的效率。

（4）网络营销渠道实现了产品分销的增值。网络营销渠道是企业间洽谈业务、开展商业活动的场所，也是进行客户技术培训和售后服务的理想园地，基于互联网的在线服务是企业向客户提供咨询、技术培训和进行消费者教育的平台，对企业树立良好的网络形象起到很大的作用。

（5）网络营销渠道改变了消费者的购物体验。通过网络，消费者可以随时进入购物环节，不受传统的商店地域和营业时间的限制，而且无需承担任何社会规范的压力就可随时中断交易；网络使查找信息、货比三家和产品订购更为容易，从而强化了客户的购物体验。总之，网络提供了客户购物的便捷性、减少了在购物上花费的时间。

2. 结构优势

凭借网络信息集成的优势，无论是网络直接销售还是间接销售，网络营销渠道最大的特点就在于精简了分销渠道的结构。网络的直接分销渠道和传统的直接分销渠道一样，都是零级分销渠道，但是企业能通过互联网提供更多的渠道增值信息和服务。不同于传统的分销渠道（见图 9.1），网络间接分销渠道只有一级分销渠道（见图 9.2），即一个商务中介平台来给买卖双方进行信息的沟通，而不存在多个中间商的情况。因此，这种营销渠道大大减少了渠道之间的内耗和渠道成员的管理难度。

3. 成本优势

相较传统的营销渠道，网络环境下的直接分销渠道或间接分销渠道在结构上中间的流通环节都大大减少了，因而有效地降低了交易流通成本，使产品在价格上具有竞争优势，缩短了销售周期，提高了营销活动的效率，具有很强的成本优势。

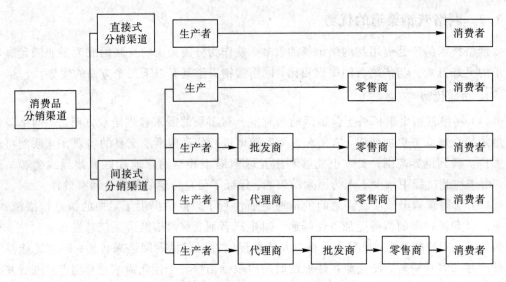

图 9.1 消费品的传统营销渠道

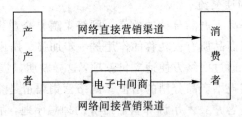

图 9.2 消费品的网络营销渠道

9.1.3 网络营销渠道的功能

网络营销渠道借助于互联网,一方面要为消费者提供产品信息,方便消费者进行选择;另一方面,在消费者选择后还要能完成相关的交易手续。因此,一个完善的网络营销渠道应具备三大功能:交易功能、物流功能和促进功能。

1. 交易功能

交易功能指的是与购物者接触,利用各种营销沟通的手段让购买者了解产品,寻找符合购买者需要的产品,商议价格,完成订货、结算等交易环节的工作。

互联网为商家提供了一个新的与购买者接触的渠道,方便企业与消费者的信息沟通,使交易更为高效,也更好地满足了顾客需求。互联网能为交易流程带来的增值主要表现在两个方面。第一,利用网络进行接触可以更好地满足购买者的个性化需求。例如,本田汽车公司网站(www.honda.com)方便了客户寻找就近的汽车销售代理,上门购买本田汽车。第二,消费者可以在网络上寻找到许多产品相关的信息,如利用搜索引擎、购物代理、聊天室、网络社区等。例如,网络上有款协同过滤购物代理的软件,企业可利用它根据消费者以往的购物行为预测他们的偏好,亚马逊网站就是利用这样的代理软件来向客户推荐图书和音乐制品,使产品更能满足消费者的需求的。交易过程中,订货与结算是这一功能中主要的两个方面:

（1）订货功能。该功能一方面为消费者提供产品信息，同时可以方便企业获取消费者的需求信息，以求达到供求平衡。一个完善的订货系统，可以最大限度地降低库存，减少销售费用。例如，我国的联想电脑公司在其开通网上订货系统当天，订货额高达 8500 万元人民币。可见，网上订货系统的发展潜力巨大。

（2）结算功能。消费者在购买产品后，希望可以有多种方式方便地进行付款，因此企业应有多种结算方式，且结算系统要具有安全可靠性。目前常用的付款结算方式有：信用卡、电子货币、电子借记卡、第三方支付、电子支票等。其中，第三方支付平台如微信支付、支付宝等，因其能保障交易双方利益、调解其纠纷而被广泛使用。

2. 物流功能

物流功能指产品的运输、储存、包装和流通加工等工作。一般来说，对于无形产品如服务、软件、音乐等，可以直接通过网上进行配送。有形产品的配送涉及运输和仓储等问题，因此专业的物流配送服务体系是对网上销售体系的有力支撑。例如，京东商城采用自建物流模式，成立了京东物流公司，提高了物流效率，缩短了顾客等候时间，提升了顾客的购物体验。

3. 促进功能

渠道成员发挥的促进功能主要包括市场调研和支付保障，是网络营销渠道不可或缺的部分。

（1）市场调研。作为分销渠道的主要职能，市场调研需要确切地了解目标受众的规模和特征，网络中间商收集到的信息有助于生产制造商规划产品开发和营销沟通活动。一般来说，企业的促销要通过中间商才能有效地作用于终端市场。

（2）支付保障。为每一笔交易提供支付保障可以有效促进网络交易的进行。大多数网络消费者的交易活动是通过信用卡或者其他的支付保障系统的，消费者会担心自己的信用卡信息在网上被泄露；因此，许多网络中间商会主动向买方提供信用，目的是促进交易的完成。正是由于这种信用的存在，网络购物的流程加快了，网络渠道的吸引力也更大了。

9.2　网络营销渠道类型

9.2.1　网络直销

根据是否通过网络中间商，网络营销渠道可分为两大类：网络直销和网络间接销售。

网络直销指生产企业通过互联网直接将产品或服务转移给消费者。网络直销与传统直销渠道不同的是，生产企业可以通过建设网络营销站点，让顾客直接从网站进行订货。通过与一些电子商务机构（如网上银行）合作，可以通过网站直接提供支付结算功能，简化了资金流转问题。至于配送，网络直销可以利用互联网技术来构造有效的物流系统，也可以通过互联网与一些专业的物流公司合作，建立有效的物流体系。这样，企业通过网络营销站点，可以直接在网上开展销售活动。消费者通过网络寻找到企业及相关产品和服务，直接在网站下订单和付款；企业通过网站展示产品和服务信息，接受订单，安排生产，并根据产品特性选择网上或网下的渠道直接将产品送至消费者手中。此外，企业也可以直接通过网站为用户提供售后服务，并利用网络的交互性、快捷性及时接收用户的建议、意见，以便找出自己的不足，提高服务水平。

1. 网络直销的优势

网络直销与传统直接分销相比，具有以下优势：

(1) 产需直接见面。利用互联网的交互性，生产商与消费者由单向信息沟通变成双向直接信息沟通，增强了生产者与消费者的直接连接。企业可以在与消费者的接触中获取消费者的需求和反馈信息，进行柔性化生产；另一方面企业可以开展有效的营销活动，提供个性化服务，提高顾客服务水平。

(2) 产生直接经济效益。网络直销有效地削减了中间环节，既能降低企业营销成本，又能根据顾客订单按需生产、降低仓储库存成本，给买卖双方都节约了费用，能够产生直接经济效益。

(3) 提供有效的评估。网络直销系统不仅是销售产品和服务的渠道，也是获取营销数据的主要来源。企业利用网上直销系统可以统计分析各种营销数据，借以对企业营销效果进行评估，还可以及时采取相应措施进行调整，改善企业的经营管理。

2. 网络直销的缺点及解决办法

网络企业众多，消费者面对着大量参差不齐的域名，很难一一访问，因此网站无法产生预期的效果，这也是网络直接销售的主要缺点。

企业可以从以下方面寻求解决方法：①建立有特色的网站；②建立高水准的专门服务于商务活动的网络信息服务中心；③借助网络间接销售渠道。

9.2.2 网络间接销售渠道

网络间接销售指企业通过融入互联网技术后的中间商机构把产品或服务转移给消费者。这种类型的渠道常用于小批量商品和生活资料的交易。网络中间商指以网络为基础，在电子商务市场中发挥中介作用的新型中介。由于互联网技术的运用，这种网络中间商完全承担起为买卖双方收集信息及充当批发商和零售商的作用，成为网络时代连接买卖双方的枢纽。

目前，互联网上出现了许多新型的网络中间商，主要有以下八种类型。

1. 目录服务商

目录服务商对互联网上的网站进行分类并整理成目录的形式，以便用户能够从中方便地找到所需要的网站。目录服务包括 3 种形式：第一种是综合性目录服务（如雅虎），可以对各种不同网站进行检索，所包含的网站分类按层次组织在一起；第二种是商业目录（如互联网商店目录），提供各种商业网站的索引，不从事建设和开发网站的服务，类似于纸质版的工业指南手册；第三种是专业目录，针对某个领域或主题建立网站，通常由该领域中的公司或专业人士提供内容，对商业交易具有极强的支持作用。目前目录服务大都可以免费使用，其网站的收入来源主要是为客户提供网络广告服务的收入。

2. 搜索引擎服务商

与目录服务商不同，搜索引擎网站为用户提供基于关键词的检索服务，网站利用大型数据库分类存储各种网站介绍和页面内容。用户可以利用这类站点提供的搜索引擎对互联网进行实时搜索。

3. 虚拟商场

虚拟商场是只包含两个以上的商业性站点链接的网站。虚拟商场与目录服务商的区别在于，虚拟商场定位某一地理位置和某一特定类型的生产商和零售商，在虚拟商场销售各种商品，提供各种服务。站点的主要收入来自其他商业站点对其租用的费用和销售收入的提成。

4. 网络零售商

不同于虚拟商场，网络零售商拥有自己的货物清单并直接销售产品给消费者。通常这种网络零售商是专业性的，定位于某类产品，直接从生产商进货，然后打折销售给消费者，如亚马逊网上书店。

5. 互联网内容供应商

互联网内容供应商即在互联网上向目标客户群提供所需信息的服务提供者。这类网站一般免费向网站浏览者提供他们感兴趣的大量信息，目前互联网上的大部分网站都属于这种类型。其预期收益主要来自于广告费和销售提成等。

6. 网络统计机构

网络统计机构就是为用户提供互联网统计数据的机构，如中国互联网络信息中心网站（CNNIC 网站）、国家统计局网站等。

7. 网络金融服务商

电子商务交易的完成离不开金融机构的支持，网络金融服务商是交易双方提供在线支付、金融产品等服务的专业金融机构。例如，网上交易过程中的信贷、支付、结算、转账等金融业务。

8. 智能代理

智能代理是利用专门设计的软件程序，根据消费者的偏好和要求预先为消费者自动进行所需信息的搜索和过滤服务的提供商。它采用智能代理服务系统，可以主动为客户提供智能化、拟人化的服务。例如，比较购物代理、比较购物引擎、购物机器人等就是专门为消费者提供搜索比较购物服务的智能代理。

选择合理的分销渠道类型，一方面可以最有效地把产品及时地提供给消费者，满足用户的需要；另一方面有利于扩大销售，加速物资和资金的流转速度，降低营销费用。在企业的营销管理过程中，可以将网络渠道和传统渠道整合在一起，从而拓展企业营销的空间。

9.3　网络营销渠道的建设和策略

9.3.1　网络营销渠道的建设

为了在激烈的市场竞争中获得优势，企业不断加强网络渠道的建设，以实现网络渠道的畅通、可靠和多样化。由于网上销售对象不同，网络渠道存在很大区别，因此企业进行网络渠道建设，要根据产品的特性、目标市场的定位和企业的整体战略而展开。

1. 分析产品特性

虽然在网上可以买到的产品和享受到的服务有很多，但并不是所有的产品和服务都适合在网上销售。企业生产的产品是否适合在网上销售，需要什么样的分销体系等是渠道建设中首先要明确的问题。

2. 选择合适的网络营销渠道模式

网络渠道模式有直接渠道和间接渠道两类。每种渠道模式都有其特点，不同企业有不同的渠道选择策略。通常规模大、有一定品牌知名度的企业采用网络直销渠道；规模较小且品牌知名度不大的企业适合选择电子中间商；处于两者之间的企业可采用两种并存的模式。此外，还要考虑市场状态。如果目标市场需求潜力大，竞争压力上升，企业就倾向于直接分销；反之，可由中间商负责分销。

3. 合理设计网络渠道系统

在设计网络渠道系统时要从以下几个方面进行考虑：

（1）从消费者角度设计渠道。只有采用消费者比较放心、容易接受的方式才有可能吸引消费者在网上购物。

（2）设计订货系统时，要简单明了，注册时不要让消费者填写太多信息，而应该采用现在流行的"购物车"方式模拟超市，在购物结束后一次性结算。

（3）在选择结算方式时，应考虑目前实际发展状况，应尽量提供多种方式方便消费者选择，同时还要考虑网上结算的安全性。

（4）最关键的是建立完善的配送系统。消费者只有看到购买的商品到家后，才能真正感到踏实，因此建设快速有效的配送服务系统是非常重要的。

9.3.2 网络营销渠道的策略

渠道策略的目的就是使消费者在恰当的地方、恰当的时间得到恰当数量的产品和服务。在企业的网络营销活动中，渠道策略主要有增值策略、延伸策略和整合策略。

1. 增值策略

增值指企业在为客户提供正常产品价值以外所提供的那部分价值增量。在网络营销渠道中，增值策略主要包括产品信息的增值和客户信息的增值。

（1）产品信息的增值。在传统的渠道分销过程中，生产商一般是把样品摆放在店铺内，同时通过电视、广播、平面等媒体形式在内的各种媒体进行促销，刺激消费者的购买行为。而在网络营销过程中，生产商不但能和传统渠道分销一样通过各种媒体对产品进行传播宣传，还能够将产品区分不同的型号、类别、产地甚至颜色等运用网络技术制作成有视觉冲击力的多媒体形式，给消费者展示，如网络直播形式；还有些网站提供产品的比较代理，将产品的性价比、货比三家的咨询甚至已购买者的使用信息反馈提供给消费者，这样消费者可以了解整个产品的信息，增加了产品本身对消费者的刺激。

（2）客户信息的增值。互联网为企业提供了一个收集客户信息的有效途径。网络营销中一个重要的渠道就是会员网络。会员网络是在企业建立的虚拟组织基础上形成的网络团体。会员网络通过会员制，可以促进顾客之间以及顾客与企业之间的联系和交流，培养顾客对企业的忠诚，并把顾客融入企业的整个营销过程中，使会员网络的每一个成员都能互惠互利，共同发展。通过网络渠道的建设，企业可以获得大量的客户信息，并通过数据库系统或客户关系管理(CRM)系统进行有效的挖掘和最终的利用。无论是企业还是客户之间的信息沟通的有效性都得到了提高。所有信息的透明化和公开化，也便于达到双方信息对称的目的。

2. 延伸策略

延伸策略指把企业在产品销售过程中对原有的销售方式、手段等进行扩展，以有利于消费者的选购，从而实现销售的最大化。网络营销中的延伸策略包括产品信息传播的延伸、产品营销手段的延伸和产品营销范围的延伸，是一种产品销售多方面的延伸。

(1) 产品信息传播的延伸。网站可以进行各种新奇的、个性化的，随季节变化的促销活动，随消费者类型变化而变化的店面布置，主动定期向消费者推荐产品，以吸引更多的消费者进入网站购物，促进销售；还可以采取联合促销的方式，将相关联的不同商家的产品捆绑促销，达到信息广泛和快速传递的目的，最大可能地接触目标客户。网络渠道在信息流的传递和延伸方面具有传统渠道所无法比拟的优势。尤其对于一些中小型企业其来说，要实施全方位的营销，网络平台就是最好的延伸工具。

(2) 产品营销手段的延伸。产品营销手段的延伸主要指交易双方不用见面就可以完成产品交易，延伸了传统交易手段。生产商为了实现这一策略建立了网上商城，访问网站的消费者都可以通过网络进行产品的购买。

(3) 产品营销范围的延伸。为了实现产品营销范围的延伸，企业可以在构建自身网络销售平台的同时，通过门户型网站的搜索引擎等方便消费者对其访问；同时还可以结合网络间接渠道销售，与电子中间商协作实现营销范围的延伸。

3. 整合策略

在企业的营销中，可以将网络渠道和传统渠道整合在一起，从而拓展企业的空间。常见的有以下方式：

(1) 上上整合——企业内、企业外、因特网线上整合。企业内联网(Intranet)是联通企业内部各个环节的网络，通过整合企业生产、研发、营销、财务、物流等管理信息资源，强化业务流程管理，使企业内部实现信息共享，为企业内不同职能部门工作群的合作提供服务，提高企业运转效率。企业外联网(Extranet)是用来连接两个或更多贸易伙伴的网络，促进企业之间的电子数据信息交换、电子转账、信息交流等，以提高沟通效率，缩短生产周期，降低采购成本。因特网(Internet)是更为广泛的网络，企业通过因特网与外界联系，实现与供应商、客户以及其他利益相关者(如银行、认证中心等)的信息沟通，充分实现了"四流(商流、物流、信息流、资金流)合一"的功能。这样企业就形成了一个强大的线上整合网络。

(2) 上下整合。上下整合指利用互联网强大的技术优势，企业通过与线下传统营销资源和渠道完美结合，实现渠道功能的最大化效应，也就是O2O营销模式。该模式有两种：一种是Online to Offline，即线上营销带动线下消费，通过提高打折、新品发布、服务预订等信息，把企业的线下资源推送给网络用户，从而将他们转化为自己的线下客户；二是Offline to Online，即将线下销售与互联网结合，通过线上提供优惠的价格、奖励、个性化产品等方式，让用户的消费行为从线下转为线上。

本 章 小 结

营销渠道是由生产者向最终消费者或用户流动所经过的途径或环节。在这一过程中，有一整套相互依存的机构参与，涉及信息沟通、资金转移和物品转移等。网络营销渠道就是借助互联网将产品从生产者转移到消费者的中间环节。与传统营销渠道相比，网络营销渠道具有在功能、结构和成本上的优势。一个完善的网络营销渠道应具备三大功能：交易功能、物流功能和促进功能。

根据是否通过网络中间商，可以将网络营销渠道分为两大类：网络直销和网络间接销售。网络直销指生产企业通过互联网直接将产品或服务转移给消费者。企业采用网络直销有许多优势：生产企业能够直接接触消费者，获得第一手资料，开展有效的营销活动；直销减少了流通环节，给买卖双方都节约了费用，产生了经济效益；使企业能够及时得到顾客的反馈意见，提高产品的质量，改善企业的经营管理。

网络间接销售指企业通过融入互联网技术后的中间商机构把产品或服务转移给消费者。由于互联网技术的运用，这种网络中间商完全承担起为买卖双方收集信息、充当批发商和零售商的作用，成为网络时代连接买卖双方的枢纽。网络中间商主要有目录服务商、搜索引擎服务商、虚拟商场、网络零售商、内容提供商、网络金融服务商、网络统计机构、智能代理等类型。

企业进行网络渠道建设，要根据产品的特性、目标市场的定位和企业的整体战略而展开，选择合适的网络营销渠道模式，合理设计网络渠道系统。渠道策略的目的就是使消费者在恰当的地方，恰当的时间得到恰当数量的产品和服务。在企业的网络营销活动中，渠道策略主要有增值策略、延伸策略和整合策略。在企业的营销管理过程中，完全可以将网络渠道和传统渠道整合在一起，从而拓展企业营销的空间。

复 习 思 考

1. 网络营销渠道与传统营销渠道相比较具有哪些优势？
2. 网络营销渠道的三个主要功能是什么？
3. 举例说明网络营销渠道有哪几种类型，请说明其各自的优缺点。
4. 试述网络营销中有哪些渠道策略，并加以说明。
5. 讨论：直接销售能使价格走低，它对买卖方的不利因素是什么？双方该怎么办？

❖ 案例分析

茵曼的新零售模式分析

茵曼是广州市汇美时尚集团股份有限公司（简称"汇美集团"）旗下的棉麻生活品牌，于2008年由董事长方建华创立并入驻天猫商城。2015年集团正式启动线上线下融合的新零售战略，首创实体门店＋电商＋社群的品牌零售新模式，茵曼也由此成为第一个从线上走向线下的女装品牌。截至2021年，茵曼已在全国200个城市开设超过600家线下体验店，成为中国女装新零售的创新标杆。

汇美集团采取多品牌、多品类、多渠道的业务发展战略，目前已上线茵曼、初语、生活在左等多个品牌，年交易规模约 20 亿，累计会员超 1000 万，目标是打造线上线下流量互通、运营资源共享、多重品牌风格互补、时尚创意人才聚集的"时尚生态圈"。

2021 年的服装行业趋势在于拓展数字技术应用，推动企业智能化生态体系建设；强化组织结构变革，推动企业管理模式创新；丰富品牌文化内涵，推动产业时尚创造力提升。茵曼的新零售商业模式是通过"电商＋门店＋社群"的模式，搭建可长效经营的品牌私域阵地，模糊线上线下分化的概念。客户与渠道的打通，为特殊时期的风险抵御筑建坚实壁垒。

1. 零库存压力，解决服装行业库存之痛

我国服装店数量庞大，库存积压现象严重，占用了大量的资金，直接导致了服装店成本居高不下。自营的服装店除了店面，还需要足够大的仓库保证库存充足，以方便流转，其成本压力可谓巨大。作为品牌方，需要为客户解决库存问题，做加盟商背后的强力支撑。茵曼在全国拥有 5 万平方米的仓库，保障了货源的充足，店内无需提早压货，茵曼新零售商品部会提前一个季度完成开发及配货，按照营销节点发送货品到全国茵曼门店进行销售。店内也无需过多囤货，门店小程序系统帮助客户线上下单，门店码数不足情况下，下单即可配送至门店自提或送货上门到家，全国仓库就近发货。当产品在一个流转周期内没有动销，则可以调配回总仓，发往有需要的门店。总部调控所有库存问题，让门店没有后顾之忧，零库存压力。

2. 两万平生产基地，为优质产品保驾护航

茵曼在江西于都投资建设了两万平的脉动智能制造生产基地，自动化生产及茵曼经验丰富的面辅料管理，是茵曼的服装供应的强大发动机，全链路数字化操控，从缺货到出货，最迟 15 天完成快补，中间时刻监控环节节点，为优质的棉麻产品保驾护航，用产品说话，让消费者买得放心，让加盟商卖得安心。

3. 线上线下融合，共享 3300 万粉丝流量

茵曼从 2008 年品牌创立之初就在电商领域初露锋芒，而后成为一线电商品牌，销售渠道及宣传覆盖全渠道，全国拥有 3300 万茵曼粉丝。然而，服装产品带有显著的经验属性，需要亲自触摸、试穿才能真正了解产品情况，即使是同一型号的服装不同人穿起来也会有不一样的感觉，因此服装产品是一类客户体验极其重要的产品。这些问题出现的最主要原因是服装电商忽视了服装产品的特性，缺少客户体验。

针对这个问题，茵曼开启新零售商业模式，将巨大的线上粉丝引到线下体验，让线上的经济力量支持到线下门店，线上线下货品相通，价格定位保持一致，保持茵曼风格。线上线下粉丝的互通，促使茵曼可以多渠道同步发展，为线下客户提供服务的同时，让线上客户拥有摸得到的安心；提供线上便捷通道的同时，也让线下客户可以随时随地了解茵曼新款服饰，无距离接触产品。

通过线上直播的模式，输出搭配连带。汇美旗下品牌的直播间除了直接输出商品，同时也输出搭配服务。很多服装类品牌仅关注单品，而茵曼品牌注重服装的实用性，提倡"一衣多穿"的理念。在推出新品单品的同时给客户展示多种的搭配方式，与过去买过的服

饰进行搭配，提升客户消费欲望的同时提升客户的消费黏性。通过线上动态的方式，给客户做"售后服务"，搭配教学。

4. 多渠道赋能，为业绩保驾护航

茵曼新零售商业模式依然注重电商的应用，让线下门店生意不仅限于门店，还赋能加盟商打开线上销售模式，打破了时间和空间的壁垒。疫情影响下，实体经济备受打击，茵曼门店在疫情期间通过线上直播的方式为线下赋能，每周进行"云培训"，新品提前看，提高门店的新品认知度、搭配技巧和亮点，加深消费者对新品的好感度。在66直播节中，14小时的直播内，观看量接近10万人次，评论数达2.1万，带动销售额超30万，为线下门店引流3000人。

茵曼新零售商业项目在微信小程序、抖音、视频号同步进行线上传播。微信小程序的"茵曼商城"在用户注册时便终身绑定门店，在小程序上购买的茵曼服饰都会记入该门店的销售业绩，库存打通全国，通过小程序自助下单送货上门。抖音及视频号由茵曼总部进行运营，每日更新短视频为茵曼引流。更有培训组成员为全国加盟商提供培训，手把手教学淘宝C店，门店直播，社群运营等技巧知识，让销售方式和渠道多元，抓住流量新风口。

5. 会员管理体系，打造稳定私域流量

社群营销是进行会员管理的关键要素，也是实现高复购率的关键路径。茵曼总部有专业的社群营销维护人员，对全国店主进行社群销售的培训和服务，其中包括公众号、店主个人号、小程序、抖音及线下活动。

相比于其他品牌，茵曼粉丝运营有两大优势。第一是针对性，每一个门店都有一个社群，并且是以这个城市、区域、店铺为中心展开，地域针对性非常强。第二是线上线下相结合，每个门店都有自己专属的小程序，并根据门店货物的逻辑进行展示。公众号由专人管理，每日发送线下门店的穿搭技巧及上新信息，触达消费者的聊天框头部。店主个人号内容输出也有专人负责运营，每日不定时为店主提供丰富的朋友圈素材，输出适应时节的文字及图片内容，促进朋友圈内客户的互动，体现了茵曼品牌的温情服务。

抖音渠道每日16小时直播，以动态的方式为全国消费者提供一个可以看到茵曼服装视觉动态效果的渠道。线下会员活动也按照特殊节假日精心打造，活动有旧衣回收、旧衣新造、品茶等，促进消费者与茵曼品牌的互动，将品牌文化深深地植入消费者的心里。

6. 数字化赋能，终端系统自动化管理店铺

汇美集团融合线上线下，运用粉丝、技术、大数据等优势打造新零售时尚集团，推动用户、场景、商家、产品等组成要素的全面数据化。消费者所有接触、感兴趣、购买的环节，都可以被数字化度量和运营。茵曼门店运用了最新的智能技术，构造线上线下协同的智慧门店。

(1) 智能化试衣魔镜：试衣魔镜可进行触屏应用展示试衣产品的详情内容，通过扫屏幕二维码的方式可购买用户试穿款，支持对所缺色号的SKU进行线上购买。

(2) 智能支付：用户可通过扫码以及人脸支付等更为灵活的方式进行自主购买。

(3) 智能化试衣间：每个SKU的吊牌配有RFID识别器，用户试衣的过程中，识别器会在后台进行ID的数据统计与分析，记录试衣情况。

茵曼的每一件衣服都植入了RFID芯片，衣服从生产到顾客的轨迹都能通过数据全部

记录下来，甚至顾客拿起一件衣服的次数、进出过多少次试衣间，都可以被追踪到。根据顾客的购买情况，茵曼能够推导出他们的需求变化。茵曼会根据后台数据清晰定位出品牌消费者的特征、主要年龄、地区，再对比这类消费者在全网的购物趋势，准确判断出自己的核心竞争品类和缺失品类，帮助运营及时进行调货、补货。汇美通过数据中台发现各地域的消费者的消费喜好有很大区别。例如，北方消费者普遍骨架、身高较大，且因为气候原因，更喜爱毛领、v 领、圆领打底衫，因此，北方的门店也会更有针对性地进行铺货。

对于门店的复购问题，茵曼也融入了数据思维，将线下消费体验与线上智能技术无缝融合。通过观察发现，在线下门店搭建线上场景，能够有效提高会员的活跃度和留存率。因此，在实际运营中，汇美充分利用微信商业化生态与消费者建立链接，助推门店与消费者的多方互动、信息的快速传递及反馈。汇美还创造性地将小程序与短视频结合，帮助消费者对商品有更精准的判断，同时收获趣味性的购物体验。

数据显示，茵曼小程序与短视频结合之后，用户访问停留时长增长了 23.5%，订单转化率提升了 54.7%，社交流量被灵活地转化为了实际销售额。此外，在 RFID 系统与视频监控系统支持下，门店能远程实时监控门店运营与销售情况，同时也大大提升了门店盘货以及结算效率。

自 2015 年开始，茵曼新零售商业模式在 2016 年为茵曼品牌带来了 20% 的业绩提升，而后每一年都在稳步增长，线上线下销售比例已达 7∶3。在数字化赋能下，茵曼门店的运营变得简单轻松。过往单个门店盘货需要半天到一天的时间，店员在仓库满头大汗；拥有数字化盘活系统后，只需要 1 小时就可轻松盘点店内货品。过往还需手工记账，第二天才能知道销售情况；在数字化赋能下，加盟商可以通过手机实时监控门店销售情况，当天即可了解业绩，及时为第二日的销售策略做准备。

会员管理体系大大节省了人力、时间。系统一键为会员发送消息，推动会员关注，会员积分、会员消费记录一键直达。会员复购率达到 75%。线上直播的商业模式为线下门店赋能效果明显。自 2019 年全面开启直播业务以来，该模式为线下门店销售带来了 20% 的业绩增长，也为线下门店引流年均 5000 万流量。此外，通过直播模式可输出连带搭配，将连带购买率提升至 2.7，增加了客单价，提高了客户黏性。

资料来源：2022 年零售业数字化及营销创新案例集，中国百货商业协会，2022.8

思考：以茵曼的新零售实践为例，分析线上线下融合的数字化营销模式的优势及问题。

第 10 章　网络营销的促销策略

学习目标

　　1. 理解并掌握网络促销的实施；

　　2. 掌握网络广告的特点和类型；

　　3. 了解网络广告效果评价体系；

　　4. 掌握网络公共关系和网络事件营销的特点和实施。

知识结构图

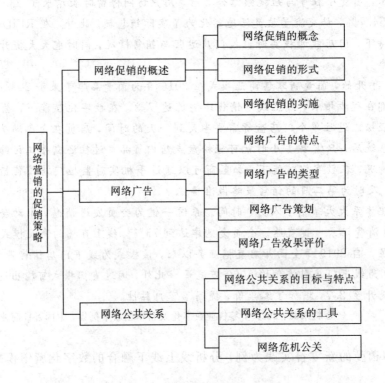

10.1　网络促销概述

10.1.1　网络促销的概念

　　促销指将产品或劳务的信息传递给目标顾客，从而引起其兴趣，促进其购买，实现企业产品销售的一系列活动。促销具有信息沟通、刺激和诱导三个明显特征。任何促销活动都应面向有关消费者，只有适合消费者需求特征的信息，才会被接受和产生效果。促销策略是市场营销组合的基本策略之一。

　　网络促销指利用计算机及网络技术向虚拟市场传递有关商品和劳务的信息，引起消费者注意和兴趣，激发购买欲望和促成购买行为的各种活动。网络促销借助互联网将产品或服务的性质、性能、特征等各种信息通过互联网传播出去，没有地域的限制，以一种双向的、快捷的信息传播模式，给顾客足够的思考空间，节省了大量的时间，真正实现了交易的全球化。相对于传统广告的强势信息灌输的促销形式，网络促销充分尊重了顾客的需求和意愿，以顾客为促销活动中的主动方。

10.1.2　网络促销的形式

传统的促销形式主要有四种：广告、销售促进、宣传推广和人员推销。与其对应的网络促销形式有网络广告、网上销售促进、站点推广和网络公共关系。其中网络广告和站点促销是常用的网络促销形式。

1. 网络广告

网络广告根据形式不同可以分为旗帜广告、按钮广告、电子邮件广告、关键词广告、视频广告、文本链接广告等，其详细内容见 10.2 网络广告中。

2. 站点推广

站点推广就是利用网络营销策略扩大站点的知名度，吸引用户访问网站，起到宣传和推广企业以及企业产品的效果。站点推广主要有两类方法：一类是通过改进网站内容和服务，吸引用户访问，起到推广效果；另一类是通过网络广告宣传推广站点。前一类方法费用较低，而且容易稳定顾客访问流量，但推广速度比较慢；后一类方法可以在短时间内扩大站点知名度，但费用不菲。

3. 网上销售促进

网上销售促进是在网络市场利用销售促进工具刺激顾客对产品的购买和消费使用。这种方式主要是用来进行短期性的刺激销售。常见的网上销售促进方式有价格折扣、有奖销售、网上赠品或样品促销、网络抽奖、会员与积分促销、红包、在线游戏、网上联合促销等。

4. 网络公共关系

公共关系是一种重要的促销工具，它通过与企业利益相关者(包括供应商、顾客、雇员、股东、社会团体等)建立良好的合作关系，为企业的经营管理营造良好的环境。网络公共关系的目标主要在于：与网上新闻媒体建立良好的合作关系；通过互联网宣传和推广产品；通过互联网建立良好的沟通渠道。其详细内容见 10.3 网络公关中。

10.1.3　网络促销的实施

企业实施网络促销必须在深入了解产品信息的网络传播特点、分析网络信息的受众特点以及设定合理网络促销目标的基础上进行。根据国内外网络促销的大量实践，网络促销的实施过程包括以下几个方面：

（1）确定网络促销对象。网络促销对象是针对可能在网络市场上产生购买行为的消费者群体提出的。这一群体主要包括三部分人员：产品的使用者、产品购买的决策者、产品购买的影响者。

（2）设计网络促销内容。网络促销的最终目标是希望引起购买，这个目标是要通过设计具体的信息内容来实现的。消费者的购买过程是一个复杂的、多阶段的过程，促销内容应当根据购买者所处的购买决策过程的不同阶段和产品所处的寿命周期的不同阶段来决定。

例如，在产品刚刚投入市场时，消费者对该产品还不十分了解，因此促销的内容应侧重于宣传产品的特点，以引起消费者的注意；在成长期，产品在市场上已经有了一定的影响力，消费者已逐步认识和了解该产品，那么促销活动的内容应具有唤起消费者购买欲望的作用；而当产品进入成熟期后，市场竞争将变得十分激烈，促销活动的内容除了对产品本身进行宣传外，还应对企业的形象做大量的宣传工作，以树立消费者对企业的信心；在产品的衰退阶段，主要是要进一步加强与消费者之间的感情沟通，并通过让利促销延长产品的生命周期。

（3）决定网络促销组合方式。由于企业的产品种类不同，销售对象不同，促销方法与产品种类和销售对象之间将会产生多种网络促销的组合方式。企业可以根据网络广告促销和网络站点促销两种方法的特点和自身产品的市场和顾客情况，合理组合，以达到最佳的促销效果。网络广告促销主要实施的是"推战略"，其主要功能是将企业的产品推向市场，获得广大消费者的认可。网络站点促销主要实施的是"拉战略"，其主要功能是吸引消费者，保持稳定的市场份额。

一般来说，日用消费品，如化妆品、食品饮料、医药制品、家用电器等，网络广告促销的效果比较好；而大型机械产品、专用品则采用网络站点促销的方法比较有效。在产品的成长期，应侧重于网络广告促销；而在产品的成熟期，则应加强自身站点的建设。所以企业应根据自身网络促销能力，选择不同的网络促销组合方式。

（4）制订网络促销预算方案。因网络促销而产生的价格和条件需要在实践中不断总结。在制订网络促销预算方案的过程中，首先必须明确网上促销的方法及组合方式；其次，需要确定网络促销的目标，企业进行网络促销的目的是宣传产品，还是宣传售后服务，或者是为了树立企业的形象；最后，需要明确希望影响的是哪个群体，哪个阶层，哪个区域。因为不同的站点有不同的服务对象，服务费用也不同。

（5）评价网络促销效果。在网络促销过程中，企业必须对已经执行的促销内容进行评价，衡量促销的实际效果是否达到了预期的促销目标。评价促销效果主要依赖于两个方面的数据。一是利用互联网上的统计软件，及时对促销活动的好坏做出统计。例如主页访问人次、点击次数、广告曝光率、千人广告成本等。利用这些统计数据可以了解自己在网上的优势和不足，以便对网络促销方式和方法进行调整。二是可以通过促销时期的销售量、利润、促销成本的变化，判断促销决策的正确性。另外，评价时应注意促销对象、促销内容、促销组合等方面与促销目标的因果关系的分析，以便对整个促销工作做出正确的决策。

（6）对网络促销过程进行监控、加强综合管理。在对网络促销效果评价的基础上，实时监控网络促销活动过程，对偏离预期促销目标的活动进行及时调整；同时，在促销实施过程中，加强各方面的信息沟通、协调与综合管理，有助于提升企业的促销效果。

10.2　网　络　广　告

网络广告指以数字化信息为载体,以互联网为传播媒介,以文字、图片、音频、视频等形式发布的广告,是广告主为了实现商品交换的目的,在网络上发布的有偿信息。

网络广告诞生于美国。1994 年 10 月 14 日,美国著名的 Wired 杂志推出了网络版的 Hotwired,其主页上有 AT&T 等 14 个客户的广告横幅。这是广告史上的里程碑。在这之后,无论是电视、广播还是报纸、杂志,都纷纷上网并设立自己的网站,刊登信息的同时,也在网络媒体上经营广告业务。Internet 是一个全新的广告媒体,因此网络广告具有得天独厚的优势,并作为一种新型的营销手段逐步成为网络媒体与广告界的热点,成为企业实施现代营销媒体战略的重要部分。

10.2.1　网络广告的特点

与传统广告相比,网络广告具有以下特点与优势。

1. 非强迫性、受众针对性和目标性强

传统广告具有一定的强迫性,无论是电视还是报纸、广播、杂志等,均是将有关信息强行灌输给消费者。而网络广告接受与否的选择权掌握在消费者手里,因而具有非强迫性。同时,由于点阅信息者即为感兴趣者,因此可以直接命中目标受众,并可以为不同的消费者推出不同的广告内容。

2. 交互性和实时性强

交互性强是互联网络媒体最大的优势,网络广告是一种交互式广告。消费者只要对某种产品感兴趣,仅需点击鼠标或轻触屏幕就能深入了解更多更为详细的信息,从而体验产品、服务与品牌。网络广告还有一个突出优点,就是能按照需要及时变更广告内容,包括改错。在传统媒体上,广告发布后很难更改,即使可以改动往往也需付出很大的经济代价。而在互联网上,可以按照客户需要及时变更广告内容。这样,经营决策的变化就能及时实施和推广,从而有助于企业提升经营决策的灵活性。

3. 制作成本低,速度快

网络广告制作周期短,即使在较短的周期进行投放,也可以根据客户的需求很快完成制作;而传统广告制作成本高,投放周期固定。

4. 广泛性

网络广告的广泛性表现在以下几个方面:

(1) 传播范围广,无时间、地域限制。网络广告通过互联网 24 小时不间断地把广告信息传播到世界各地。只要具备上网条件,任何人在任何地点都可以随时随意浏览广告信息。

(2) 内容详尽。传统广告由于受媒体播放时间和版面的限制,其内容也受限;而网络广告的载体基本上是多媒体、超文本格式文件,广告主可以根据需要将广告做得十分详尽,以便广告受众进一步了解相关信息。

(3) 形式多样。传统媒体是二维的;而网络广告是多维的,能将文字、图像和声音有

机地组合在一起,传递多感官的信息,让顾客如身临其境般感受商品或服务,激发消费者的购买欲望。

5. 易统计性和可评估性

利用传统媒体投放广告,很难精确地知道有多少人接收到广告信息;而在 Internet 上可通过权威、公正的访客流量统计系统,精确统计出每个广告的受众数,以及这些受众查阅的时间和地域分布。这样,借助分析工具,成效易体现,客户群体清晰易辨,广告行为收益也能准确计量,有助于正确评估广告效果,制定广告投放策略。

6. 发布方式多样性

传统广告的发布主要通过广告代理商实现,而网络上发布广告对于广告主来说有更大的自主权,广告主既可以自行发布,又可以通过广告代理商发布。

10.2.2　网络广告的类型

网络广告采用先进的多媒体技术,拥有灵活多样的广告表现形式。目前常见的网络广告形式主要有以下几种。

1. 旗帜广告

旗帜广告(Banner)是常见的网络广告形式,又名"横幅广告",是互联网上最为传统的广告形式。网络媒体通常在自己网站的页面中分割出一定版面发布广告,因其像一面旗帜,故称其为旗帜广告。旗帜广告允许广告主用简练的语言、独特的图片或视频介绍企业的产品或宣传企业品牌形象,一般都具有链接功能,点击后可以了解更详尽的广告信息。

2. 按钮式广告

按钮式广告(Button)又叫"图标广告",属于纯标志性广告,一般由公司一个标志性图案或文字组成,以按钮形式定位在网页中。按钮广告是从旗帜型广告演变而来的一种形式,它表现形式小巧,费用相对较低,交互性强,是网站常用的一种广告形式。按钮广告的不足之处在于其被动性和有限性,用户需要主动点选才能了解有关企业或产品的更为详细的信息。

3. 文本链接广告

文本链接广告(Text Link Ads)是以一排文字作为一个广告,点击可以进入相应广告页面。这是一种位置最为灵活,对浏览者干扰最少,访问速度最快,较为有效的网络广告形式。

4. 电子邮件广告

电子邮件(E-mail)广告以订阅的方式将广告信息通过电子邮件发送给所需用户。它是一种精准投放的广告,具有针对性强、费用低廉、用户群大、隐蔽性的特点,且广告内容不受限制。但需注意必须得到用户的许可,否则会被用户视为骚扰。

5. 关键字广告

关键字广告(Keyword Ads)是充分利用搜索引擎资源开展网络营销的一种手段,属于按点击次数收费的网络广告类型。关键字广告有两种基本形式,一是关键字搜索结果页面上方的广告横幅可以由客户买断。这种广告针对性强,品牌效应好,点击率高。二是在关键字搜索结果的网站中，客户根据需要购买相应的排名，以提高自己的网站被访问的概率。

6. 弹出式广告

弹出式广告(Pop-up Ads)指访客打开网站后自动弹出的广告。该类广告被广泛应用于品牌宣传、产品促销、招生或咨询等活动。该类广告具有一定的强迫性，无论浏览者点击与否，广告都会出现在其眼前，因此浏览者对其通常很厌恶，甚至会主动屏蔽此类广告。

7. 定向广告

定向广告(Targeted Ads)指网络服务商利用网络追踪技术(如 Cookies)搜集整理用户信息，按年龄、性别、职业、爱好、收入、地域分类储存用户的 IP 地址，然后利用网络广告配送技术，向不同类别的用户发送内容不同的广告。定向广告可以精确投放目标受众，提高广告效果。

8. 视频广告

视频广告指在移动设备内进行的插播视频的模式，是目前较为流行的一种广告形式。视频广告分为传统视频广告和移动视频广告两类。传统视频广告是直接将广告客户提供的网络视频在线播放，相当于将电视广告放在网上；而用户自发制作的视频广告是用户自制的原创广告，通过网络平台尤其是移动端网络平台进行展示，以传播广告信息。我们在微信和各类短视频平台经常可以看到此类广告。

9. 原生广告

原生广告(Native Ads)是一种将广告作为内容的一部分植入到页面设计中的广告形式。这种方式通过在信息流里发布具有相关性的内容产生价值，是能提升用户体验效果的广告模式。原生广告具备平台、内容和社交三个方面的属性：

(1) 平台属性：原生广告的本质是内容，那么当内容以平台的版本为依托推出时，这就是该平台的原生广告。例如，在推特中这是一条推特，但其实质是广告。

(2) 内容属性：内容是原生广告的本质，是否能够为平台用户提供优质内容是其营销的关键和难点。它要通过内容来传递品牌信息、表达品牌情感，以期待与用户产生共鸣。

(3) 社交属性：原生广告因具有平台和内容属性，所以才具备了社交属性。用户可以在平台与内容之间产生各种形式的互动，在互动中完成信息的传播。

原生广告主要的特点有以下三个方面：

(1) 内容的价值性。原生广告为受众提供的是有价值、有意义的内容，它不是单纯的广告信息，而是能够为用户提供满足其生活形态、生活方式的信息。

(2) 内容的原生性。内容的植入和呈现不破坏页面本身的和谐，不会为了抢占消费者的注意力而突兀呈现，破坏画面的和谐性。

(3) 用户的主动性。用户乐于阅读，乐于分享，乐于参与其中。它不是单纯的"到我为止"的广告传播，而是每个用户都可能成为扩散点的互动分享式的传播。

10. 其他广告

其他广告形式有赞助式广告、互动广告、分类广告、流媒体广告、对联广告、撕页广告、视频广告、路演广告、巨幅连播广告、翻页广告、祝贺广告、论坛版块广告等。除了以上网络广告形式以外，还有不少创新的形式。例如，伴随着 App 的出现而诞生的启动页广告、信息流广告、积分广告、下拉刷新广告；随着微信的出现而诞生的朋友圈广告、公众号底部广告、文中广告、视频贴片式广告、互选广告、小程序广告等。随着网络技术的发展和宽带技术水平的提高，网络广告的表现形式也越来越丰富。

10.2.3　网络广告策划

网络广告策划是根据互联网的特征及目标受众的特征对广告活动进行的运筹和规划。它本质上与传统的广告策划思路相似，包括确定网络广告目标、确定网络广告的目标受众、选择网络广告发布渠道、进行广告创作等一系列的活动。

1. 确定网络广告目标

网络广告目标是一定时期广告主期望的，通过在网上发布广告而实现的预期广告活动成果，如促进商品销售，提高商品知名度、美誉度，改变消费者认知，加强与消费者的互动，增强市场竞争能力等。因此，网络广告目标不是单一的，而是多元的。在确定网络广告目标时应遵循如下原则：① 广告目标要符合企业营销目标；② 广告目标要切实可行；③ 广告目标要明确具体；④ 单个广告目标应单一；⑤ 广告目标要有一定弹性；⑥ 广告目标要有协调性；⑦ 广告目标要考虑公益性。

2. 确定网络广告的目标受众

广告的目标受众即广告传播的诉求对象。它决定了广告媒体的选择和传播策略，同时也决定了广告文案的内容。因此，企业发布网络广告前必须根据广告的营销目标确定目标受众，这样做出的广告才具有针对性，营销效果才更好。

3. 选择网络广告发布渠道

发布网络广告的途径有多种，企业应根据自身情况及网络广告的目标，选择合适的网络广告发布渠道及方式。目前可供选择的发布渠道主要有以下几种：

（1）企业主页。主页不仅是企业树立良好形象的平台，也是企业进行产品宣传的绝佳窗口。在互联网上发布的广告一般都提供了快速链接至企业主页的功能，所以，企业建立自己的主页是非常必要的。而且应使企业的主页地址像企业的地址、名称、电话一样，成为企业独有的标识，并转化为企业无形的资产。

（2）博客、微博、微信等自媒体平台。随着微博、微信等自媒体平台的兴起，网络广告拥有了新的发布途径。企业可以自建博客、微博和微信来推送广告，目标定位准确，针对性很强，受关注度也高。

（3）搜索引擎网站或门户网站。搜索引擎是网民检索信息的主要工具，访问量巨大，因此在搜索引擎网站上投放广告，覆盖面广，针对性强，目标精准，且性价比高。此外，企业可以选择与门户网站合作，如新浪、搜狐、网易等。它们提供了大量的互联网用户感兴趣并需要的免费信息服务，包括新闻、评论、生活、财经等内容。因此，这些网站的访问量非常大，是网上最引人注目的站点。目前，这样的网站是网络广告发布的主要渠道，并且发布广告的形式多种多样。

（4）专类销售网。专类销售网是一种专业类产品直接在互联网上进行销售的方式。进入这样的网站，消费者只要在一张表中填写自己所需商品的类型、型号、制造商、价位等信息，然后按一下搜索键，就可以得到所需要商品的各种细节资料。对于广告主来说，这是一种很有效的广告投放途径。

（5）友情链接。利用友情链接，企业间可以相互传递广告。建立友情链接要本着平等的原则，网站的访问量、在搜索引擎中的排名、相互之间信息的补充程度、链接的位置及形式等都是必须考虑的因素。

（6）网络社区和公告栏。网络社区和公告栏是网上比较流行的交流沟通渠道，任何用户只要注册，就可以在 BBS 或网络社区上浏览、发布信息。企业在上面发表与产品相关的评论和建议，可以起到非常好的口碑宣传作用。

（7）网络报纸或网络杂志。随着互联网的发展，国内外一些著名的报纸和杂志纷纷在网上建立了自己的主页，成为一种"网络报纸"或"网络杂志"。其影响大、访问量高，也是一个较好的传播渠道。

（8）新闻组。新闻组是人人都可以订阅的一种互联网服务形式，阅读者可成为新闻组的一员。成员可在新闻组上阅读大量的公告，也可以发表自己的公告，或者回复他人的公告。新闻组是一种很好的讨论和分享信息的方式。广告主可以选择与本企业产品相关的新闻组发布公告。这是一种非常有效的网络广告传播渠道。

（9）网络黄页。网络黄页指在互联网上专门用以查询检索服务的网站，如黄页网等。这些站点就如同电话黄页一样，按类别划分，便于用户进行站点的查询。采用这种渠道的好处，一是针对性强，查询过程都以关键字区分；二是醒目，信息处于页面的明显处，易于被查询者注意。

（10）短视频平台。短视频相对于文字和图片来说，表现方式更为直观，内容也更有趣，对受众的刺激更为强烈。随着用户的爆发，短视频平台成为目前互联网上最热门的应用，如抖音、快手等短视频平台拥有数以亿计的用户，因此短视频平台成为企业投放网络广告的重要平台。

4. 进行网络广告创造

网络广告策划中极具魅力、最能体现水平的部分就是创意。它包括两个方面：一是内容、形式、视觉表现、广告诉求的创意，二是技术上的创意。网络广告要吸引用户，必须是影视生动的、能吸引眼球的、有趣的并且让人无法拒绝的。网络广告在创造过程中要注意以下关键点：① 营造强有力的视觉冲击效果；② 传递简单易懂而又有趣的信息；③ 适度的曝光率；④ 发展互动性。

10.2.4　网络广告效果评价

与传统广告关注点不同，根据网络广告的目标，对网络广告效果的评价，常见的较准确的评价指标是广告曝光数（Impression）、广告点击率（Click Through Rate，CTR）、广告转化率（Conversion Rate）等。曝光次数指广告的页面被访问的次数，即广告管理软件的计数器上所统计的数字。点击率指访客单击广告的次数占广告曝光次数的比率。广告转化率是通过点击广告进入推广网站的网民形成转化的比例，通常反映广告的直接收益。

在具体的评价指标选择方面，鉴于单一指标很难反映网络广告效果的真实情况，为此从网络广告的经济效果、心理效果和社会效果三个方面选择评价指标。具体而言，网络广告的经济效果是广告对企业产品销售、市场占有率提升等产生的经济影响；网络广告的心理效果是测评广告经过特定的媒体传播后对消费者心理活动的影响程度；网络广告的社会效果测评反映广告在一定的社会意识形态下受政治观点、法律规范、伦理道德以及文化艺术标准的约束状况，具体如表 10.1 所示。

表 10.1　网络广告效果评价指标

一级指标	二级指标
网络广告的经济效果	广告费用指标、广告效果指标、广告效益指标、市场占有率指标、广告效果系数指标
网络广告的心理效果	感知程度的测评指标、记忆效率的测评指标、思维状态的测评指标、态度倾向的测评指标
网络广告的社会效果	法律规范、伦理道德、文化艺术标准

10.3　网络公共关系

公共关系是一种重要的促销工具，通过与企业利益相关者(包括供应商、顾客、雇员、股东、社会团体等)建立良好的合作关系，为企业的经营管理营造良好的环境。网络公共关系，简称网络公关(PR on line)，指社会组织为了塑造组织形象，以网络为依托，运用各种互联网工具，为组织收集和传递信息，在电子空间中实现组织和公众之间双向互动式的全球沟通来实现公关目标，影响公众的科学与艺术。

10.3.1　网络公共关系的目标与特点

1. 网络公共关系的目标

网络公共关系主要有以下目标：

(1) 通过与网上新闻媒体建立良好的合作关系，通过网上媒体发布和宣传企业有价值的信息，引起消费者对企业的兴趣，同时通过网上新闻媒体树立企业良好的社会形象。

(2) 通过互联网宣传和推广产品。

(3) 通过互联网建立良好的沟通渠道，包括对内沟通和对外沟通，让企业利益相关者能充分了解企业，以巩固老顾客关系，同时与新顾客建立联系。

(4) 通过对舆论的监控与引导、评估工作，强化品牌的市场公关执行。

2. 网络公共关系的特点

由于网络的开放性和互动性等特征，网络公共关系具有一些新的特点：

(1) 传播主动性、效率高。在传统的传播方式当中，企业往往是作为被动的宣传对象而存在的，电视台、杂志社等媒体掌握了宣传的主动权。而在网络环境中，企业可以自由支配公共关系活动，传播主动性增强。网络不受时空限制，传播信息量大，且双向互动的沟通方式使企业公关活动的传播效率大大提高。

(2) 公众的参与性提升。网络的虚拟性和隐蔽性，为公众发表言论提供了一个相对自由的环境。网络公众不再是消极的、被动的对象，而是可以主动地与企业进行沟通、讨论，信息的获取、传播都更加自主、直接。消费者的意见、态度和观点会迅速在网上扩散，对企业营销产生重大影响。

10.3.2　网络公共关系的工具

企业构建网络公共关系的工具通常有以下三种。

1. 网站

每个机构、公司、个人或品牌的网站都是公共关系营销的工具。因为它们如同电子手册一样，包括了公司产品、服务、文化等各方面的信息。例如，微软公司的网站列出了微软公司的所有子站点、主要产品（微软办公软件）和操作系统（目前为 Vista 系统的下载），以及市场（包括企业市场和消费者市场）链接，最后还宣传其客户导向的理念。

2. 在线事件

网络公关活动主要指企业在网络上开展或组织的企业公关活动。网络活动的实施平台常见于重要媒体网站、门户网站等。重要媒体或门户网站由于担当着重要的网络信息传播途径的角色，人气比较集中；相对而言，在其平台上组织的公关活动较易引起网友的参与和互动。随着社交化媒体的兴起，网民越来越喜欢通过这种社区化的交流分享信息，而且这些社区的信息主要出自意见领袖，对网民的影响较大。因此企业应该关注并利用网上社区的形象以及有关社区的信息或活动进行公关活动，促进对企业的营销。

企业有重大事件发布时，可联系相关网络媒体或站点进行合作，举办网上新闻发布会或设立新闻专题，向更广泛的受众传达企业信息。这样的网上新闻发布会可达到较好的公关效果。

3. 网络事件营销

网络事件营销（Internet Event Marketing），指企业通过策划、组织和利用具有新闻价值、社会影响以及名人效应的人物或事件，以网络为传播载体，吸引媒体、社会团体和消费者的兴趣与关注，以求建立、提高企业或产品的知名度、美誉度，树立良好品牌形象，并最终促成产品或服务的销售的手段和方式。

事件营销是企业在品牌推广过程中经常采用的一种公关传播与市场营销推广的手段。网络事件营销具有投入小、产出大、受众面广、关注度高、可信度高等方面的优势。开展事件营销的方法有很多种，关键在于各种素材的融合以及有效的传播控制。犹如照顾自己的孩子一样传播一个公共事件，不仅能达到客户的传播预期，更能提高自身的成就感。事件营销，集新闻效应、广告效应、公共关系、形象传播、客户关系于一体，可以为新产品推介、品牌展示创造机会、建立品牌识别和品牌定位，形成一种快速提升品牌知名度与美誉度的营销手段。

但是事件营销也可能起到相反的作用并带来负面的评价，为此企业要做风险评估，根据风险等级建立相应的防范机制，并采取措施化解风险，直到整个事件结束。事件营销中的三大切入点按可控度进行排列，从大到小分别是公益、聚焦和危机。可控度降低的同时，影响度是递增的，即风险越大，营销效果越好。在公益事件中，企业通常占据着主动地位，几乎不存在风险。聚焦事件的主要风险在于营销活动不能与企业、产品的战略发展相融合，甚至破坏企业长远的战略形象。例如，很多企业在进行体育营销时仅使用单调的抽奖手段，与企业和产品形象相去甚远，结果收效甚微。危机事件最能吸引眼球，同时风险也最大。特别是处理企业自身危机时，更应该小心谨慎。企业进行危机公关时，若不能有效地控制媒体风向，极可能引起公众的质疑和反感。此时不但达不到营销效果，企业还会面临生存危机。

10.3.3　网络危机公关

当今网络成为企业危机的触发器与放大器，如康师傅水源门、万科的捐款门等。网络危机公关指利用互联网对企业品牌形象进行公关活动。应尽量避免在搜索企业的相关人物、产品和服务时出现负面消息。企业实施网络危机公关时，需要着重围绕以下三个层次展开。

（1）厘清问题的症结和相关的利益群体。当网络中出现引起关注的负面报道时，企业应该立即启动网络危机应对方案，及时找出危机源头与症结。例如，万科捐款门是因为公众对其捐款数额的不满及言论的愤慨。网络事件传播的一个特点在于容易扭曲事实真相并以过激言语刺激各个相关群体的不同反应，冲突双方的关联人往往只看到对自身有利的一面并予以反击。这个时候，对于反对意见不能一味地阻止，而应该尊重个人意见，允许不同意见者发声。

（2）企业应该勇于承担责任，公正还原事实真相。当企业危机出现后，应该勇于承担责任，因为在危机公关中，"态度决定结果"。公关传播考虑的是如何影响人的心理。现代人都有很强的自我意识和消费者至上的理念，如果危机公关采用一种强势的宣传姿态去表达，会激发人们的反感；反之，放下架子，真诚沟通，反而会使人们对其产生好感。尤其在网络环境中，网民个体都有信息传播权和舆论批评权，网络的长尾效应使个体左右舆论的能力可以与传统媒体匹敌。

（3）品牌形象的修复。例如，2008年汶川地震后，家乐福第一时间采取紧急救援措施，向受灾地区捐赠人民币200万元，作为第一批救灾资金。而在此之前，刚刚发生过由于奥运圣火在巴黎的遭遇所引发的在中国线上线下的"抵制家乐福活动"，家乐福在中国区的业务受到了相当的影响。而此时，家乐福通过向受灾地区的捐赠活动对其品牌形象进行了修复。

本 章 小 结

网络促销指利用计算机及网络技术向虚拟市场传递有关商品和劳务的信息，引起消费者注意和兴趣，激发购买欲望和促成购买行为的各种活动。网络促销充分尊重了顾客的需求和意愿，使顾客成为促销活动中的主动方。网络促销形式有网络广告、网上销售促进、站点推广和网络公共关系。企业实施网络促销必须在深入了解产品信息的网络传播特点、分析网络信息的受众特点以及设定合理网络促销目标的基础上进行。网络促销的实施过程包括确定网络促销对象、设计网络促销内容、决定网络促销组合方式、制定网络促销预算方案、评价网络促销效果以及对网络促销过程进行监控、加强综合管理。

网络广告是指以数字化信息为载体，以互联网为传播媒介，以文字、图片、音频、视频等形式发布的广告，是广告主为了实现商品交换的目的，在网络上发布的有偿信息。网络广告具有以下特点：非强迫性、受众针对性和目标性强；交互性和实时性强；制作成本低，速度快；广泛性；易统计性和可评估性；发布方式多样性。目前常见的网络广告形式主要有：旗帜广告、按钮式广告、关键字广告、文本链接广告、电子邮件广告、弹出式广告、定向广告、视频广告和原生广告等。对网络广告效果的评价，可以从网络广告的经济效果、心理效果和社会效果三个方面选择评价指标。

网络公关关系指社会组织为了塑造组织形象，以网络为依托，运用各种互联网工具，为组织收集和传递信息，在电子空间中实现组织和公众之间双向互动式的全球沟通来实现公关目标，影响公众的科学与艺术。网络公共关系具有的特点：传播主动性、效率高；公众的参与性提升。企业构建网络公共关系的工具通常有网站、在线事件、网络事件营销三种。

网络事件营销指企业通过策划、组织和利用具有新闻价值、社会影响以及名人效应的人物或事件，以网络为传播载体，吸引媒体、社会团体和消费者的兴趣与关注，以求建立、提高企业或产品的知名度、美誉度，树立良好品牌形象，并最终促成产品或服务的销售的手段和方式。事件营销是企业在品牌推广过程中常采用的一种公关传播与市场营销推广的手段，其具有投入小、产出大、受众面广、关注度高、可信度高等方面的优势。但事件营销也可能起到相反的作用带来负面的评价。企业要做风险评估，根据风险等级建立相应的防范机制，并采取措施化解风险，直到整个事件结束。事件营销中的三大切入点可以按可控度进行排列，从大到小分别是公益、聚焦和危机。危机事件最能吸引眼球，同时风险也最大。企业实施网络危机公关时，需要着重围绕以下三个层次展开：厘清问题的症结和相关的利益群体；勇于承担责任，公正还原事实真相；品牌形象的修复。

复 习 思 考

1. 网络促销的形式有哪些？
2. 网络广告有哪些类型？请分析不同广告形式的利弊。
3. 如何开展对网络广告效果的评价？有哪些评价指标？
4. 网络公关的目标有哪些？企业如何利用互联网进行公共关系营销？
5. 网络事件营销的概念和特点是什么？
6. 实践题：结合某企业的网络营销案例，谈谈如何开展网络促销活动。
7. 实践题：结合某企业的网络事件营销案例，谈谈事件营销对于企业品牌推广的意义。

❖ **案例分析**

拼多多的社交拼团裂变

成立于 2015 年 9 月的拼多多是专注于 C2M 拼团购物的第三方社交电商平台，也是以人为先的新电商开创者。拼多多将娱乐与分享的理念融入电商运营中：用户发起邀请，在与朋友、家人、邻居等拼单成功后，能以更低的价格买到优质商品；同时拼多多也通过拼单了解消费者，通过机器算法进行精准推荐和匹配。拼多多的核心竞争力在于创新的社交电商模式和优质低价的商品。2018 年 8 月拼多多用户突破 3 亿人，仅用三年时间就在美国上市，这个增长速度非常惊人。以下从四个方面分析其作为新零售社交电商平台的社交拼团裂变原因(见图 10.1)。

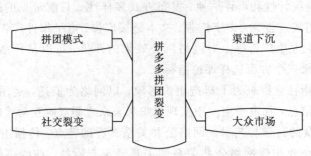

图 10.1　拼多多社交拼团裂变

1. 渠道下沉

在 2015 年前后，在 C2C 市场，淘宝开始大规模优化调整，有 10 万家商家被淘汰，这些商家基本都是生产低价大众产品的，整个 C2C 市场没剩下几家。这一年，拼多多诞生了，一些生产大众产品的商家来到了拼多多，这就形成了一种红利。这些商家的供应链对应的是下沉消费人群，下沉消费人群的需求得到了满足；而且，低价产品并不意味着是假货，因为价格和价值往往是对等的，在当下依然有很多人对低价产品有需求，有需求就会有市场。

2. 大众市场

拼多多的创始人黄峥说：“我们做的不是低端市场，是大众市场。”其实大众市场这个词才是事实。互联网红利就是人口红利，互联网红利在消失，意味着人口增长在变缓，网民增长在变缓。2018 年微信的用户已经达到了 10 亿人，物流基本能普及乡镇级单位，所有的基础设施已经完善。这个市场的电商正在蓬勃发展，而且这个市场中的用户没有对品牌、品质的过高要求，购物就是满足基本需求，用最低的价格买到合适的产品，满足生活所需即可。只要平台能做到比用户周围市场的产品价格更便宜、质量更好，那么该平台就有机会拿下这个市场。

3. 社交裂变

微信给了拼多多流量入口，拼多多的爆发主要来自于拼多多运营产品的方式，如何在微信朋友圈做社交裂变才是制胜的关键。淘宝的第一大品类是服装，京东的第一大品类是 3C 产品，拼多多的第一大品类是食品，这是由平台一开始的定位决定的，不同之处就在于平台给用户留下的印象。拼多多是社交拼团玩法，人们在社交平台上的刚需是聊天，其中零食和饮料也是聊天的必备品。于是，拼多多找准了微信用户群体消磨时间的必备品，选择了这个品类。食品也是高频消费品，用户进入拼多多购物基本上是无意识的，不像去淘宝、京东购物，有一定的目的。淘宝用户有 90% 以上是通过搜索查找产品，而拼多多的新用户都是通过产品推荐或者老用户的分享进入的。

拼多多利用小程序做的一系列促销活动，可以说是用小程序进行社交裂变的典范。

（1）开红包领现金。打开拼多多的小程序，平台就会赠送 1 个红包，在领取之后，自己是不能拆开的，必须邀请一位好友帮忙拆开。红包总额没有上限，邀请的好友越多，所获得的现金就越多。获得的金额在 7 天内有效，当人数达到一定数量时，还有额外奖励。每人每天有 3 次帮忙打开红包的机会，获得的奖励可以兑换成优惠券，无门槛使用，在购买产品的时候可以抵用。这种活动的优点是，在邀请好友帮忙的过程中会让更多的用户看到产品，在一定程度上提高了产品的曝光率，帮忙的好友也可以获得奖励，有利于增加新用户。

（2）开宝箱领现金。用户进入小程序的活动页面时，系统会赠送 1 个宝箱，提示只要邀请好友并将该活动页面分享到微信群，就可以 100% 赢取奖金。如果在 24 小时内未邀请到 4 个以上的好友，该活动就失效，无法获得奖金。发起开宝箱的次数是不限的，获得的奖金在 36 小时内有效。发起活动的就是团长，邀请 4 个好友帮忙拆宝箱，可以促进用户分享，在用户得到奖金后再促使其消费，提升转化率。

（3）1 分钱抽奖。支付 1 分钱就可以开团，开团后必须邀请好友才能成团，成团后获得中奖资格，可随机领取红包，有实物奖品，也有现金券。这个参与的门槛很低，但奖品非常具有诱惑力。比如，1 分钱就可以参与宝马汽车的抽奖。其本质上和 1 元购模式一样，利用用户投机的心理，吸引用户参与，最后随机抽奖。这种模式是拼多多一贯的拼团裂变方式，如果想参与该活动，那么除了支付 1 分钱外，还必须分享出去，邀请好友一起参与才算成功，进一步扩大了产品的传播力，且引进了新用户。

（4）打卡领红包。天天打卡领红包和天天签到领积分是一个逻辑，但领红包的吸引力比领积分的吸引力大。点击好友分享的卡片进入，就可以领取该好友的红包，分享到群里又可以领一次红包，基本上是无门槛可兑换的现金券，自己点击卡片分享出去就算打卡成功，也可领取红包。拼多多把每天打卡这种常规的互联网运营方式玩出了新花样，提高打卡奖励，扩展打卡的延展性，鼓励用户在自己的社交圈子分享产品，通过提高产品曝光率，产生裂变。

（5）每日夺宝。打开活动页面，每天赠送用户一次夺宝的机会，并提供十几种奖品，奖品有各种现金券、商品等，每周一、三、五再额外增加一次夺宝次数。同时，用户在每天参加夺宝之后，若分享给两个好友，还可以获得额外的幸运值，在每周一可以将积累的幸运值兑换成优惠券。

（6）明星送红包。邀请一些明星，以他们的名义发红包，用户在抢到明星的红包后，可邀请 3 个好友帮忙拆红包，红包里的金额可以兑换成等额的优惠券，红包大小无上限，在活动期间每天发 100 万元的红包，成功领取一个红包后就可以继续领取下一个红包。通过明星发红包的噱头，利用明星自带流量的特点吸引用户，而且把活动页面做成群聊天的模式，拉近了明星与用户之间的距离，也拉近了平台和用户的距离。开红包需要邀请 3 个人，仍然是利用用户的社交关系来引流。

（7）砍价免费拿。砍价是激发用户主动去传播的一种有效方式，进入活动页面系统会自动帮你砍价，并且引导你将活动分享到微信，在活动分享出去后，系统又会自动帮你砍价，提示你继续分享，并邀请好友帮忙砍价，在好友帮忙砍价后，会提示分享到微信群去开宝箱，在打开宝箱的时候，系统会再帮忙砍价，在 3 个好友帮忙砍价后，又可以开启一次宝箱，如此反复循环。当用户进入页面开始砍价的时候，就会一步步被吸引。因为每砍价一次，价格就低一些，在 24 小时内价格被砍到 0 元，就可以免费领取商品。用户分享到微信群的过程、邀请好友帮忙砍价的过程就是拼多多传播裂变的过程，尽量最大化利用单一用户的社交关系。

利用小程序的社交裂变方式，形式在变，不变的是其裂变逻辑，即可以给予用户优惠和奖励,但必须帮助产品扩散才能获得,这样就把社交电商裂变中的增量思维用到了极致。

4. 拼团模式

拼多多玩的是拼团,可以两人成团,还有限时秒杀、品牌清仓、天天领现金、现金签到、砍价免费拿等以优惠促销为主导的活动。也就是说,即使用户没有东西可买,也可以参与活动。

拼多多的首页所推荐的一定是高频次的消费品,如抽纸、洗衣液等。其实,很多用户在使用拼多多之前并不知道自己想买什么,被朋友一推荐就形成了一种被动消费,这种情况完全契合微信用户的闲时使用场景逻辑。

拼多多有大量的低价大众产品,用来满足大众的生活需求。这些用户在消费的时候看重的是产品的功能和实用性,以及朋友的推荐,没有品牌的概念。所以拼多多以单个产品为单位,发布一个产品,就送你一个店铺,有了货就可以直接在平台上销售,比淘宝、京东更简单,没有复杂的流程。而且整个购物的环节去掉了购物车,主打快消品,用拼团、秒杀等活动吸引用户,先付款再拼团,每个细节都在提高转化率、为平台引流。

两人成团,想拿到这么低的价格、享受优惠,就要拉一个用户进来,这个时候拼多多就多了一个用户,产品和活动的每一个细节都是为了增加用户量设计的,这就是增量思维,与瑞幸咖啡的"赠一得一"模式是一个道理,即用增量思维做运营。

拼多多上的用户是不是一直都喜欢低端消费品呢?显然不是,每个人的消费都在不断升级,用户在成长,对更高品质的产品的需求也在增长。所以我们应该看到商机,用成熟的技术和能力延长产业链,不断降低成本,把高品质的产品以更低的价格提供给更广大的用户,这就是创新。

资料来源:贺关武. 社交电商:裂变式增长. 北京:电子工业出版社,2019.

思考:搜集拼多多最新资料,分析其令你印象深刻的一些社交电商促销方式。

网络营销

工 具 与 方 法 篇

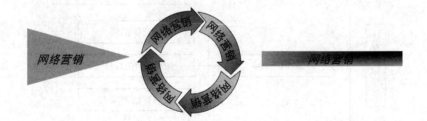

第 11 章　社交媒体营销

学习目标

　　1. 理解并掌握社交媒体营销的实施方法；

　　2. 掌握微博营销的特点和实施技巧；

　　3. 了解微信营销的特点与类型；

　　4. 掌握微信营销的实施方法和技巧。

知识结构图

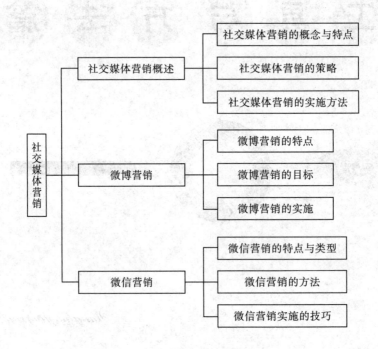

11.1　社交媒体营销概述

　　社交媒体是一个以用户为中心，由 BBS、微信、微博等互联网技术应用发展而来的反映社会群体交往，能够分享个人兴趣、爱好、状态和活动等信息的网络平台与网络应用的统称。如今，社交媒体已然成为企业与潜在用户连接的最佳方式。社交媒体是大众之间基于网络分享和讨论信息的工具。任何允许用户分享他们的信息、观点、意见，鼓励互动和社区建设的网站都可以归类于社交媒体。社交媒体即媒体的社交化，这种新媒体通过与用户更深层次地连接获得了用户的信任。

11.1.1　社交媒体营销的概念与特点

1. 社交媒体营销的概念

社交媒体营销就是利用社会化网络、在线社区、博客、百科或者其他互联网协作平台和媒体来传播和发布资讯，从而形成的营销、销售、公共关系处理和客户关系服务维护及开拓的一种方式。网络营销中的社交媒体主要指具有网络性质的综合站点，其主要特点是网站内容大多由用户自愿提供（User Generated Content，UGC），而用户与站点不存在直接的雇佣关系。常见的社交媒体营销工具有论坛、微博、微信、博客、SNS 社区等。

2. 社交媒体营销的特点

（1）用户基数庞大，内容形式丰富，可以满足企业不同的营销策略。从桌面互联网时代的论坛贴吧、即时通讯、博客、播客到移动互联网时代的微信、微博、知乎等，凡是有社交的地方即存在各个社交媒体平台。目前，包括无数私人社交朋友圈、微博平台、即时通讯软件、公众号自媒体在内的社交媒体平台积累了大量的常驻用户，其以丰富的内容形式满足了用户娱乐、社交、知识等各方面的需要，相比其他媒体拥有更多的使用时长和打开频率。企业无论是开展各种的线上活动（如伊利舒化奶的开心牧场等）、产品植入、市场调研还是病毒营销（注入了企业元素的视频或内容可以在用户中像病毒传播一样迅速地被分享和转帖）等，都可以在这些社交媒体平台上实现。

（2）用户口碑传播，可以有效降低企业的营销成本。社交媒体平台用户显示出高度的参与性、分享性与互动性。企业通过社交媒体可以把有效的流量运营起来，不仅能够降低引流成本，还能借助口碑的力量让用户成为产品或品牌的推广和销售渠道，有效降低企业的营销成本。

（3）可以实现目标用户的精准营销。社交媒体平台用户通常都是认识的朋友，用户注册的数据相对来说较为真实。企业在开展网络营销时可以很容易对目标受众按照地域、收入状况等进行用户筛选，选择哪些是自己的用户，从而有针对性地进行宣传和互动，从而实现目标用户的精准营销。

（4）社交媒体营销是真正符合网络用户需求的营销方式。企业通过社交媒体可以精准地发现客户的需求，并通过简单便捷的方式满足客户的需求。因此，社交媒体营销模式能满足网络用户的真实需求。只有符合网络用户需求的营销模式才能在企业网络营销中发挥更大的作用。

11.1.2　社交媒体营销的策略

社交媒体营销策略包括以下几个方面。

1. 秉承开放、透明、自然、真诚的营销理念

社交媒体倡导透明与开放，其本质在于真实与自然，因此企业的社交媒体营销的策略之一在于传播真实与自然的信息。如果企业在营销过程中没有以诚相见，会最终被客户发现并加以抨击。如果在运营过程中出现问题时，企业能积极主动、开诚布公地认错致歉，将充分体现社交媒体营销的核心优势。

2. 分析目标受众

企业需要研究其目标受众，诸如目标顾客偏好什么样的社交媒体平台、目标顾客喜欢阅读什么类型的内容、喜欢哪些娱乐休闲活动等，并查明如何通过社交媒体营销活动获得最大回报。

3. 沟通对话

社交媒体具有社会性，是一种双向对话。利用社交媒体进行沟通对话的优点是企业和用户可以进行情感层面的交流，用户也有了反馈的渠道，这样企业更加亲民化。这种基于情感纽带，加上朋友圈口碑传播的方式，能塑造企业积极、良好的品牌形象。

4. 持续并有节奏地更新

社交媒体需要长期持续地建设与维护才能产生相应的效果。因此，企业在建设社交媒体的过程中，关键并不在于一段时间内的高强度投放，而在于注意保持有节奏地更新。

5. 联系意见领袖

社交媒体中有不少的意见领袖，他们在其中构成信息和影响的重要来源，并能左右多数人的态度倾向。因此，意见领袖在企业社交媒体营销中对实现产品或服务推广有着举足轻重的作用。

6. 树立整合品牌

基于社交媒体平台，企业从品牌的角度来树立并整合品牌。企业需要从微博、微信、视频、论坛等众多社交媒体平台建立自己的站点或空间，并从用户名、账户、头像、域名等方面突出品牌形象。同时，鉴于企业在多个社交媒体平台中的广泛分布，还有必要塑造统一标准的品牌形象，以实现品牌整合。例如，可以通过 CIS(Corporate Identity System，企业识别系统)规划，对站点的色彩、内容、广告语、标识等进行统一界定。

7. 共同创造

在用户生成内容(UGC)的时代里，成功的社交媒体营销应该把内容交给用户，注重调动用户生成内容的积极性与创造性，让用户更多地参与到企业经营中来，这样用户可以为企业提供许多有益的思路和顾客反馈，改善企业产品或服务，提高企业的竞争力。

8. 利他主义

以利己主义为导向的社交媒体是没有出路的，站点一味地推销自己的站点与内容只会适得其反，社交媒体营销应以利他主义为导向，围绕网络用户感兴趣或有益的主题与内容来更新推进。随着时间的推移，这样的社交媒体才会成为用户难以割舍的站点，或成为公认的权威。

11.1.3　社交媒体营销的实施方法

社交媒体营销的实施方法主要包括内容营销、互动营销和移动场景营销几种方法。

1. 内容营销

内容营销是以文案、图片、视频等介质来向网络用户传达企业产品、品牌、读物等相关内容，目的是接触和影响企业现有的与潜在的消费者。它的核心理念不是销售，而是积极与消费者进行沟通，通过提供持续有价值的内容来吸引网络用户，刺激他们的购买意愿，同时提高顾客的忠诚度。

社交媒体平台汇聚了上亿的高黏性活跃用户，他们习惯于通过社交媒体平台获取信息，主动关注自己喜爱的品牌，并积极参与其中热门事件的讨论。因此，企业可以通过社交媒体平台发布与企业产品、品牌相关的内容，并将内容设计得富有创意、有趣味性或标新立异进而引发大家的共鸣，这种有价值的内容发布会很快在社交平台上扩散。社交媒体平台用户会接触到企业信息，并参与到企业发布内容的评论、转发、点赞等活动中。感兴趣的用户还会关注企业的官方账号，这样企业的粉丝数也会相应增加，企业因此获得了一批潜在的消费者。

内容营销在实施过程中主要注意两个方面：一方面，营销人员要确保传递的内容具有价值，能够打动受众。传递内容应该与目标消费者的需求紧密相关，可为其提供信息、知识等帮助，同时内容能够吸引、愉悦并激发消费者的互动欲望。另一方面，营销人员要把握合适的内容传播时机和频率。Nisa Schmitz 对 Facebook 的营销的研究指出，企业每天应该展示其产品信息 2 次，以保持与粉丝的良好关系，每周要展示 4 次图片以及状态、链接等其他多种类的内容；切忌用海量没有价值的信息轰炸用户，否则会导致他们的反感，进而可能撤销对企业的关注。同时，企业应当在用户社交平台信息阅读的高峰期来发布自己的信息与更新，便于扩大信息接收者的范围。

综上，企业通过内容营销，一方面向客户传达企业产品和服务的信息，另一方面会获得社交平台用户的关注，而关注企业的用户可能是企业的潜在消费者，因此这种营销方法有助于企业快速地锁定一部分的潜在消费者。

2. 互动营销

互动营销是企业通过社交媒体平台与消费者之间形成双向的、即时的、多次的沟通对话，激发用户活性，保持与用户长久的联系，并在此过程中进一步向消费者传递企业的产品、品牌即服务等内容，试图让消费者了解并信任企业；同时利用互动活动能精准地了解消费者需求，邀请其参与到企业产品的研发、生产等过程中来，进而培养其顾客忠诚度。

社交媒体平台的开放性和交互性使企业可以通过多种方法与用户活动。例如，游戏植入互动方式是企业在社交媒体平台上设计有趣的游戏，同时加入游戏结果竞技排名的环节，以便刺激用户重复参与并通过社交平台分享吸引更多的人参与进来。企业在游戏中植入与自己产品和服务相关的信息，在用户玩游戏过程中潜移默化地将企业推广信息植入用户的心里；另外企业还可以添加奖励式互动提高用户的参与度，并刺激消费。随着企业与用户之间互动频率的增高以及沟通的深入，用户也会越发信任企业，并且会积极主动地参与企业产品的设计、研发、推广等活动。

企业在实施互动营销的过程中应注意以下几个方面：一是互动营销应根据内容营销环节中对目标消费者的认知来设计与用户的互动策略体系，恪守一切以消费者为中心的原则，以他们喜欢的方式来进行互动，而不是盲目地靠利益诱惑用户参与；二是企业不要盲目地追随社交平台上的热点来与用户互动。例如，春节期间许多企业投入资金参与"抢红包"活动，但营销效果甚微，许多用户都不知道是哪个企业给他们发的红包；最后，企业的任何互动环节都应该植入企业营销信息，不能因互动而偏离营销主题，还需确保与用户互动的及时性。

综上，互动营销一方面能够保持与现有用户的长期联系，也在一定程度上激活了潜在用户；另一方面，互动环节让企业与消费者之间实现了深入沟通，让用户对企业产生认同感、归属感和信任感，最终成为企业的忠实顾客。

3. 移动场景营销

移动场景营销是围绕用户在互联网上的搜索、输入、浏览等行为，以大数据、云计算和人工智能技术为基础，识别用户不同行为下的场景入口后准确描述用户的特定需求，从而结合企业的业务、能力和资源快速响应并及时满足消费者需求的过程。

在实施移动场景营销时，首先，企业可以通过用户申请社交平台账号时填入的个人信息粗略地筛选潜在用户；其次，根据潜在用户发布在社交平台的原创内容以及其关注的账号，分析用户的兴趣、爱好、个性等特征；最后，企业利用在社交平台收集到的用户信息可以向指定用户进行信息推送并产生持续的互动。因此，通过移动场景营销企业可以实现用户所处场景的准确描述以及用户潜在需求的挖掘，进而快速响应用户需求并最终获得利益。

在实施移动场景营销过程中企业需要注意几个方面。一是消费者的需求是一种动态的需求，即同一用户在不同场景中会有不同的需求。例如，午饭时间段消费者的需求是就餐，周末时间段的需求是购物、娱乐和购物等。二是判断与预测用户在不同场景中的潜在需求后，企业要迅速响应用户需求，实现企业的服务与客户移动需求的匹配。例如，希尔顿酒店的营销人员发现美国通用汽车公司的高管在 Facebook 发布了希望到达好莱坞后看一场泰勒演唱会的信息，于是这位高管刚下飞机就收到了当地希尔顿酒店发送的酒店已预订和演唱会门票已买好的信息。这样基于用户场景需求的及时响应为消费者打造了极致的体验，让消费者对企业的品牌和服务留下了深刻的印象。

❋ 阅读资料

社交电商的裂变式增长

2019 年 1 月 15 日，今日头条创始人张一鸣发布社交产品"多闪"，口号是"这是年轻的时代"；锤子手机创始人罗永浩发布社交产品"聊天宝"，口号是"我们想和这个世界聊聊"；快播创始人王欣发布社交产品"马桶 MT"，口号是"我们换个方式聊"。同一天三位不同行业的领军人物同时发布新的社交产品。在过去的几年，社交平台创造了很多奇迹，Luckin Coffee 的社交裂变、拼多多的社交拼团裂变、趣头条的分享裂变、每日优鲜的会员制社交裂变等，这些成功都离不开社交平台。

2016 年，社交电商开始盛行。从 2016 年年初到 2019 年年初，微信用户数迅速增长，每人日均耗时 90 分钟用于微信。智能手机已经非常普及，很多农村人口也成为了网民。互联网红利就是新增网民人口红利，新网民就是新渠道、新机会。社交电商再次降低了做生意的成本，商业行为甚至不需要在 PC 端完成，只要有一部能上网的智能手机，就可以完成交易。数据显示，2019 年社交电商交易额同比增长超过 60%，远高于全国网络零售整体增速。目前社交平台拥有 10 亿多个用户，正等待着大家去深度挖掘，使其成为自己的产品用户。

新增网民首先是社交平台用户，每一家互联网公司都在寻找自己的"护城河"，即自己独特的竞争优势,希望把用户留在自己的平台上。其实一款互联网产品真正的"护城河"就是社交、互动,只有这样才能抓住用户、提升用户的活跃度,并让用户之间产生关系链。如果用户放弃使用你的产品,就意味着其要放弃这个关系链,脱离此圈子,这对于用户来说是一个巨大的成本付出。如果你的产品能让用户想到这一点,那么"护城河"就形成了。

比如,很多企业家为什么会买特斯拉的车?大部分原因是买了特斯拉的车就能够进入特斯拉车友自己组织的俱乐部,这种"资源+社交"的平台对生意场上的人有天然的吸引力。

如果产品只是一对多地售卖和服务,仅仅是用户和产品发生关系,那么竞争对手就会以更低价格的产品和更优质的服务抢走你的用户。

社交电商平台裂变的三大趋势如图 11.1 所示。

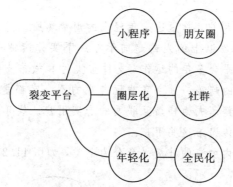

图 11.1　社交电商平台裂变的趋势

1. 微信小程序+朋友圈裂变

对于用户而言,小程序解决了大部分刚需、低频服务类 APP 的使用门槛,在需要使用时打开小程序,在用完后直接退出即可,不用浪费时间下载,也不占用手机内存。对于线下实体店也一样,设计一款小程序,让用户扫一扫直接下单,打开速度快,收付款也便捷。

目前小程序已经成为社交电商的基础配置,因为它就是一个便捷的 APP。小程序不仅可以卖货,还可以提供服务,同时与微信公众号、朋友圈、微信支付、线下实体等能够实现轻松链接。如果在同一个生态圈,那么让所有的服务相互配合也是有优势的。比如,将营销场所定位为朋友圈分享裂变,将成交场所定位为小程序,支付方式以微信支付为主,维护用户关系以微信聊天为主,传播产品内容以微信公众号为主,把这些加起来,商业模式就成型了。

如何让用户很容易就找到你的小程序?目前微信对附近的人、小程序等功能做了优化,目的就是不断地链接人与人、人与物。很多公司都开发了小程序,因为利用小程序可以获得社交流量、完成交易。短短的两年时间,小程序已经培养了亿级的用户消费习惯,涉及电商、游戏、培训、点餐等。从市场趋势来看,小程序依然非常重要,也是所有互联网人应该关注的,微信小程序+朋友圈裂变的模式是小程序最简单的基础架构。

2. 社群+圈层化裂变

提高用户活跃度,增加用户使用时长,激发老用户分享等,这些是在互联网项目运营过程中常见的指标,目的是维护用户关系,用低成本获得用户。毫无疑问,社群是维护用户关系的最佳场所。社交正在趋于圈层化,在同一圈层里的人有着共同的爱好、共同的话题、类似的消费习惯等。他们可能因为有相同的职业或者相同的收入水平,又或者有相同的爱好等聚在一起,所以能够轻易地测试出产品和服务是不是这个群体的需求。

将目标群体中同一层级的用户组建在一个微信群里,并对微信群进行维护,以用户之间的相同点组建,在合适的时机,以现金、实物及荣誉感等为福利,实现圈层化的裂变。这种裂变往往是现象级的,运营社群的目的是维护裂变基础。但同时要注意圈层固化的问题,要时时刻刻提醒自己千万不要停留在一个圈子里不动。很多人都没有意识到自己已经陷入了圈层固化的陷阱。比如,很久没有升职,没有结交新朋友,跳槽也没有好的途径;创业者总找不到目标用户、总卖不出去产品等。如果出现这种现象,很有可能是你的圈子固化了,要提醒自己走出圈子。

3. 从年轻化到全民化

以往讨论社交电商的用户,总说这是年轻人的消费场所。传统的互联网人趋向于在京东或者淘宝进行消费,50岁以上的人群趋向于在线下实体店铺进行消费。随着互联网技术的发展,通过传统电商平台多年的运作,支付宝支付和微信支付逐渐普及,网络消费总量在不断增加,有全民化的趋势。如今喜欢玩游戏的不一定都是年轻人,刷抖音、快手的有大量的中老年人,他们都已成为移动互联网的忠实用户。娱乐只是导火索,所有的线下关系、商业都会通过线上传递给这些用户。

根据社交的属性,国内主流的社交平台分为七类,如图11.2所示。

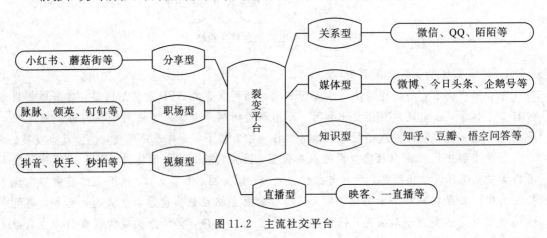

图 11.2 主流社交平台

资料来源:贺关武. 社交电商:裂变式增长. 北京:电子工业出版社,2019

11.2 微 博 营 销

11.2.1 微博营销的特点

1. 微博的特点

微博是微型博客的简称,即一句话博客,是一种网络用户通过关注机制分享简短实时信息的广播式的社交媒体平台。2007 年微博在中国出现,2009 年新浪网推出"新浪微博"内测版,成为门户网站中第一家提供微博服务的网站,之后用户数迅速增长,各大门户网站微博博客网站也纷纷成立,至此中国进入到微博时代。微博具有以下特点:

(1)方便快捷性。微博用户可以在最短的时间内编辑信息并发布,其内容除文字以外,可以发布图片、视频等,使用非常方便,信息可以快速得到传播。

(2)创新交互方式。在微博中,用户不一定要相互加好友,只需要关注对方,成为对方的粉丝,就可以随时随地地接收被关注者发布的信息。同时微博用户之间互相关注,可以更快速地进行联系。

(3)原创性、草根性。微博对用户写作能力的要求相对较低,大量的原创微博内容很轻松就能生产出来,因而每一个使用者都能成为见证甚至创造新闻的"草根记者",微博用户既可以是信息的接收者,也可以是信息的传播者。

2. 微博营销的特点

微博营销指以微博作为营销平台,每一个听众(粉丝)都是潜在的营销对象,企业以交流互动或发布话题等形式向用户传递信息,为推广企业产品、树立企业形象等开展的一系列营销活动。微博营销是通过微博平台为企业或个人等创造价值而执行的一种营销方式。微博营销具有以下特点:

(1)营销成本低廉。微博平台为网络用户提供了开放的免费服务,企业可以免费注册并开通微博账号,轻松灵活地发布信息、发起活动、与粉丝互动。与传统媒体(如电视、报纸等)相比,微博不仅前期成本投入少,后期维护成本也比较低廉。

(2)针对性强且传播迅速。关注企业微博的用户大多是对企业及其产品或服务感兴趣的人,企业在发布其产品或服务的微博时,这些信息会立即被关注者接收;信息传递及时且具有较强的针对性,就能实现较好的传播效果。

(3)交互性强,裂变式传播。企业或个人通过微博能与关注者实现实时沟通,能及时有效地获得信息反馈。同时,微博具有开放共享性,通过粉丝转发,以病毒式传播的方式拓宽了营销信息的传播范围,体现出裂变式传播的特点。

(4)表现形式灵活。企业可以利用文字、图片、视频等多种表现形式,使微博营销更富有表现力。同时,微博的话题选择也具有很强的灵活性,企业可以自由选择用户感兴趣的话题,吸引其浏览并参与讨论,这样可以提高营销沟通效果。

11.2.2　微博营销的目标

企业运营微博的主要目标在于品牌建设、公共关系维护、客户关系管理和实现销售收入等。

1. 品牌建设

企业运营微博可以有效提升企业品牌的知名度和美誉度。微博 140 字的限制及评论转发的互动方式,使企业微博的品牌传播比传统工具更为直接,让客户更容易接近企业品牌。有效发布有价值的内容可以增加粉丝数量、转发或评论,随着粉丝的增加,企业品牌的知名度和满意度也将日益提升。

2. 公共关系维护

在社交媒体平台中，微博成为网民关注公共事件、表达利益观点的主要渠道，因此微博也成为舆情汇集和分析的重要阵地。企业有必要把微博作为网络公共关系平台，建设自己的官方微博，分别从在线舆情监测、正面引导、危机公关三个方面开展公共关系。首先，企业在微博上追踪用户对其品牌的评价，监测舆论反映情况，从而迅速了解消费者的心理、对其产品的感受以及最新的需求情况。其次，当面对危机时企业可以通过微博第一时间发布危机处理的计划，体现企业急切处理问题的决心和积极性，稳定公众情绪；同时迅速落实处理举措，体现企业在处理危机上的雷厉风行、决不姑息；将实施细节及结果公布在微博上，强化企业"积极解决"的正面形象，有效维护企业的公共关系。

3. 客户关系管理

企业可以依托微博进行客户服务，充分利用微博的评论、转发、@等功能，深入扩展客户关系。例如，苏宁易购在微博上启用"苏宁客服中心"这个已取得官方认证的微博账号开展在线客服服务，消费者可24小时通过微博评论、私信等多种方式获取苏宁易购官方专业的服务。企业通过微博收集客户信息，将客户资源、销售、市场、客服和决策等集为一体，既能规范营销行为，了解新老客户的需求，提升客户资源整体价值；又能跟踪订单，有序控制订单的执行过程，有助于调整营销策略；同时也可以持续发展良好的客户关系。

4. 实现销售收入

很多企业在其微博平台上发布自身产品或服务的信息，吸引消费者购买，这样的推广直接或间接地实现了销售收入。

11.2.3　微博营销的实施

1. 微博营销实施的程序

（1）明确企业开展微博营销的目标。微博营销是企业整体营销计划的一个组成部分，因此企业首先要在企业整体营销目标的基础上制定明确的微博营销目标。微博营销目标的不同，其营销策略的实施，包括微博内容、形式的选择等都相应不同。

（2）制订企业微博营销活动计划。企业微博营销活动计划是在微博营销目标的指导下开展的具体实施计划，包括微博平台的选择与安排、微博的写作计划、微博营销内容的发布周期、微博互动计划等相关内容。

（3）选择微博营销平台。目前，国内有新浪微博等很多个知名微博平台，企业可以选择其中一个或多个作为微博营销平台。企业选择微博营销平台的原则是人气高、注册用户多。只有微博用户数量多，才能为企业带来更多的潜在用户。

（4）发布微博营销内容。企业撰写并发发布微博营销内容要注意选择能引起用户感兴趣的话题，要注意内容的丰富多彩及形式的多样化，这样才可以带给用户较好的浏览体验；同时应注意选择有价值的信息内容，如打折或特价信息、限时限量抢购等，都可以带来不错的传播效果。

（5）微博营销效果评估。企业应对微博营销效果进行跟踪评估，具体可以从量和质两个方面进行。在量方面的评估指标主要包括微博发布量、粉丝数量、微博转发次数、微博评论数量、品牌关键词提及次数等；在质方面的评估指标有微博粉丝的质量、微博粉丝与企业的相关性、被活跃用户关注的数量及比例、回复及转发评价等。

2. 微博营销实施的技巧

（1）注重价值的传递。企业微博是一个给予平台，只有那些能为浏览者创造价值的微博自身才有价值，此时企业微博才可能达到期望的微博营销目的。只有认清了这个因果关系，才可能从企业微博中受益。

（2）打造个性化微博。企业要将微博打造成有感情、有思考、有回应、有特色的个性化微博，切忌仅是一个官方发布消息的冷冰冰的窗口。应有自己明确的微博定位，塑造差异化、打造个性，这样才能有较强的吸引力，才能持续积累粉丝，从而实现较好的营销传播效果。

（3）坚持更新微博。微博就像一本随时更新的电子杂志，要注重定时、定量、定向发布内容，让大家养成观看习惯。要想吸引浏览者关注微博，养成其浏览企业微博的习惯，企业就必须定时更新微博。

（4）强化微博互动。互动性是使微博持续发展的关键。企业可以提升微博发布的内容中粉丝感兴趣的内容比例，也就是企业宣传信息所占比例不能过高。"活动＋奖品＋关注＋转发＋评论"是目前微博互动的主要方式，但实质上更多用户关注的是奖品，而对企业宣传内容并不关心。相比赠送奖品来说，博主积极与留言者互动，认真回复留言，更能唤起粉丝的情感认同。

（5）注重系统性、专业性。企业微博应纳入企业的整体营销规划中才能发挥更大的效果，利用其专业的特性，才能持续吸引用户的关注。专业性是衡量企业微博竞争力的一个重要的指标。

11.3　微信营销

11.3.1　微信营销的特点与类型

1. 微信营销的特点

微信是腾讯公司 2011 年推出的一个为智能终端提供即时通信服务的免费应用程序。当下微信已成为我国应用最广的网络即时通信工具，也是最热门的社交信息平台。作为移动端入口，微信已不仅仅是一个聊天工具，而是正演变成为一个大的商业交易平台，其对营销行业带来的变化开始显现。

微信营销是一种创新的网络营销方式，主要利用手机、平板电脑中的微信进行区域定位营销，并借助微信公众平台、微官网、微会员、微推送、微支付、微活动、小程序、朋友圈等开展营销活动。微信营销的特点有以下几个方面。

（1）点对点精准营销。用户注册微信后，可与周围同样注册的"朋友"形成一种联系，这种点对点的交流方式具有良好的互动性。微信拥有庞大的用户群，企业借助移动端、位置定位等优势，能够让每个个体都有机会接收到企业推送的信息，继而帮助企业实现点对点的精准化营销。

（2）形式灵活多样。微信平台除了基本的聊天功能以外，还有朋友圈、公众平台、二维码、摇一摇等功能。用户可以通过扫描来识别或添加朋友、关注企业账号；企业则可以通过扫码优惠的方式来吸引用户关注，开展O2O营销。企业还可以打造自己的微信公众账号，并在其中实现和用户的互动。

（3）强关系的机遇。微信的点对点互动方式可以将普通关系发展成强关系，从而产生更大的价值。微信通过互动的形式与用户建立联系、可以聊天、解答疑惑、讲故事甚至可以"卖萌"。当企业与消费者形成朋友的关系，会增进消费者对企业的信任，从而增强用户的忠诚度。

2. 微信营销的类型

微信营销的类型主要有基于LBS的定位营销、基于二维码的营销、基于朋友圈的营销和基于公众平台的营销等几种。

（1）基于LBS定位的营销。LBS(Location Based Service)定位营销指基于位置寻找目标用户，通过获取移动端的位置信息，精准地推送营销信息。例如，微信的"附近"功能可以查找周围的微信用户以及其发布的信息与视频等，作为企业免费的广告宣传的一种手段。

（2）基于二维码的营销。二维码在微信营销中主要用来连接线上与线下。通过"扫一扫"功能，用户可以成为企业会员，获取产品、促销等相关信息。二维码能帮助企业增加新用户，是微信账号传播的重要媒介。

（3）基于朋友圈的营销。微信的朋友圈与社交网络相类似，但又有所区别。在朋友圈中发布的信息具有一定的私密性，受众基本是好友。这种营销方式的特点是精确性高、针对性强、互动性良好。它以一个用户为基点，利用强人际关系将营销信息渗透到其亲朋好友中，以滚雪球的形式提高传播效果，适用于口碑营销。

（4）基于公众平台的营销。基于公众平台的营销指运营者借助自身的官方微信公众号向用户推送营销信息，与用户互动，从而实现营销目标。微信公众平台的推出使得微信营销更加细化和直接，企业与用户信息的传递也更加方便快捷。

11.3.2 微信营销的方法

微信营销平台主要包括微信公众平台和微信个人账号两大部分。其中微信公众平台又包含了订阅号、服务号、企业号以及小程序。下面对企业如何利用微信平台开展营销活动进行介绍。

1. 微信公众平台

微信公众号平台主要包括服务号、订阅号、企业号和小程序四种类型的账号，企业可以利用它们开展营销活动。

（1）利用服务号提供客户服务。服务号具有管理用户和提供业务服务的功能，服务效率比较高，主要偏向于服务交互，如提供银行、114等服务查询功能的服务号。服务号旨在为客户提供服务，其核心功能包括客户关系管理应用、职能客户服务中心应用、定制的"扫一扫"等活动。例如，南航服务号可以为客户提供查询票价里程、预订机票、在线办理登机牌等服务。目前，许多企业都开设了服务号，涉及航空、政府、教育、金融、快递等与客户密切相关的领域。

（2）利用订阅号宣传企业形象。订阅号的主要功能是发布和传播信息，旨在树立企业品牌形象，本质是通过一系列的内容展示吸引客户、获得客户、与客户互动，从而宣传企业形象。订阅号主要偏向于为用户传达资讯，具有较大的宣传和传播空间。与服务号不同的是，服务号一个月只能推送一条信息，而订阅号可通过每日一条、每条多栏的文本、图片、视频等，配合优秀的内容策划、推送策略等，向粉丝进行高质量的内容展示，通过客户关系的维持促进销售。目前大部分公众号都属于订阅号，它也被应用于各种行业。

（3）利用微信小程序营销。2017 年 1 月 9 日，微信小程序正式上线，随着其开发团队不断推出新功能，越来越多的企业开始运用小程序开展营销活动。微信小程序接入流程主要分为四步：① 在微信公众平台上注册微信小程序的账号；② 完善小程序信息；③ 开发小程序；④ 提交审核与发布。

微信小程序营销的优势主要包括以下几个方面：

① 无须安装，使用方便。用户通过扫描二维码或搜索相关功能的关键词就可以直接打开小程序，使用完直接关闭即可，不占内存，无需安装，使用方便。

② 用户流量大、转化率高。借助微信平台自身的流量，微信小程序共享其超级流量且获客成本较低。例如，拼多多的核心营销理念就是如何让人们用小程序进行拼团，它利用微信小程序打通了线上营销渠道，进而完善其 APP，通过小程序的分享与转发实现了用户裂变，也更快地实现了营销转化。

③ 成本低。针对研发人员来说，相比 APP，微信小程序开发的复杂度较低，开发成本低、时间短，上线速度快，有助于优化程序、不断试错、优化产品等；更重要的是小程序设计美观且无广告费用，更实用、成本更低廉。

企业微信小程序的推广方法主要从线上、线下和第三方这三个渠道开展。线上推广主要包括公众号关联、朋友圈和好友分享、附近的小程序以及关键词推广几种方式。例如："蘑菇街女装精选"就推出了"公众号＋小程序"的玩法，用户对于推送中喜欢的服饰可以直接点击进入小程序下单，过程更加简单快捷。线下常用的推广方式有通过实体店推广和线下促销活动等方式推广。例如，餐饮类实体店，用户在高峰期点餐免不了排队，通过小程序点餐，能够方便用户减少排队等待时间，改善了客户体验，从而也提升了店内的点餐效率。第三方推广方法是利用小程序商店、新媒体软文、运营公司等第三方力量来实现小程序的推广，这种方式会收取一定的费用，但有较好的传播效果。

2. 微信个人账号

企业注册微信个人账号，增加微信好友的数量，再利用朋友圈发布商品广告进行市场推广是微信个人账号营销的主要活动。因微信后台数据显示，他们可以根据用户在朋友圈创造的内容，比较精准地描述用户的个性、收入及偏好，进而根据用户的这些特征开展精准的商品推荐。因此，越来越多的企业与腾讯合作进行微信朋友圈的广告投放。

11.3.3　微信营销实施的技巧

1. 多渠道增粉，拉动宣传

粉丝对于微信营销来说至关重要，无论内容传播还是营销活动的开展都离不开粉丝，企业可以采用多渠道吸引粉丝，帮助企业进行宣传。企业可以由内部员工向外进行推广，也可以在线上利用朋友圈、微信个人号、微博及其他新媒体平台引流增粉，还可以开展一些促销活动吸引用户参加，如"转发＋关注"的抽奖活动，或者有吸引力的游戏等。

2. 个性化推荐，精准营销

微信平台有基本的会话功能，通过一对一的推送，企业可以与粉丝开展个性化互动活动，根据用户的需求发送相应的产品或品牌形象，提供更加直接的互动体验。企业还可以通过微信分组功能和地理位置控制，对客户进行精准的营销信息推送。例如，客户去陌生城市出差或旅游时，企业可以根据客户现实的地理位置，向其推荐附近的餐饮、娱乐商家的信息。企业还可以根据客户的购物习惯，开展精准营销活动。

3. 打造优质的内容是关键

只有好的内容才能吸引用户，达到营销的目的。企业开展微信营销时应提高内容的实用性、有趣性并使其贴近用户生活，使用户获得分享的赞同感和炫耀感，以此增强用户的信任感和满足感。同时企业还需要注重推送技巧，要根据企业用户的特点来选择推送的时间和频率等。

本 章 小 结

社交媒体营销就是利用社会化网络、在线社区、博客、百科或者其他互联网协作平台和媒体来传播和发布资讯，从而形成的营销、销售、公共关系处理和客户关系服务维护及开拓的一种方式。社交媒体营销工具一般包括论坛、微博、微信、博客、SNS 社区等。社交媒体营销的特点包括：用户基数庞大，内容形式丰富，可以满足企业不同的营销策略；用户口碑传播，可以有效降低企业的营销成本；可以实现目标用户的精准营销；是真正符合网络用户需求的营销方式。社交媒体营销的实施方法主要包括内容营销、互动营销和移动场景营销等方法。

微博营销指以微博作为营销平台，视每一个听众（粉丝）为潜在的营销对象，企业以交流互动或发布话题等形式向用户传递信息，推广产业、树立企业形象等开展的一系列的营销活动。微博营销是通过微博平台为企业或个人等创造价值而执行的一种营销方式。微博营销的特点是：营销成本低廉、针对性强且传播迅速、交互性强、裂变式传播、表现形式灵活等。企业运营微博的主要目标在于品牌建设、公共关系维护、客户关系管理和实现销售收入等。微博营销实施的技巧包括：注重价值的传递；打造个性化微博；坚持更新微博；强化微博互动；注重系统性、专业性。

微信营销是一种创新的网络营销方式，主要利用手机、平板电脑中的微信进行区域定位营销，并借助微信公众平台、微官网、微会员、微推送、微支付、微活动、小程序、朋友圈等开展营销活动。微信营销的特点有点对点精准营销、形式灵活多样、强关系的机遇等方面。微信营销的类型主要有基于 LBS 定位的营销、基于二维码的营销、基于朋友圈的营销和基于公众平台的营销等几种。

微信营销平台主要包括微信公众平台和微信个人账号两大部分。微信公众号平台主要包括服务号、订阅号、企业号和小程序四种类型的账号。企业注册微信个人账号，增加微信好友的数量，再利用朋友圈发布商品广告进行市场推广是微信个人账号营销的主要活动。微信营销实施的技巧包括：多渠道增粉，拉动宣传；个性化推荐，精准营销；打造优质的内容是关键。

复 习 思 考

1. 社交媒体营销的工具和特点是什么？
2. 举例说明社交媒体营销的实施方法有哪些。
3. 微博营销的特点有哪些？
4. 微信营销的特点与类型有哪些？
5. 微信营销的方法有哪些？
6. 实践题：结合某企业案例，谈谈企业在实施微博营销活动时应考虑哪些方面？

❖ 案例分析

海尔如何炼成蓝 V 教主？

早在 2014 年 1 月，海尔公开宣布："今后不再向杂志投放传统形式的广告"。2015 年年底，海尔旗下一共有 179 个微博账号，形成了自媒体矩阵。2016 年海尔就凭微博的神操作以及社交媒体上的深耕成为企业新媒体营销界的新标杆，被网友评为"80 万蓝 V 总教头"。2016 年起，海尔新媒体团队已独立自负盈亏；2017 年，海尔自媒体总曝光达到 10 亿。截至 2020 年 2 月 15 日，海尔官微的粉丝量为 137 万。海尔早已开始企业品牌传播的新一轮探索，海尔一改官微的刻板形象，生动地塑造了一个活泼、幽默、贴心、八卦、接地气的人物性格，一举成为蓝 V 总教头。

1. 抢占热门评论

现在很多企业最喜欢做的是抢热点，发借势海报，但是这些已经过时了。海尔官微擅长抢热评，很多热点微博的评论区都能看到海尔的身影。

网络上一致认为海尔的网红潜质始于豆浆机事件。2016 年 10 月 24 日，网友@章渔大小姐发布了一条微博，称想买豆浆机但不知道选哪个，并@豆浆机的几大厂商官微。想不到该条微博随后引发了各大豆浆机品牌的"争斗"，还引得各行各业的官博空降评论区"吃瓜"。海尔的身影也出现在了该条微博的评论中，并且以 4.7 万点赞量位列热门回复之首。能在如此现象级的微博中拔得热门回复的头筹，可见海尔的网红潜质已经开始逐渐显露。

2016 年 12 月 9 日，唐嫣罗晋公布恋情，海尔君在第一时间评论：啥时候成亲？需要冰箱空调洗衣机么？又引来小兄弟们的接龙，成了微博营销的经典案例。

2. 海尔君日常宠粉

海尔君不仅在蓝 V 界呼风唤雨，对粉丝也是诸多福利。海尔研发的《替粉丝表白爱豆计划》（见图 11.3）&《替粉丝解决生活烦恼计划》（见图 11.4）吸引了不少人的围观和好评。海尔君针对粉丝的抽奖福利也不少（见图 11.5）。

见过太多高冷的官微，海尔的微博账号算是给企业的"不正之风"开了个先河。如此贴心、逗比、接地气的官微给粉丝带来了极大的好感。

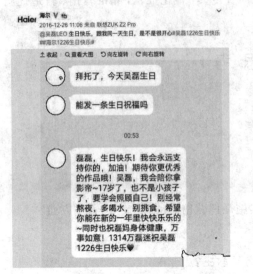

图 11.3　替粉丝表白爱豆　　　　　图 11.4　替粉丝解决生活烦恼

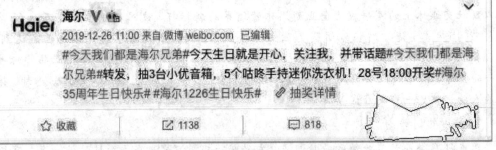

图 11.5　海尔日常粉丝福利

3. 海尔官微成功地把粉丝变成了产品设计师

2016 年 1 月，故宫淘宝的一位粉丝@海尔说，海尔能不能生产一款冰箱叫"冷宫"，我吃的剩饭剩菜都可以"给朕打入冷宫"。没想到海尔官微在第一时间转发了他的这条微博，并回复"容我考虑考虑"。这样热心的企业官微还是第一次见，粉丝反响很热烈，纷纷出谋划策，提出了很多宝贵意见。在粉丝的帮助下，海尔官微在 24 小时内把这款产品的工业设计图晒到了网上，7 天内通过 3D 打印技术把它送到了这个用户面前。这款冷宫冰箱成为海尔官微转型的标志性事件，从此海尔官微便走在了"粉丝定制"的康庄大道上。之后，海尔还为粉丝定制了一款便携式洗衣机——咕咚手持洗衣机，从创意到产品设计，都是粉丝支招，产品预约量当天就突破 40 万，半年之内卖到了 20 万台。

为什么那么多企业开通微博、微信，却只有海尔成为屈指可数的能抓住社交媒体时代精髓的代表呢？

从品牌运营管理上，海尔在运营官方微博、微信公众号时采用人格化的方式，替粉丝表白、和明星互动、插科打诨、带领蓝 V "搞事情"、和粉丝互动生产产品，不拘于形象，没有像很多大品牌那样高冷，展示了高度的亲和力、年轻态。海尔将"以用户需求为核心"的理念带到了新媒体运营中，重塑了品牌和消费者之间的连接，通过优质内容的运营，实现情感上的链接，进而提升了品牌美誉度，创造了一种面向未来、以人为本的全新品牌对话。

从管理架构层面上，海尔官微与传统企业官微有很多区别。在传统企业里，社交媒体平台是企业的"手"，而非"大脑"。微博上发什么，由管理层，也就是"大脑"决定。换句话说，在传统企业内部，微博是企业的附属平台。但是海尔官微拥有自主决策能力，从 2015年底开始，海尔的新媒体运营从海尔独立出来，自负盈亏，面对粉丝的问题能够快速给予反映。海尔官微是"大脑"，而非"手"。

从粉丝关系管理上，海尔官微所扮演的角色不只是企业展示形象和内容的窗口。在粉丝经济时代，海尔将自己与用户的关系进行了重新定位，从单一的、商业意味浓厚的"产品交换关系"，转化为"粉丝的忠实服务者"，这极大地拉近了和粉丝的距离。甚至海尔的官微团队没有 KPI 考核，全看粉丝评价。粉丝即用户，谁讨好了粉丝，谁就拥有市场。

资料来源：根据网络资料与李光斗著《互联网下半场》整合而成

思考：你如何理解海尔将自己与用户的关系定位为"粉丝的忠实服务者"？

第 12 章　短视频营销与直播营销

学习目标

    1. 理解并掌握视频营销的实施方式；

    2. 掌握短视频营销的优势和实施策略；

    3. 了解直播营销和短视频营销的发展；

    4. 掌握直播营销的类型与实施方法。

知识结构图

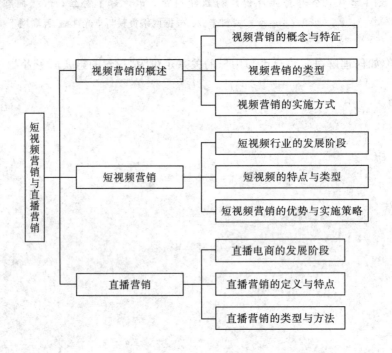

12.1　视频营销概述

12.1.1　视频营销的概念与特征

    视频营销是以视频为载体，以内容为核心、以创意为导向，借助社交平台、视频平台、购物平台等多个平台，通过精心策划进行产品营销与品牌传播的营销方式。视频营销类似于电视短片，但传播方式更加灵活，而且因网络属性使其兼具主动性、互动性、传播速度快等优势。它是常见的一种多媒体营销方式。视频营销具有以下三个方面的特征。

    1. 内容丰富性

    随着生活节奏的加快，网络用户对解压类产品需求加大，视频平台由于娱乐性、话题性、稀奇性等内容的存在，各用户在视频平台上的活跃度以及用户黏性极大，也使得视频平台成为热门的营销渠道。视频营销主要通过走心的文字、绚丽的图片、有趣的视频、优质的动画等丰富内容，在满足消费者消遣娱乐、获得资讯、社交需求的基础上，刺激消费者的购买意愿与购买行为。

2. 推送精准性

随着智能算法推荐技术被广泛应用于视频领域，基于算法推荐机制的短视频平台可以根据自定义标签以及浏览习惯，对系统用户进行分类，并在适当时间推荐与投放相关内容，帮助用户缩短搜索时间，提升用户体验。以抖音为例，抖音给予用户性别、年龄、地域、兴趣等自定义权力，并根据用户标签进行选择性定向投放，让广告内容直达目标受众，投放更加精准，总体提高了营销推广的效果。

3. 双向互动性

传统的电视主导单向传播模式，而视频平台借助网络的传播优势改变了这种自上而下的单向传播模式。视频营销中信息能双向传递。视频营销具有社交属性，在营销过程中可以与用户实时互动，提倡网络言论自由，允许用户发表个人观点，并通过点赞、评论、下载、转发等方式实现互动。这样能获得用户的信赖与好感，提升营销效果。

12.1.2　视频营销的类型

视频营销分类方式多样，目前大多从视频平台主打的视频对视频营销进行分类，具体可分为短视频平台营销与长视频平台营销。短视频平台营销包括抖音、快手、火山、秒拍、美拍等；长视频平台包括爱奇艺、Bilibili、腾讯视频、小米视频等。因短视频营销在 12.2 里有阐述，以下仅对长视频营销进行介绍。

长视频平台营销是以长视频平台为载体的营销活动的总称，其具体形式有在长视频平台植入图文广告、视频元素植入广告、信息引流广告等各种宣传广告，运用图片、视频、语音、音乐等方式进行组合呈现，通过简洁有力的内容创意进行持续地营销推广，形象生动地向用户进行内容传递。长视频平台营销主要有以下几个方面的特征。

1. 内容专业化

长视频平台的营销方式大多以"电视节目标准"为目标，制作网络娱乐视频，延续了传统电视节目视频的制作特点，因此其内容专业化，更强调满足大众需求，引发其情感共鸣，进而提升营销的整体效果。

2. 类型多元化

长视频平台营销的类型复杂多样。从视频类型看，具体包括微电影、综艺节目、网络剧、电影等系列；从视频内容看，有娱乐、美食、时尚、旅游、健康等多个方面；从营销渠道看，包括图文广告、视频元素植入广告、信息引流广告、自制内容等，呈现出多样化的特征。

3. 内容连续性

视频的时效性和时间的灵活性是视频的重要衡量标准。长视频平台借鉴电视台的制播经验，形成了一整套的排播机制，如每周固定时间上线播出、提前预告下节内容等。这种机制不仅能满足大众的好奇心理还能制造热点话题，增加其吸引力，有利于营销内容的传播。

12.1.3 视频营销的实施方式

视频营销的主要实施方式包括贴片广告、植入广告、微电影、信息流广告、KOL 营销、内容营销，娱乐营销、会员营销、病毒营销等。以下对四种主要实施方式做以说明。

1. 贴片广告

贴片广告指在视频播放的不同阶段所插播的广告，具体通过在视频片头、片尾以及暂停时插播广告，达到品牌和产品曝光的目的。视频贴片广告的成本较低但影响力较大，传播范围广，是视频网站与广告商合作盈利的一种模式，也是目前应用较广的视频营销方式。但因用户需在贴片广告播放完毕后才能观看视频内容，其传播方式较为生硬。

2. 植入广告

植入广告是将产品或品牌标志性的视觉符号、服务内容计划性地植入电影、电视剧或综艺节目中，通过场景再现，潜移默化地宣传产品的一种营销模式。植入广告可以针对目标消费者制作的植入广告和视频内容完美融合，通过合适的时间与表现形式将产品融合衔接在视频中，有助于增加观众的好感与消费欲望。植入广告类型按植入方式可分为道具植入、剧情植入、台词植入、音效植入以及题材植入等。例如，场景植入的案例中电视剧《刘老根》将鸭绿江河口的"龙泉山庄"捧红了，每当节假日"龙泉山庄"便吸引大量的游客。

3. 微电影

微电影即微型电影，指专门在各种新媒体平台上播放、适合在移动休闲状态下观看、具有完整故事情节的"微时"放映、"微周期"制作和"微规模"投资特征的视频短片。它可以单独成篇也可以系列成剧。与网络视频短片不同的是，微电影更偏向商业化，通过专业化的制作，依托丰富的故事引起观众的情感共鸣，向观众提供商业大片般的视觉与情感享受。微电影的类型依据传播目的可分为文艺微电影、企业形象片和公益微电影三大类。例如，佳能公司的微电影《让我留下》，通过一个感人的故事吸引观众的眼球，视频内容植入一个主人公使用的相机道具，让观众沉浸在故事里的同时，也记住了佳能品牌。

4. KOL 营销

KOL 是 Key Opinion Leader 的简称，意思是关键意见领袖。在互联网运营中，KOL 指知名度高、号召力强、活跃度高、拥有一定影响力的人。目前短视频 KOL 可划分为头、肩、腰、尾四个层次。头部 KOL 流量大、价值高但价格更贵，肩、腰部 KOL 垂直化流量适中但集中性价比更高；尾部 KOL 流量低但总数量大、价格低，在长尾内容推广上有一定作用。

KOL 营销泛指 KOL 参与的社交媒体营销传播行为。当前短视频 KOL 营销模式主要分为三类：

（1）广告推广模式，主要通过头部 KOL 流量推广，让用户对品牌及产品进行认知时，增加肩腰部 KOL 的曝光度，并进行消费转化；

（2）种草拔草模式，主要是肩腰部垂直 KOL 基于粉丝的信任激活粉丝的购买欲望并使其进行消费；

（3）电商引流模式，主要通过 KOL 矩阵将短视频流量引入各视频平台，实现短视频用户转化为电子商务平台用户，并进行消费。对于广告主来说，最重要的是如何在众多的 KOL 中进行合理选择，搭建营销矩阵能以低成本实现预期的营销效果。从广告主投放模式趋势来看，也从初期头部 KOL（如明星型 KOL 或泛娱乐型 KOL）转向肩腰部垂直 KOL 的投放，因后者粉丝需求集中，垂直 KOL 营销具有更高的覆盖率和转化率。总之，新媒体营销时代，KOL 能利用社交媒体打破固有平台传播边界，依靠粉丝分享转发等对营销信息二次传播，实现营销内容裂变传播，带来了指数级的病毒式传播效果，因此成为近些年广告主所青睐的投放渠道之一。

12.2　短视频营销

12.2.1　短视频行业的发展阶段

1. 萌芽阶段：概念价值

互联网时代下网络视频迅速崛起，但仍以传统电视内容的线上化为主，短视频还是一个被畅想和探索的概念与模式。该阶段，国内最早的视频分享网站土豆网和国外视频网站 YouTube 于 2005 年成立。

2. 探索阶段：网红带货

随着移动互联网时代的来临，"短平快"的内容消费模式更加符合用户碎片化内容消费的习惯，短视频形式逐渐受到关注，其价值也得到肯定。短视频平台诞生后，短视频成为网红新一代的互动平台，同时也孵化出很多"短视频一代"的原生网红。该阶段网红利用短视频带货成为了新兴的营销手段。

3. 成长阶段：平台流量

短视频内容消费习惯逐渐普及，内容价值成为支撑短视频行业持续发展的主要动力。随着资本和巨头的涌入，各类短视频 App 数量爆发式增长，用户触媒习惯养成，平台和用户对优质内容需求加大，用户流量也得到极大增长，平台以"贴片信息流、自制视频信息流"形式呈现的硬广告与软广告的内容植入，成为主要营销形式。短视频信息流凭借更好的原生环境获得企业品牌方的认可。随着快手、抖音等平台的崛起，短视频在内容创意呈现上也更生活化和贴近消费者。

4. 成熟阶段：规范专业

伴随着短视频平台商业化和品牌方营销理念的成熟，短视频营销也逐渐走向规范化和专业化。媒体方积极搭建商业平台。例如，快手、抖音、美拍等短视频平台陆续推出自由商业平台，规整其营销活动，促使营销规则和流程更加清晰。同时，第三方营销服务商也推出短视频数据平台，如微博易、IMS 等，为广告主的短视频营销决策提供更多的数据支持。

❋ 阅读资料

短 视 频

据 CNNIC 数据显示，截至 2022 年 6 月，网络视频用户规模为 9.95 亿，占网民整体的 94.6%。其中，短视频用户规模为 9.62 亿，占网民整体的 91.5%（见图 12.1）。随着用户规模进一步增长，短视频与新闻、电商等产业融合加速，信息发布、内容变现能力逐渐增强，市场规模进一步扩大。

图 12.1　2020.6－2021.6 网络视频（含短视频）用户规模及使用率（单位：万人）

短视频与主流媒体双向赋能，成为舆论引导的重要阵地。短视频的兴起，为主流媒体扩大传播影响力提供了新的契机，各大媒体纷纷将其作为创新转型的突破口。主流媒体与短视频平台在内容、技术、渠道上深度融合，更好地发挥舆论引导作用。数据显示，截至 2022 年 6 月，微博、抖音、快手、哔哩哔哩四大平台上共有媒体号 8028 个，平均粉丝量 138 万人，百万粉丝账号数量占比 19.5%，千万粉丝账号数量占比 2.8%。其中，人民日报抖音号、央视新闻抖音号的粉丝数量分别为 1.55 亿、1.44 亿，排在所有媒体号的前两位。2022 年元旦当天，央视新闻抖音号发布的短视频《我把 2022 第一次点赞，送给 2022 第一次升旗！祝福祖国繁荣昌盛！》点赞量达 1861.3 万，全网热度最高。

短视频与电商进一步深度融合，内容电商市场竞争持续白热化。短视频平台持续拓展电商业务，"内容＋电商"的种草（网络用语，指通过内容介绍、展示等方式，分享推荐某种商品，激发他人购买欲望）。变现模式已深度影响用户消费习惯。2022 年第一季度，快手电商交易总额达 1751 亿元，同比增长 47.7%，其中自建电商体系"快手小店"贡献了 99% 以上的交易额。2021 年 5 月至 2022 年 4 月，抖音平台上每月有超 900 万场直播，售出超过 100 亿件商品，交易总额同比增长 2.2 倍。与此同时，淘宝、京东、拼多多等电商平台也不断加大在直播、短视频领域的投入，内容电商竞争日益激烈。

短视频平台不断扩展本地生活业务，从内容消费走向线下服务。快手、抖音两大短视频平台通过不同路径开展本地生活业务。快手通过与第三方平台合作的方式，发展成为线上线下一体化的综合服务平台。2022 年 1 月，"快手小店"对本地生活行业商家开放入驻。同时，快手通过与美团、顺丰在团购、配送等领域进行合作，推进自身在线下市场的大规模布局，发挥流量优势，最终实现价值变现。抖音则选择独立发展本地生活业务，主要围绕一、二线和网红城市进行布局，先后推出美食探店、心动外卖等业务，并对入驻的本地餐饮商家进行流量扶持，通过种草吸引顾客，促进线上线下交易闭环。

资料来源：CNNIC 第 50 次中国互联网络发展报告

12.2.2　短视频的特点与类型

1. 短视频的特征

（1）时长短。这有助于用户利用碎片化时间接收营销信息。这种简短精炼且相对完整的内容形式更强调内容创作者与用户之间的互动，也适用于报道新闻，有利于社会整体传播效率的提升。

（2）成本低。制作和观看短视频的成本和门槛低。一方面，短视频的拍摄、剪辑和发布可以由一个人使用一台手机完成，而且短视频剪辑 App 操作简单，用户可以轻松制作出一个特效丰富、逻辑清晰的短视频；另一方面，短视频的观看对用户的时间要求很低，短短几分钟内就可以看完一个短视频。

（3）内容节奏快且传播快。短视频因受时长限制所以需在极短时间内向用户完整地展示内容创作者的意图，其内容节奏快。此外，短视频既通过网络传播又有社交属性，所以其传播速度快。

（4）用户参与感强。短视频内容创作者和观看者之间没有明确的分界线，内容创作者可以成为其他短视频的观看者，而观看者也可以创作自己的短视频。

2. 短视频的类型

2013 年，微博率先将秒拍设为客户端内置功能，美图秀秀推出"美拍"以后获得迅速发展，拥有短视频的社交媒体迅速风靡。目前主要有以下两种类型平台承载短视频：一是集短视频制作、分发为一体的短视频社交平台，如抖音、火山、快手、梨视频、美拍等；二是附带短视频功能的综合类平台，如以微博为代表的社交平台、以今日头条为代表的新闻资讯平台以及以爱奇艺为代表的传统视频网站。

（1）按生产方式划分。按生产的专业性，短视频可分为 UGC、PUGC、PGC 三个类型。UGC(User Generated Content，用户生产内容)类型的短视频制作简单、专业性较低，是用户日常生活的表达，其商业价值较低；PUGC(Professional User Generated Content，专业用户生产内容)类型的短视频通常是由某一领域具有专业知识技能的用户或者有一定粉丝基础的网络大 V 或团队制作，其内容多是自主编排，内容主角都具有个人魅力。其商业价值较高，主要依靠粉丝流量转化来实现商业盈利。PGC(Partner Generated Content，专业机构生产内容)，即由专业机构或企业创作并上传的短视频，这类制作成本较高，专业和技术要求较高，商业价值高，主要靠内容盈利，具有强媒体性。

（2）按时长划分。因平台定位不同，各平台的短视频时长标准不一。根据时长的不同，短视频可以分为 15 秒以下短视频、1 分钟左右短视频、2～10 分钟短视频。通常 15 秒以下的短视频为 UGC 内容，是用户为自我表达所进行的拍摄，抖音、美拍等平台上这类内容较多；1 分钟左右短视频的内容比较完整，侧重对故事情节的表达，秒拍、快手上这类内容较多；2～10 分钟的短视频通常为 PGC 内容，这类内容的专业性更强，有专业的编排和剪辑，媒体属性强，梨视频、西瓜视频上这类内容较多。

12.2.3　短视频营销的优势与实施策略

1. 短视频营销的优势

与图片、文字相比，短视频的展现更加直观、生动和丰富；与长视频相比，短视频内容节奏快，满足了用户碎片化时间获取信息的需求，而且短视频具备较强的互动性和社交性。因此，短视频这些特点使短视频营销具有以下优势：

（1）符合人们的行为习惯。智能手机的全面普及和 5G 时代的到来，改变了人们在网络上浏览信息的习惯。短视频以简短的视频直观地呈现营销信息，缩短了用户获取信息的时间，使用户可以随时随地地获取想要的信息。

（2）带动用户的情感。短视频往往拥有符合情境的配乐、文字等，让用户体验更好，能够带动用户的情感，使其与产品或品牌建立情感链接。

（3）目标精准。只有对产品、品牌及短视频内容感兴趣的用户，才会对短视频账号产生兴趣，并持续关注，甚至进一步变成短视频内容的传播分享者，将短视频分享给与自己有相同特征和兴趣的用户。

（4）成本低。与传统电视视频广告相比，短视频的营销成本要低得多。企业如果通过电视播放视频广告进行宣传，往往要花费几十万到几百万的成本，而通过互联网进行短视频营销，一般只需花费几万元或更低的成本，就可以获得可观的曝光量和传播量。

（5）平台算法优势。算法就是一套评判机制，这套机制对短视频平台所有用户都有效。无论是拍视频的人或看视频的人，在平台上的每一个动作都是一个指令，平台根据这些指令来判断其属性。创作者在发布了一条视频之后，平台会按照视频的类型、关键词，将内容推送给一部分目标用户，然后根据点赞量、评论数、转发率等判断这条视频是否受欢迎。如果受欢迎的话，会进一步推送给更多的用户，这样这条视频会实现二次传播、三次传播甚至更多。相反，如果第一轮推荐，视频打开率低、点赞量少，平台就不会进行后续推荐。算法避免了马太效应，所以会出现一夜爆红的普通人，粉丝可能不多，但视频播放量惊人。

（6）传播速度更快、传播范围更广。除了平台推荐优势获得传播以外，企业可以根据需要在指定时间段将视频推送给用户；用户还可以主动在相关平台寻找感兴趣的短视频，而不必被动等待。各种短视频平台的用户基础大，短视频一旦有一定热度，就会被用户主动传播至各大社交平台，从而短时间内迅速扩大了短视频的传播范围。

（7）可预测营销效果。短视频的营销效果通常可以根据一些数据进行分析和预测，如访问量、点击量、收藏量、用户停留时长、转发量和评论量等。这些数据不仅可以用来预测短视频的营销效果，还可以为下一次的短视频营销提供决策依据。

2. 短视频营销的实施策略

在开展短视频营销活动时，有以下三种策略可供选择。

（1）与 KOL 深度合作，种草带货定向营销。网红经济以消费引导力的时尚达人为形象代表，以 KOL 的品位和眼光为主导，进行选款和视觉推广，在相关社交平台上吸引并聚合流量，依托着庞大的粉丝群体开展定向营销。现代年轻人热衷于"种草"和"拔草"，而 KOL 的意见就是他们主要的种草来源。可以说 KOL 本身就是行走的"种草机"，其通过为品牌背书，或者在视频中进行深度植入，可以加大品牌的曝光，推动受众对产品的关注，加深受众对品牌的信任与好感度，再基于好的运营，让产品成为爆款也不是难事，如"口红一哥"李佳琦等的短视频带货案例。因此，KOL 与品牌的深度合作往往能起到较好的带货效果。

（2）打造优质创意内容，多元化形式营销。优质且具有创意内容的营销广告更能吸引用户的关注，激发用户兴趣，同时也容易形成病毒式扩散。营销广告可以确定幽默、炫酷、青春时尚等主题特色，通过故事的形式，设计值得品味的开头和结尾，以及跌宕起伏的情节，采用多元化的设计形式，以此吸引注意力，并通过凸显产品特色的多元化形式的表达，提升用户对产品的感知度，进而刺激消费者的购买欲望，促使消费者发生购买行为。例如，定位高品位、高质量的短视频内容可以搭配电影效果的表现形式，带给用户电影级别的视觉感受；定位幽默、炫酷的短视频内容则可以使用脱口秀的视频表现形式，以获得用户的认可。

（3）鼓励用户参与，推动互动体验社交。在短视频营销过程中，营销者要及时与用户保持互动和沟通，关注用户的体验，并根据他们的需求提供更多的短视频内容和互动渠道。在进行新品营销推广时，可以借助短视频平台的各种玩法以及智能技术，创造深度沉浸环境，鼓励用户参与互动，优化体验，多维展示新品功能和特点。根据新产品的功能和特点设计创意主题活动，利用短视频平台的"挑战赛"功能，吸引用户参加挑战，让更多的用户乐于参与和分享，实现更大范围的宣传。同时，随着 AR 等新技术的成熟，企业在营销推广中，可以通过"智能技术＋产品功能"，开启更多可能。在短视频互动中，人脸识别和 AI 技术可以为短视频提供美颜、视觉特效，小游戏等趣味性较强的拍摄和互动功能，可以提高用户体验的丰富性和趣味性。一般来说，用户体验越好，营销效果就越出众。例如，奥利奥与腾讯微视的代言人同为吴磊，于是奥利奥抓住这个机会，入住腾讯微视，利用吴磊双代言人的身份，发起超强互动合拍——"别抢我的奥利奥"挑战赛。吴磊的粉丝们纷纷表示要给其"投食"。在此营销活动中，奥利奥作为道具，刷足了存在感。

12.3　直播营销

12.3.1　直播电商的发展阶段

艾媒网发布的《2022—2023 年直播电商行业运行大数据分析及趋势研究报告》将直播电商的发展历程分为四个阶段，具体如图 12.2 所示。

中国直播电商最早可以追溯到 2016 年，彼时直播电商伴随直播的风口诞生，其发展的初衷很简单，仅是为了提高用户在平台的停留时间。2016 年 3 月，蘑菇街 APP 内直播入口正式上线。随着 4G 技术和智能移动设备的普及，直播电商加速向营销、生活、娱乐等场景渗透，呈现多元化趋势，各大电商平台相继上线直播入口，拉开了"直播＋电商"的序幕。2017 年，主播身份和直播品类开始更加丰富，明星、网红、素人纷纷下水直播带货，服装、数码、汽车等各种货品进入直播间，MCN 机构（Multi-Channel Network，即网红孵化中心，指专业培育和扶持网红达人的经纪公司或者机构）开始出现。2018 年，电商平台开始实施"内容补贴"战略，内容平台开始建设自有供货平台，各大平台均在努力打造电商

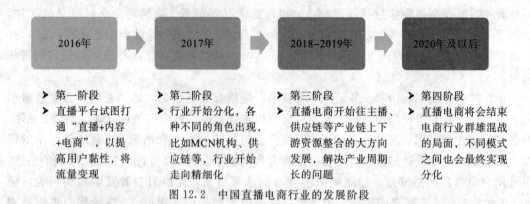

图 12.2　中国直播电商行业的发展阶段

生态闭环。2019 年至今，直播电商行业开始进入爆发增长阶段，上游商家，中游平台、MCN 和主播，下游消费者构成了产业生态闭环，直播内容也覆盖了娱乐、综艺、生活、电子竞技等各个场景，直播电商行业蓬勃发展。2020 年突发的新冠肺炎疫情，使门店的线下运作受到巨大打击，积压了大量库存，直播作为一种面向客户的高性价比渠道，迅速进入资本的排行榜，各企业不约而同地直播带货，来弥补线下店面遭受的亏损。疫情期间，中国直播行业成为经济复苏的重要平台。资本加持、平台扶持与政府引导，共同驱动直播电商行业向高效、有序、理性方向发展。目前，直播电商行业的投资已向全产业链蔓延，从MCN 机构、直播运营机构、直播代播机构到新型直播电商平台，均可见资本入局。2022年 MCN 市场规模达到 432 亿元，预计未来几年将继续保持增长趋势。

12.3.2　直播营销的定义与特点

直播营销的定义分为狭义与广义两种。狭义的直播营销指以视频直播为传播媒介，通过实时在线的互动，实现企业品牌推广或产品销量增长的营销模式。广义的直播营销不仅包括直播过程中的商业宣传，还包括直播前的策划、造势、直播发布、二次传播的全流程商业化运作的相关方以及技术支持方。

艾媒咨询(iiMedia Research)研究数据显示，2021 年中国直播电商行业的总规模达到12012 亿元，中国在线直播用户规模达到 6.35 亿人，涵盖了游戏直播、秀场直播、生活类直播、电商直播等。这么庞大的直播用户体量是直播电商行业进行商业变现的前提之一。同时，随着互联网技术的发展，以直播为代表的 KOL 带货模式给消费者带来更直观、生动的购物体验，转化率高，营销效果好，已经成为电商平台、内容平台的新增长动力。

直播营销的特点主要包括以下几个方面。

1. 覆盖率高且精准

在观看直播视频时，用户需要在一个特定的时间共同进入直播室的播放页面，这种行为是用户主动选择的结果，因此，它可以准确地识别目标用户的忠诚度，并帮助品牌快速捕捉大量的高质量用户。

2. 用户有参与感与体验感

主播传递的内容很大程度上和用户的喜好与实时反馈有关，用户的主动互动成为直播营销深度参与的基础。直播既满足了用户的好奇心和猎奇心理，又通过眼见为实的方式加强了用户的信任感。主播通过直播传递的不仅是信息，还可能是体验。用户足不出户就可以获得参与感和体验感的直观分享。

3. 实时互动、激发情感共鸣

在网络直播中，用户可以通过发弹幕、转发评论或给主播送礼物等方式进行互动交流。这种互动是真实、立体的，既满足了消费者多元化的需求，也真正实现了实时双向的互动传播。同时，直播这种形式能让一批具有相同兴趣的人聚集在一起，聚焦在共同的爱好上，情绪相互感染，达成情感气氛上的高度共鸣。

4. 营销转化率高

企业在营销前会运用多平台宣传，吸引足够的关注度。在直播营销中，自带流量的网红、明星或 KOL 都会为整个营销活动带来一定的流量；消费者在观看直播的过程中，出于对网红、明星等的喜爱会积极参与互动，进而增加了对企业产品、品牌文化等的了解。商家再辅之以优惠券、红包、赠送礼品等方式促使消费者做出购买决策，从而实现从流量到销量的转化，提高销售转化率。

12.3.3　直播营销的类型和方法

1. 直播营销的类型

直播营销模式众多，目前主流的直播营销模式主要有以下四种。

（1）直播＋电商。"直播＋电商"指直播为主要形式，主要依托电商平台所进行的直播营销，其主要目的在于促进产品销售，包括在电商平台嵌入直播功能和以直播为主打的内容电商平台两种类型。在电商平台嵌入直播功能的最具代表性的应用有天猫直播、淘宝直播等，这种直播类型是把直播作为电商的"附属品"，先利用电商平台的流量带动直播流量，形成一定规模后再利用直播流量反哺电商。电商平台仍然掌握主动权，直播仅起到推动的作用。例如，淘宝直播将商品的销售、店铺品牌的推广和内容运营有机地结合在一起，将电商和直播有效衔接，使得与消费者互动的成本降低，推广渠道扩大。店铺都有自己的一套直播方式，以便吸引更多的粉丝和消费者，提升转化率。以直播为主打的内容电商平台致力于构建一个直播与电商平等、互利、共生的平台，给直播带来强烈的营销色彩，消费者在观看直播的时候就已经做好看到营销推广的心理准备，因而只要产品内容具备一定的推广价值，就不容易使消费者产生较强的排斥心理。

（2）直播＋网红。"直播＋网红"是利用网红、KOL、明星等的粉丝效应，通过粉丝打赏、广告变现、直播带货等方式实现商业价值。这些网络红人一般在微信、微博等社交平台，抖音、快手等短视频平台拥有一定的粉丝基础，其采用现场直播的方法不仅能够积累大量粉丝提高自己的知名度，借助多种渠道实现自身 IP 的商业价值，也能够为企业吸引流量、促销商品、推广品牌提供新的有效渠道。

"直播＋网红"的营销模式打破了空间和时间的束缚，让消费者产生身临其境的现场体验，其即时性和互动性的特点能很好地激发消费者的兴趣和参与积极性。企业可以根据消费者的建议实时地做出相应的广告调整，有利于提高用户的转化率，还能直接看到广告效果。同时，网红直播营销拥有强大的话题创作能力，企业借助网红与消费者的话题互动，可以让企业品牌的知名度和热度快速提升。此外，因为网红的粉丝都是一批想法相似、兴趣爱好相近的人，大家在直播过程中相互沟通互动，加强情绪感染，营造出良好的氛围，既有利于企业的情感营销，也加强了网红与粉丝的感情沟通。目前"直播＋网红"的营销模式主要有以下四种。

① 秀场打赏模式。这种模式主要是利用消费者的好奇心和爱美之心，借助网红靓丽或帅气的外表来吸引粉丝并获取支持。其盈利主要是通过"富豪粉丝"虚拟礼物的打赏来实现的。这种模式操作简单且容易复制，在直播过程中会获得较大的利润。

② 粉丝经济模式。该模式通过直播内容让粉丝更贴近主播，让原本遥不可及的人变得触手可及，让个体成为网红主播成长路上的一员。可以通过打赏虚拟礼物、直播评论互动、投票点赞等方式提高主播的知名度，从而积累大量流量和粉丝。这种模式有利于更好地引进平台流量的同时提高粉丝的忠诚度和直播间热度。例如，2018 年"网红大 V"张大奕在微博直播积累粉丝，利用粉丝经济，引流淘宝店铺变现，其所在的公司于 2019 年 4 月在美国成功上市。

③ 直播带货模式。该模式是网红、明星等 KOL 主播在网络平台上进行视频直播，吸引用户购买商品。主播实时展示商品和即时互动使得直播营销方式更具真实性和可信度，直播过程中跳出链接，容易使用户产生下单的冲动，实现转化率。例如，2019 年"618 大促"期间，"口红一哥"李佳琦在直播中推荐了一款国货唇釉，仅一分钟该唇釉一些色号就卖断货，整场直播共卖出 15 万支唇釉。

④ 内容创造模式。该模式指主播通过自创的直播内容来激励、吸引粉丝的关注和支持，聚集拥有某种共同兴趣爱好的人们，用户则作为主角在沉浸式体验中感知与互动。例如，美妆教材、电子竞技、美食教程、演出实况转播等内容，不仅能吸引粉丝关注还能提升平台直播内容的多样性，满足各种直播需求，从而产生大量的流量。根据用户的需求属性实现直播的精细化、专业化，通过提升直播内容的质量来吸引更多的用户群体。

（3）直播＋发布会。"直播＋发布会"的营销模式主要以企业宣传产品为目的，通过现场直播产品发布会的形式与消费者建立紧密联系，增加品牌曝光度并进行宣传推广。这是一种企业宣传自身品牌形象、提高产品销量的良好方式。相对于企业现场推介产品来说，网络直播新品发布不仅可以为企业节约租赁场地的开支，还可以在网上向消费者不限地点和时间地持续地对产品的设计细节做全面且细致的介绍。通过在众多社交新媒体平台发布直播信息宣传造势，可以整合多平台流量入口，充分利用社交媒体的优势，扩大事件影响力度，重点放在"曝光"而非"成交"上，通过吸引流量来塑造品牌形象，立足于企业的长远发展而非短期销量。例如，小米公司在 2016 年 5 月召开夏季新品发布会后，CEO 雷军通过小米直播 APP 对粉丝们详细讲解了小米新品，并与用户及粉丝交谈互动。这种企业CEO 与终端客户"面对面"的互动方式产生了极大的人气效应，当天一共有 8 万多名网友观看了直播，当月小米直播平台的百度搜索指数达到了一个高峰，也对小米产品销售市场的拓宽起到了推动作用。

（4）直播＋社交。"直播＋社交"的营销模式指直播与微博、微信等新媒体社交平台融合，借助社交媒体的强大社会关系网络为直播带来更多流量，并通过直播的互动功能与用户进行沟通形成"深度社交"，进而实现直播"反哺"流量给社交媒体，使得直播与社交形成一个良性闭环。这种模式的典型应用如一直播与微博的结合。一直播将微博作为流量入口，依靠其强大的流量在最初"百播大战"中占据有利位置；而微博作为社交媒体也及时顺势嵌入直播平台，在其自身流量的基础上通过一直播引入更多的流量，曾经甚至借助一直播实现了第二次爆发，二者借助"直播＋社交"的方式达成合作关系，实现了互利共赢。

2. 直播营销的方法

（1）打赏和广告营销。直播平台通过与主播签订合约，在主播收到粉丝打赏后与其分成来赚取利益。粉丝花钱购买礼物送给主播的行为，是粉丝实现自我满足的过程。优质的主播是加强主播和粉丝互动的关键。直播平台会利用用户对主播的喜爱，在直播过程中植入产品广告，并以此来获取利益；广告商利用直播平台达到宣传的目的，从而达成互利共赢。

（2）垂直营销。垂直营销指用户可以在直播的同时通过发弹幕提问等方式与主播或商家进行直接的沟通和交流，了解更多的商品信息，形成互动。例如，以"直播＋淘宝"为切入点的直播形式已成为越来越多的直播平台获取利益的方式。这种营销手段激活了用户的体验需求，加强了主播与粉丝间的互动，以动态的角度向用户展示商品，形成更直观、更全面的感官刺激，这也是直播平台流量变现的重要手段之一。

（3）技术营销。近几年，VR技术、人工智能、CDN（内容分发网络）技术正处于突飞猛进的发展态势，许多直播平台利用该技术，对网络直播进行从视觉到听觉的一系列改进，使用户的体验效果提升，既增强了用户的黏性又能短时间内吸引大量用户流量的围观，获得较好的营销效果。例如，AR（Augmented Reality，增强现实）技术是一种将真实世界信息和虚拟世界信息无缝集成的新技术，让观众透过手机屏幕，把原本在现实世界的一定时间、空间范围内很难体验到的实体信息（如视觉、听觉、味觉、触觉等），通过模拟仿真后，被人类感官所感知，从而达到超越现实的感官体验。这样的沉浸式直播使用户产生身临其境的感觉，从而提升用户黏性和趣味性，带来颠覆性的视觉体验和信息交互感受。

（4）营销精细化。随着电商直播规模的扩大，直播带来的收益增长逐渐进入瓶颈期。直播内容同质化，而用户的需求更加多元化。因此，提供给用户有价值的信息内容或服务成为留住用户的关键之一，针对不同的用户提供个性化的服务，必将成为未来企业直播营销需要攻克的难关。企业需要根据产品类别、属性、特征来确定目标人群，再根据目标人群的习惯、特点制定相应的营销策略，提升电商直播的服务效率和品质。利用大数据技术实现精准营销，提高信息传递精准度，帮助企业维持忠诚用户，降低营销成本，将成为企业未来营销的发展趋势。

（5）直播途径多元化。2017年以来，短视频平台迎来爆发期，短视频将娱乐与营销进行深度融合，成为电商直播传播新途径。2020年双11期间，抖音直播带货成交额超过187亿元。优质轻松的内容更容易激发消费者的购买欲望。具有生产成本低、扩散速度快、用户沉浸度高及社交能力强等特点的短视频，成为企业直播营销的一个重要途径。目前短视频平台已经具备直播功能，相比传统电商平台，短视频平台拥有更多元化、群体类型更丰富的用户，将成为下一个企业直播的风口。

（6）主播专业化。由于直播市场发展速度快，专业人才储备缺乏，优秀主播匮乏，目前直播平台中主播的平均素质偏低，存在着直播内容低俗化，甚至存在色情、暴力内容等问题。随着直播增长瓶颈期的到来，用户的要求逐渐提高，对主播的选择也更严苛。因此，培养专业的优秀主播是企业直播营销中需要重点考虑的问题。

（7）供应链管理高效化。在企业直播营销中，对供应链管理的要求不断提升。供应链管理指从供应商到用户的产品流、信息流和资金流的集成管理,以达到供应链价值的最大化。在企业供应链管理过程中,包括前端的产品的生产、后端产品采购、仓储管理、营销管理、物流运输、产品配送等所有过程。供应链管理的好坏决定企业利润空间和电商购物服务质量,是影响企业竞争力的核心因素。目前,直播平台还在不断建设完善中,企业的供应链管理高效化能有效地提升直播营销中消费者的购物体验,增强企业的竞争力。

本 章 小 结

　　视频营销是以视频为载体,以内容为核心、以创意为导向,借助社交平台、视频平台、购物平台等多个平台,通过精心策划进行产品营销与品牌传播的营销方式。视频营销具有内容丰富性、推送精准性、双向互动性等特征。从视频平台主打的视频长短视角来看,视频营销具体可分为短视频平台营销与长视频平台营销。视频营销的主要实施方式包括贴片广告、植入广告、微电影、信息流广告、KOL营销、内容营销,娱乐营销、会员营销、病毒营销等。

　　与长视频相比,短视频内容节奏快,满足了用户碎片化时间获取信息的需求,而且短视频具备较强的互动性和社交性。短视频营销具有以下优势:符合人们的行为习惯;带动用户的情感;目标精准;成本低;平台算法优势;传播速度更快、传播范围更广;可预测营销效果。在开展短视频营销活动时,有以下三种策略可供选择:与KOL深度合作,种草带货定向营销;打造优质创意内容,多元化形式营销;鼓励用户参与,推动互动体验社交。

　　直播营销指以视频直播为传播媒介,通过实时在线的互动,实现企业品牌推广或产品销量增长的营销模式。直播营销的特点有:覆盖率高且精准;用户有参与感与体验感;实时互动、激发情感共鸣;营销转化率高。目前主流的直播营销模式主要有直播＋电商、直播＋网红、直播＋发布会、直播＋社交四种。实施直播营销的方法包括打赏和广告营销、垂直营销、技术营销、营销精细化、直播途径多元化、主播专业化、供应链管理高效化。

复 习 思 考

1. 视频营销的概念和特点是什么?
2. 举例说明视频营销的实施方式有哪些?
3. 短视频营销的优势有哪些?
4. 直播营销的特点与营销模式有哪些?
5. 实践题:结合某短视频营销平台,谈谈该企业在实施短视频营销时运用了哪些策略?
6. 实践题:结合某直播营销平台案例,谈谈企业在实施直播营销时运用了哪些方法?
❖ 案例分析

抖音:短视频社交电商迈向全域兴趣电商

　　抖音是由字节跳动孵化的一款音乐创意短视频社交软件,该软件于2016年9月20日上线,是一个面向全年龄的短视频社区平台,用户可以通过这款软件选择歌曲,拍摄音乐作品形成自己的作品。

早期的抖音在本质上是一个视频微博，曾因发布过一曲"海草舞"而被全网模仿，这款APP 也因此获得了众多用户。娱乐是生活的调味剂，看娱乐与自己参与娱乐，是两种不同的体验方式。抖音让参与娱乐成为现实，让大众也能通过模仿创作出优质内容。抖音 APP 提供视频拍摄工具和背景音乐，让制作短视频变得非常方便。

从发博客到发 140 字的微博，再到录制一个 15 秒钟的短视频，这是互联网发展的过程。每个人都有表达心声的意愿，把自己的心声写出来、说出来、拍出来。从纸质媒体到网络媒体，用户用来深度阅读的时间在减少，注意力在分散，甚至慢慢忘记了思考，对于互联网中的大量信息也丧失了分辨的能力。当用户沉浸于一个平台的时候，这个平台一定有让他停留的理由。抖音用满屏的阅读模式，让用户把注意力停留在主页上，跳转的按钮不明显，使得用户会忽略跳转，一直停留在主页。其每一个视频只有 15 秒钟（现在已增加了时长），非常适合用户利用碎片化时间观看，所以在抖音平台让人很容易就没有了时间观念，不知不觉时间就过去了。

抖音有精准的网络营销定位、强大的网络营销团队和正确的网络营销运营策略，这些前期的铺垫是必不可少的。抖音的成功和它具有的特性及运营策略分不开，具体包括以下三个方面：推荐制算法、可复制的模板、运营策略（见图 12.3）。

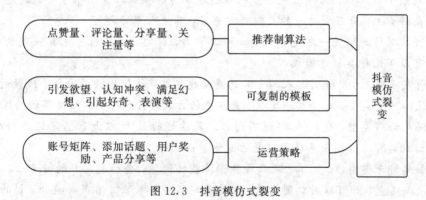

图 12.3　抖音模仿式裂变

1. 推荐制算法

在抖音迅速流行之后，很多人都在推测抖音的算法规则，即如何给用户推荐优质内容。对于一款 APP，只要清晰了用户人群，了解了用户阅读方式和产品的优势，就可以很容易推测出它的算法。算法的目的是把好的内容推荐给可能感兴趣的用户，达到精准的匹配，根据用户画像，给用户打标签，所以了解某个平台的算法是在该平台上做运营的首要事情。

抖音判断短视频是否优质的最基础的指标是：用户停留时长、视频完播率、视频清晰度、前三秒跳转和背景音乐的质量。除了基础条件外，还有运营指标，即用户在看完短视频后的反馈，如短视频的点赞量、评论量、分享量、关注量等，如果用户反馈的数据不好，就不会产生持续推荐。

一般而言，一个视频发布后，平台会对该视频进行第一次审核，主要审核视频内容有没有违规，如有没有出现广告，有没有带水印或者 Logo，内容是否合法等。如果内容合格，那么平台会给该视频做第一次推荐，根据账号的权重，大概会有 200～500 人次的播放量；如果用户反馈比较好，就会被判定为比较受欢迎的内容，主要考核的用户反馈是看视频的完播率、点赞量、评论等。如果该视频的第一次推荐反馈较好，则会对其进行第二次推荐。在对视频进行第二次推荐的时候，大概会有 1000～5000 人次的播放量，仍然要考核用户的反馈，以此类推，基本上在视频发布一小时左右就可以看出其内容质量的好坏了。

另外要注意的是，短视频有一个优势，即会在平台中长久存在。在自媒体平台上，文章的时效性一般只有 24 小时，超过 24 小时后基本就没有什么阅读量了。但短视频却不一样，平台会根据所发布的视频的受欢迎程度，再次推荐很久之前发布过的短视频，即如果之前拍的视频受欢迎程度不是很好，但后面拍的一个短视频阅读量很高，那么关注的用户就会变多，新增的用户甚至会去视频发布者的主页查看其之前发布过的短视频，这样之前发布的视频的浏览量也变高了，平台也就会再次推荐以前所发布过的短视频。只要弄懂平台的这些推荐规则，坚持创作内容，就会有不错的流量。

2. 可复制的模板

之所以把抖音定义为一个模仿性的娱乐短视频平台，是因为从抖音主流视频的内容可以看出，其大部分内容都是相似的，只是表演的人不同，展现的效果不一样而已。既然是模仿类的视频平台，那么制作出一个可以被迅速模仿的模板就变得很重要，这是一个创新的过程。在抖音上，有万分之一的人创新就够了，其他人模仿即可。

一个可被模仿的模板一定是简单的、可教学的、有趣的，其内容也有一定的标准，当下流行的有以下几种类型的模板：

（1）引发欲望类型，如引起人的食欲的美食模板，引起旅行欲望的分享风景的模板；

（2）认知冲突类型，如分享新发明、新的生活方式，引发人们对陌生事物的探讨；

（3）满足幻想类型，有句话说"得不到的才是最好的"，所以大家总是认为别人家的东西都是美好的，所以可以分享自己可爱的宠物等；

（4）引起好奇类型，如魔术、跳舞等特殊技能的视频，会引起用户的好奇心；

（5）表演类型，如可以对口型唱歌，尤其是网络流行歌曲，不用拼嗓音，拼的是演技，能对上口型即可等。

3. 运营策略

（1）账号矩阵，这是所有视频自媒体平台的通用做法，即在平台上运营多个账号，而且这些账号是相关联的行业账号。

（2）添加话题，每天都有社会热点，还有一些是官方主推的热点，在制作内容时可以和某个热点相关，在发布时带上热点话题，这样，系统在匹配的时候可以更精准。

（3）给予用户奖励。比如，分享作者发的视频可参与抽奖，点赞视频给予奖励等，这样可以提高用户的活跃度。

（4）除了纯娱乐的模仿外，还可以做一些有价值的内容。比如，将模仿视频和产品知识视频一起运营，在每天发布的所有短视频中有一条是产品内容，用 15 秒到 1 分钟的时间讲一个知识点，尤其是一些技能型的知识，用抖音展示也会特别方便。

（5）产品分享功能，达到简单的 3 个指标，就可以拥有这个功能：粉丝量、发布视频数、实名认证。拥有了产品分享功能，就拥有了个人主页产品橱窗，在发布视频的时候可以添加产品并进行售卖。这也是抖音在做的一个社交电商尝试，对于商家有很强的吸引力，因为可以提供变现工具和营销推广工具。

随着大批流量名人入住抖音，抖音火爆之后，自然成了新的网络营销"流量洼地"，大量品牌搭上这辆"顺风车"，大范围的广告轰炸带来的效果显而易见。

2022 年 5 月 31 日，抖音电商总裁魏雯雯在抖音电商第二届生态大会主题演讲中宣布将升级兴趣电商到全域兴趣电商阶段，通过覆盖用户全场景、全链路购物需求，满足用户对美好生活的多元需求；通过短视频和直播内容、商城、搜索等多场域协同互通，为商家生意带来新增长。

抖音电商数据显示，2021 年 5 月 1 日至 2022 年 4 月 30 日，抖音电商 GMV（商品交易总额）是同期的 3.2 倍，售出超 100 亿件商品。平台上每月有超 2 亿条短视频、超 900 万场直播内容，这些内容激发了用户兴趣，吸引其停留、互动、下单购买，满足其购物需求。除了内容场景以外，反映用户需求的数据增长更快，有商品意图的搜索行为同比增长 217%。2022 年平台上店铺的页面浏览量增长 279%，抖音商城 GMV 增长 6 倍。越来越多的用户看到有趣的直播或短视频，会主动搜索店铺，下单购买感兴趣的商品。

将兴趣电商的概念升级到全域兴趣电商，是为了满足用户对美好生活的多元需求而做出的重要升级。魏雯雯强调："兴趣被内容激发，可以促进短期转化；兴趣也会延伸，会有持续性，用户兴趣被更多的场景自然承接。全域兴趣电商能覆盖用户全场景、全链路购物需求，是非常自然的演变和大势所趋。未来，新场域的占比将高达生意的 50% 以上。"

在全域兴趣电商环境中，短视频、直播等优质的内容激发用户的潜在兴趣，为用户"种草"；已有购物意向的用户可通过搜索、抖音商城直接下单，形成习惯，实现精准匹配和复购；用户的各类电商行为沉淀在店铺里，通过营销解决方案扩大全域流量，实现全局加速。这些场域之间形成良好协同，给用户"一站式"购物体验，助力商家全面长效地发展。

随着抖音电商升级全域兴趣电商，旨在为商家搭建经营基础框架和成长路径的"FACT 经营矩阵"，也升级为"FACT＋全域经营方法论"。未来，除了在内容场为商家经营提供助力，在搜索和商城的中心场、营销场，抖音电商也将推出一系列举措，帮助商家健康可持续地经营增长。

资料来源：根据贺关武著《社交电商：裂变式增长》及抖音电商整理合成

思考：

1. 你为什么使用抖音？你认为抖音的核心竞争力是什么？
2. 你怎么理解抖音要升级为全域兴趣电商的原因？其竞争力怎样？

第 13 章　搜索引擎营销

学习目标

　　1. 了解搜索引擎的作用与工作流程；

　　2. 理解并掌握搜索引擎营销的含义与目标层次；

　　3. 掌握搜索引擎营销的特点；

　　4. 掌握搜索引擎营销的方法。

知识结构图

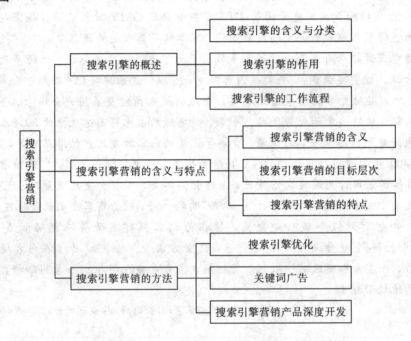

13.1　搜索引擎概述

13.1.1　搜索引擎的含义与分类

1. 搜索引擎的含义

　　搜索引擎指运用特定的计算机程序，从互联网上搜集信息并对信息进行组织和处理，以供用户检索查询的系统。其主要涵盖两个方面的内容：一方面，搜索引擎是由一系列技术支持构建的网络信息在线查询系统，具有相对稳定的检索功能，如关键词检索、分类浏览式检索等；另一方面，这种查询系统借助不同网站的服务器，协助网络用户查询信息，且该服务是搜索引擎的核心服务内容。

2. 搜索引擎的分类

目前，在网络上运行的搜索引擎为数众多，按照不同的分类标准可以分成不同的类型。按照搜索内容来分，搜索引擎可分为大型综合类搜索引擎、专用搜索引擎、购物搜索引擎等；按照使用端的不同，搜索引擎可分为 PC 端搜索引擎和移动端搜索引擎等；从工作原理的角度又可分为分类目录式搜索引擎、全文检索式搜索引擎、元搜索引擎和集成搜索引擎等。

13.1.2　搜索引擎的作用

互联网上的信息繁多且毫无秩序，而搜索引擎是能够自动从互联网搜集信息，经过加工整理后，提供给用户进行查询的系统，能够帮助人们在浩瀚的信息海洋里方便快捷地找到需要的信息。由于搜索引擎用户群庞大，其商业价值极高，越来越多的企业将搜索引擎作为主要的网络营销手段，并取得了较好的宣传效果。

对企业而言，搜索引擎主要具有以下作用。

1. 作为市场信息发现的工具

搜索引擎是一种重要的市场信息发现工具，企业对搜索引擎的利用能力，决定了企业的信息发现和市场运作的能力。企业通过搜索引擎可以搜索的信息包括供应商相关信息、市场供求信息、技术人才信息等。

2. 作为信息传播的工具

随着网民人数的不断增加，利用搜索引擎在网络上进行搜索成为网民信息获取的首选方式，而任意一个搜索请求，都可能查到数以万计的内容。由于搜索引擎所采用的搜索技术、信息分类方式等有所不同，信息查询的效率也不同。高效的站内搜索可以让用户快速、准确地找到目标信息，从而更有效地促进产品或服务的销售。对网站访问者的搜索行为进行深度分析，可以帮助企业制定更为有效的网络营销策略。

13.1.3　搜索引擎的工作流程

了解搜索引擎的工作流程对网站推广以及日常搜索都会有很大的帮助。搜索引擎的工作流程可分为以下几个步骤。

1. 抓取网页

每个独立的搜索引擎都有自己的网页抓取程序，该程序被称为蜘蛛(Spider)。搜索引擎蜘蛛访问网站页面时，类似于用户使用的浏览器。蜘蛛会跟踪网页中的链接，连续地抓取页面，即爬行。蜘蛛发出页面访问请求后，服务器返回超文本标记语言(Hypertext Markup Language，HTML)代码，蜘蛛把搜到的代码存入原始页面数据库。搜索引擎为了提高爬行和抓取的速度，一般都会使用多个蜘蛛并分布爬行。蜘蛛访问任何一个网站时，都会先访问网站根目录下的 robots.txt 文件，如果文件禁止搜索引擎抓取其文件或目录，蜘蛛将遵守协议，不抓取被禁止的网站。和浏览器一样，搜索引擎蜘蛛也有标明自己身份的代理名称，站长可以在日志文件中看到搜索引擎的特定代理名称，从而辨识搜索引擎蜘蛛。

2. 索引

搜索引擎抓取网页后，还要做大量的预处理才能提供检索服务。其中，最重要的就是提取关键词，建立索引数据库。索引(Index)是将蜘蛛抓取的页面文件分解、分析，并以巨大表格的形式存入数据库的过程。在索引数据库中，网页文字内容及关键词的位置、字体、颜色等相关信息都有相应的记录。

3. 搜索词处理

用户在搜索引擎界面填入关键词，单击"搜索"按钮后，搜索引擎即对搜索词进行处理，包括分词处理、去除停止词、指令处理、拼写错误纠正等。搜索词的处理必须十分快速。

4. 排序

对搜索词处理后，搜索引擎程序便开始工作，从索引数据库中找出所有包含搜索词的网页，并根据排名算法计算出哪些网页应该排在前面，然后按照一定格式返回搜索页面。

13.2　搜索引擎营销的含义与特点

13.2.1　搜索引擎营销的含义

搜索引擎营销(Search Engine Marketing，简称 SEM)，是根据用户使用搜索引擎的方式利用用户检索信息的机会尽可能将营销信息传递给目标用户。简单来说，搜索引擎营销就是基于搜索引擎平台的网络营销，利用人们对搜索引擎的依赖和使用习惯，在人们检索信息的时候将信息传递给目标用户。搜索引擎营销是一种典型的网络推广形式，追求最高的性价比，以最小的投入，获得最大的来自搜索引擎的访问量，并产生商业价值。

搜索引擎营销的基本思想是让用户发现信息，并通过(搜索引擎)搜索点击进入网站或网页进一步了解所需要的信息。企业通过搜索引擎付费推广，让用户可以直接与公司客服进行交流、了解，实现交易。搜索引擎营销的工作原理如图 13.1 所示。

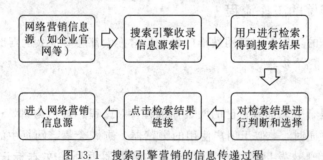

图 13.1　搜索引擎营销的信息传递过程

13.2.2　搜索引擎营销的目标层次

一般认为，搜索引擎营销主要目标有两个层次：被搜索引擎收录和在搜索结果中排名靠前，即搜索引擎营销所做的就是以最小的投入在搜索引擎中获取最大的访问量并产生商业价值。但从实际情况来看，仅仅做到被搜索引擎收录并且在搜索结果中排名靠前还很不够，因为取得这样的效果实际上并不一定能增加用户的点击率，更不能保证将访问者转化为顾客或者潜在顾客。因此，搜索引擎营销的目标有以下几个层次（见图 13.2）。

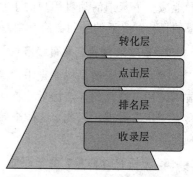

第一层是搜索引擎的收录层，其目标是在主要的搜索引擎/分类目录中获得被收录的机会，这是搜索引擎营销的基础，离开这个层次，搜索引擎营销的其他目标也就不可能实现。搜索引擎登录包括免费登录、付费登录、搜索引擎关键词广告等形式。存在层的含义就是让网站中尽可能多的网页被搜索引擎收录（而不仅仅是网站首页），也就是增加网页的搜索引擎可见性。

图 13.2　搜索引擎营销目标的层次

第二层的目标则是在被搜索引擎收录的基础上尽可能获得好的排名，即在搜索结果中有良好的表现，因而可称为表现层、排名层。因为用户关心的只是搜索结果中靠前的少量内容，如果利用主要的关键词检索时网站在搜索结果中的排名靠后，那么还有必要利用关键词广告、竞价广告等形式作为补充手段来实现这一目标。同样，如果在分类目录中的位置不理想，则需要同时考虑在分类目录中利用付费等方式使排名靠前。

第三个目标则直接表现为网站访问量指标方面，也就是通过搜索结果点击率的增加来达到提高网站访问量的目的。由于只有受到用户关注、经过用户选择后的信息才可能被点击，因此可称为关注层。从搜索引擎的实际情况来看，仅仅做到被搜索引擎收录并且在搜索结果中排名靠前是不够的，这样并不一定能增加用户的点击率，更不能保证将访问者转化为顾客。要通过搜索引擎营销实现访问量增加的目标，则需要从整体上进行网站优化设计，并充分利用关键词广告等有价值的搜索引擎营销专业服务。

搜索引擎推广的第四个目标，即通过访问量的增加转化为企业最终实现收益的提高，可称为转化层。转化层是前面三个目标层次的进一步提升，是各种搜索引擎方法所实现效果的集中体现，但并不是搜索引擎营销的直接效果。从各种搜索引擎策略到产生收益，期间的中间效果表现为网站访问量的增加，网站的收益是由访问量转化所形成的，从访问量转化为收益则是由网站的功能、服务、产品等多种因素共同作用而决定的。因此，第四个目标在搜索引擎营销中属于战略层次的目标。其他三个层次的目标则属于策略范畴，具有可操作性和可控制性的特征，实现这些基本目标是搜索引擎营销的主要任务。

搜索引擎推广追求最高的性价比，即以最小的投入，获取最大的来自搜索引擎的访问量，并产生商业价值。用户在检索信息时所使用的关键字反映出用户对该问题（产品）的关注，这种关注是搜索引擎之所以被应用于网络营销的根本原因。

13.2.3　搜索引擎营销的特点

搜索引擎营销的实质就是通过搜索引擎，向用户传递他们的关注对象的营销信息。与其他网络营销方法相比，搜索引擎营销具有以下几个特点。

1. 以用户为主导，具有针对性

在搜索引擎营销中，使用什么搜索引擎、通过搜索引擎检索什么信息、在搜索结果中点击查看哪些页面完全是由用户自己决定的。搜索引擎营销这种以用户为主导的特性，极大地减少了营销活动对用户的干扰,符合网络营销的基本思想。并且,比起随便点击广告条的用户,搜索的访问更有针对性,从而使搜索引擎营销可以产生很好的营销效果。

2. 按效果付费,具有经济性

搜索引擎营销是按照点击次数来收费的,而展示则不收费。这意味着企业的广告只有被网络用户检索到并点击后才产生费用,而用户的点击代表着其对广告展示的产品或服务具有一定的需求。因此,这种按效果付费的方式更为合理、科学,更能做到有的放矢,具有经济性。

3. 分析统计简单,便于评估

企业使用搜索引擎营销,可以很方便地从站点后台看到每天的点击量、点击率,有利于企业通过数据来评估营销效果,从而优化营销方式。

4. 用户定位精准,营销效果强

搜索引擎营销在用户定位方面表现突出,尤其是搜索结果页面的关键词广告,完全可以与用户检索使用的关键词高度相关,从而提高营销信息被关注的概率,最终达到增强网络营销效果的目的。

13.3　搜索引擎营销的方法

搜索引擎营销按照是否付费可以分为自然搜索引擎营销和付费搜索引擎营销。自然搜索引擎营销也称为搜索引擎优化(SEO),是一种利用搜索引擎的搜索规则来提高目标网站在有关搜索引擎内的排名的方式。付费搜索引擎营销主要是竞价排名和付费搜索引擎广告,这在百度、谷歌的广告中很常见。

13.3.1　搜索引擎优化

SEO(Search Engine Optimization,搜索引擎优化),指企业通过对其网站栏目结构和网站内容等基本要素的优化设计,提升网站对搜索引擎的友好性,使网站中尽可能多的网页被搜索引擎所收录,并使其在自然搜索结果中排名靠前,从而获得更多的潜在用户,提高企业的销售能力。企业可以采取以下优化措施。

1. 关键词选择

用户在搜索引擎中检索信息都是通过输入关键词来实现的,企业需要选择与目标搜索用户最为匹配的关键词,并将最终搜索结果以用户喜欢的方式呈现出来。因此,选择关键词对于搜索优化具有重要的作用,也是网页优化的基础。选择关键词要考虑许多因素,如关键词与网站内容的关联性、词语间排列组合的合理性、与搜索工具要求的符合度、与热门关键词的区分度等。对于企业来说,企业的品牌名称、经营的产品与提供的服务等都会成为搜索引擎优化的关键词。关键词可以划分为核心关键词与长尾关键词。核心关键词也就是网站"主打"关键词,通俗来说就是网站产品或服务的目标用户可能用来搜索的关键词。其特征有:

(1) 一般作为网站首页的标题;

(2) 一般是由2~4个字构成的一个词或词组;

（3）其在搜索引擎中每日都有一定数目的稳定搜索量；

（4）搜索核心关键词的用户往往是网站的目标用户；

（5）网站的主要内容围绕着核心关键词展开。

网站上那些非核心关键词但也能带来搜索流量的关键词称为长尾关键词。其特征有：

（1）比较长，往往由 2～3 个词组成，甚至是短语；

（2）存在于内容页面；

（3）搜索量非常少且不稳定；

（4）其带来的搜索用户转化为目标用户的概率较低；

（5）存在大量长尾关键词的大中型网站带来的总流量非常大。

2. 网页元标签优化

元标签是网站优化 SEO 工作中比较重要的一个环节。元标签是＜head＞与＜/head＞之间的 html 标签，主要用于为搜索引擎提供更多关于网站页面内容的信息。它包括＜title＞标签、＜meta name＝"keywords"＞标签和＜ meta name＝"descriptions"＞标签。当对网页元标签进行优化时，这三个标签的优化较为重要。＜title＞标签对应用户可视页面的标题，它是整个网页的核心，在搜索引擎中拥有较高的权重；＜meta name＝"descriptions"＞标签对应用户可视页面的描述。页面描述又称页面摘要，具体指关于页面展示信息的简洁而强有力的概述。因为这两个标签一般都会在搜索结果中出现，使访问者首先了解网站的窗口，因此它们的优化尤为重要。

3. 网站地图

网站地图（SiteMap），又称站点地图，就是一个页面，上面放置了网站上需要搜索引擎抓取的所有页面的链接。为求自己的网站尽可能多地被搜索引擎所收录，除了被动等待之外，还可利用 SiteMap 技术使网站的收录变得更快速、全面、简单，因此 SiteMap 是优化技术中的重要一环。一方面，网站地图可方便搜索引擎蜘蛛抓取网站页面，并通过抓取网站页面，清晰了解网站的架构，并且通常以 sitemap. htm 为文件名，放置在根目录下；另一方面，可以为搜索引擎蜘蛛指路，增加网站重要内容页面的收录。

4. 外部链接优化

构建外部链接是搜索引擎的一个主要部分，网站获得的外部链接越多，就说明网站获得的外部认可与肯定程度越高。企业实施外部链接优化的主要方法包括：

（1）交换友情链接。正确与主流网站、权威网站等高质量网站交换链接，尽量保证对方网站和自己网站具有相关性；

（2）奉行"内容为王"原则，撰写原创的优质内容并发布在企业站点上，再向各大网络媒体投稿。发布的内容应注明原文出处，这样不仅可以增加站点的外部链接也能扩大企业的知名度；

（3）保持外部链接的多样性，外部链接的类别有博客、论坛、新闻、分类信息等；每天增加一定数量的外部链接，可以使关键词排名获得提升。

5. 简化网站操作

简便的易于操作的导航网站和自然简单、逻辑清晰的页面能鼓励用户进一步点击浏览站点，深入了解网站信息。利用有效的导航链接子页面可避免制造复杂琐碎的导航页面，有利于用户从企业首页依次进入细分页面，提高其使用率。

13.3.2　关键词广告

关键词广告是当用户利用某一关键词进行检索时，在检索结果页面会出现的与该关键词相关的广告内容，如图13.3所示。由于关键词广告在搜索特定关键词时才出现在搜索结果页面的显著位置，因此其具有针对性强、可排除干扰、成本低（按点击来收费的模式）等特点，被认为是性价比较高的网络营销模式。

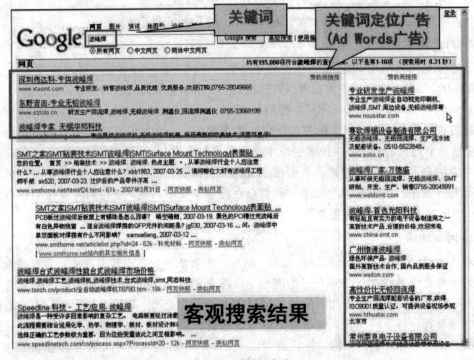

图 13.3　关键词广告

用户通过关键词在搜索引擎中查找相关信息，这些相关信息能被找到和关键词的选择、使用分不开。搜索引擎通过分析用户关键字、词、词组、句的内容、种类、频率，可以直接分析用户的搜索行为，揭示用户对网上信息的兴趣所在。

关键词广告还有一种竞价排名的方式，是将出价高的关键词排在前面，这为经济实力较强且希望排名靠前的网站提供了便利。企业可以对关键词广告进行方便的管理，并随时查看流量统计，也可以根据自身的营销策略更换关键词广告。

13.3.3　搜索引擎营销产品深度开发

随着信息技术的更新，用户对于学习的需求更加个性化，如何将搜索内容与用户需求精准连接并提升用户的搜索体验，已成为现有搜索引擎产品功能突破的关键。近年来，随着人工智能的发展，机器学习、深度学习、自然语言学习技术应用于搜索引擎使得搜索引擎营销产品越来越智能化，能够帮助企业挖掘潜在用户，达到精准营销的效果。

百度进一步加强搜索引擎的信息分发能力，与百度内容产生循环互补效应，以搜索引擎技术和百度 APP 信息流为基础，通过"搜索＋推荐"的方式分发百家号等自有内容和联盟内容，提升了内容与用户的适配度和广告的转化能力。搜索引擎消息分发能力升级的背后是实时的匹配计算与动态建模，而这些功能的实现依赖于搜索引擎丰富的用户标签积累、自然语言处理以及深度学习等技术的应用。搜索引擎技术基因成为信息分发能力升级的关键。

2016 年推出的搜狗知音引擎，是搜狗在"自然交互＋知识计算"的人工智能战略下，自主研发的新一代智能语音交互系统。知音引擎集成了搜狗领先的语音识别、对话问答、机器翻译、语音合成等多项核心技术，向用户提供人机交互的完整解决方案。在稳定接入搜狗自有产品体系以外，搜狗知音引擎还在车载、智能家居、可穿戴设备等多样化应用场景中落地，与小米、海尔等多家企业合作，向其提供优质可靠的语音交互服务。

本 章 小 结

搜索引擎指运用特定的计算机程序，从互联网上搜集信息并对信息进行组织和处理，以供用户检索查询的系统。其主要涵盖两个方面的内容：一方面，搜索引擎是由一系列技术支持构建的网络信息在线查询系统，具有相对稳定的检索功能，如关键词检索、分类浏览式检索等；另一方面，这种查询系统借助不同的网站的服务器，协助网络用户查询信息，且该服务是搜索引擎的核心服务内容。搜索引擎的工作流程可分为抓取网页、索引、搜索词处理、排序等步骤。

搜索引擎营销就是基于搜索引擎平台的网络营销，利用人们对搜索引擎的依赖和使用习惯，在人们检索信息的时候将信息传递给目标用户。搜索引擎营销的目标有收录层、排名层、点击层和转化层四个层次。搜索引擎营销的实质就是通过搜索引擎，向用户传递他们的关注对象的营销信息。搜索引擎营销的特点有：以用户为主导，具有针对性；按效果付费，具有经济性；分析统计简单，便于评估；用户定位精准，营销效果强。

搜索引擎营销按照是否付费可以分为自然搜索引擎营销和付费搜索引擎营销。自然搜索引擎营销也称为搜索引擎优化（SEO），付费搜索引擎营销主要是竞价排名和付费搜索引擎广告。搜索引擎优化指企业通过对其网站栏目结构和网站内容等基本要素的优化设计，提升网站对搜索引擎的友好性，使网站中尽可能多的网页被搜索引擎所收录，并使其在自然搜索结果中排名靠前，从而获得更多的潜在用户，提高企业的销售能力。企业可以采取关键词选择、网页元标签优化、网站地图、外部链接优化、简化网站操作等方面的优化措施。

复 习 思 考

1. 搜索引擎的作用与工作流程是什么？
2. 搜索引擎营销的概念与特点是什么？
3. 搜索引擎营销的目标层次有哪些？
4. 搜索引擎营销的方法有哪些？可以从哪些方面实施搜索引擎优化措施？
5. 实践题：查阅资料，结合某企业实例，谈谈其在实施搜索引擎营销时运用了哪些措施。

❖ 案例分析

今日头条的推荐引擎模式

今日头条，是一款基于数据挖掘的推荐引擎产品，为用户提供精准化、个性化的移动咨询平台，实现内容与用户的精准链接。今日头条的定位是"你关心的，才是头条"。可以说，今日头条是一个链接内容生产者和内容消费者的平台。以下从内容的定位、内容的生产者和内容的消费者三个方面来分析其生产策略。

1. 内容的定位

(1) 产品切入点。今日头条充分利用技术优势，基于数据挖掘，分析用户行为，为每个用户建立个人阅读 DNA 库，结合优秀的算法，为每个用户推荐其所感兴趣的新闻资讯内容，解决当今社会资讯过载的问题。

(2) 差异化。与其他咨询类平台不同的是，今日头条利用各种算法，给用户所推荐的资讯内容都是个性化的、用户自己想看的内容。

(3) 满足用户需求。资讯过剩的时代，今日头条帮用户节省了时间，满足了用户阅读自己感兴趣的资讯的需求。

2. 连接内容生产者

连接生产者也就是解决"内容从哪儿来"和"内容持续有"两个问题。

(1) 内容从哪儿来。

① 利用机器爬虫，抓取内容。一开始，头条的内容来自其他门户新闻的汇总。不管什么引擎，它的首要工作都是要通过爬虫积累足够多的数据样本。头条采用门户加推荐引擎的模式，用户点击新闻标题后，会跳转到新闻门户的原网页。但是出于用户体验的考虑，也为了方便移动设备用户的阅读，今日头条会对被访问的其他网站网页进行技术的再处理，去除原网页上的广告，只显示内容。不过这涉及版权问题，今日头条为此投入了上亿的资金。

② 自己经营自媒体平台。在这个阶段头条真金白银（千人万元、百群万元等计划）地砸钱砸出了国内最大的自媒体作者平台。建立头条号之后，媒体可以在平台上自己上传内容，这就相当于授权头条进行内容分发。从此之后，不再是头条主动找媒体，媒体也可以更便捷地主动来找头条。现在，头条的总量更是超过了 30 万，企业头条号超过 3.3 万，73% 的内容都是由头条号贡献的。

③ 短视频。今日头条宣布其已经成为国内最大的短视频分发平台，建立了"金秒奖"以及投入了更多的资金来支持短视频的创作。

④ 问答和微头条。问答和知乎一样，微头条与微博和朋友圈一样。

(2) 激励生产者（如何持续有）。早在 2015 年的头条开发者大会上，头条便宣布了一个千人万元的补贴计划，确保至少有 1000 个头条号创作者，单月至少获得 1 万元的保底收入；还开设了内容创投基金，在内容领域投资 2 亿元，投资超过了 300 家早期内容创业团队，对早期项目的投资金额在人民币 30 万元至 100 万元的范围内。

之后，头条号还做了一个创作空间，在北京建了一个头条号自媒体孵化空间，提供了高质低价的 200 个工位和自媒体大咖导师以及融资渠道，从空间、服务、课程、投资等多重方位去提供孵化服务，不仅有内容的投资资金，还有流量的扶持计划。

头条还开设了一个媒体实验室，为创作者提供了一个创作工具，通过大数据为内容生产者提供内容线索。比如，热词排行、热词趋势、报告热点事件需要的背景资料，都可以在这个平台上呈现出来。自媒体人撰写报告的时候，可以参考这些内容。

在 2016 年的头条号大会上，头条宣布其会对短视频的头条号进行 10 亿元补贴。此外，头条还为头条号的自媒体人考虑了盈利模式。它首先选取了一批能生产优质内容的自媒体账号进行内测，在自媒体的文章内容页面提供固定的广告位，并提供了广告的分成计划。

3. 连接内容消费者

连接内容消费者，也就是让用户满意地留在平台上。首先，要保证用户看到的内容是满意的，所以需要把内容生产者提供的内容进行预处理，并将处理过的内容以好的方式展现出来。

（1）内容预处理。

要想找到优质的用户，最根本的是要把内容和体验做好，要不然就算用户来了也会流失掉。今日头条通过以下几个方面机制来实施内容的预处理。

① 审核机制。今日头条的审核机制相当严格。图文信息采用"人工十机器"的方式进行审核，而视频方内容则全部为人工审核。目前，其人工审核团队已有 300 多人。

② 消重处理。消重能够优化用户体验，对于每一位用户，同类主题文章看一篇就足够了。

③ 资讯流推送。每次下拉或者点击首页按钮，今日头条推荐引擎便会更新几条新闻，而且要更新很多次之后，才会出现"暂无更新，休息一会儿"的字样。相比于几年前，资讯数量有了很大的提升，而且信息流中显示了标题、来源、评论数以及刷新时间和图片，还可以设置是否在列表显示摘要。在信息流页面呈现的内容已经足够丰富，并且主次分明，并不会让人感到不适。

（2）内容的展现。

① 给他想看的。不需要输入关键字，就显示搜索内容的搜索引擎就是推荐引擎。推荐引擎涉及用户研究、文本挖掘、推荐算法、分布计算以及大数据流的实时计算等多种角度。当进入头条那一刻起，头条就已经开始收集用户进入 APP 的时间，以及其主动选择的资讯主题、点开查看的文章类型，以及在每一篇文章页面停留的时间。这些信息都会被头条收集起来，它细致到用户刷到哪里，刷了几屏，在每一屏里停留的时间等所有的行为。

② 资讯负反馈。在信息流页面设置了一个小叉，在详情内容末尾也设置了一个不喜欢按钮，点击之后会咨询用户不感兴趣的理由，这种方法能够精确获得负反馈的缘由，以便更精准地推荐信息。

③ 发布门槛。今日头条有严格的发布门槛，对文章的标题、正文等都有明确的标准，任何违反标准的文章都不可以成功发布。

思考：通过查阅资料并自己实践，将今日头条的推荐引擎与百度搜索引擎做比较分析。

第 14 章 大数据营销

学习目标

1. 理解精准营销的含义；
2. 掌握大数据营销的特征；
3. 掌握大数据营销的实施要点；
4. 掌握大数据营销的策略与方法。

知识结构图

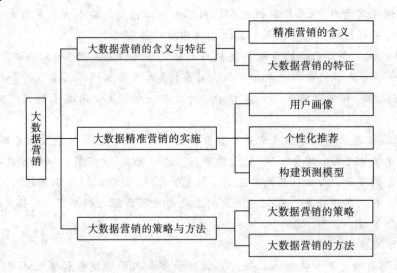

14.1 大数据营销的含义与特征

14.1.1 精准营销的含义

精准营销(Precision Marketing)是由营销专家菲利普·科特勒在 2005 年底提出的。他认为企业需要更精准的、可衡量的和高投资回报的营销沟通，需要制订更注重结果和行动的营销传播计划，还有更注重对直接销售沟通的投资。简单来说，就是 5 个合适：在合适的时间、合适的地点、将合适的产品、以合适的方式、提供给合适的人。像恋爱一样，让消费者能够一见钟情、二见倾心、三定终生，实现产品与用户多维度的契合。

精准营销指在精准定位的基础上，依托现代信息技术手段建立个性化的顾客沟通服务体系，实现企业可度量的低成本持续发展的战略目标。

精准营销的含义可以从以下几个方面来理解：

（1）精准营销是指通过可量化的精确的市场定位技术，从而突破传统营销定位只能定性的局限。

（2）精准营销借助先进的数据库技术、网络通信技术及现代高度分散物流等手段保障和顾客的长期个性化沟通，使营销达到可度量、可调控等的精准要求，摆脱了传统广告沟通的高成本束缚，使企业低成本快速增长成为可能。

（3）精准营销的系统手段保持了企业和客户的密切互动沟通，从而不断满足客户个性需求，建立稳定的企业忠实顾客群，实现客户链式反应增值，从而达到企业的长期、稳定、高速的发展需求。

（4）精准营销借助现代高度分散物流使企业摆脱繁杂的中间渠道环节及对传统营销模块式营销组织机构的依赖，实现了个性关怀，极大降低了营销成本。

（5）与现今大数据营销思路相辅相成。精准营销也是当今企业网络营销的关键，如何做到精准，是一个系统化流程。企业应该通过营销做好相应的企业营销分析、市场营销状况分析和人群定位分析，最主要的是需要充分挖掘企业产品所具有的诉求点，实现真正意义上的精准营销。

14.1.2　大数据营销的特征

大数据营销是基于多平台的大量数据，依托大数据技术的基础上，对采集到的海量数据进行分析，帮助企业找到目标消费者，并以此为基础对广告投放的内容、时间及形式进行预测与调配，从而实现广告精准投放的营销过程。大数据营销是一种应用于互联网广告行业的营销方式，能够使广告更加精准有效，给品牌企业带来更高的投资回报率。大数据营销的核心在于让网络广告在合适的时间，通过合适的载体，以合适的方式，投给合适的人。

大数据营销具有以下特征。

1. 多平台化数据采集

大数据的数据来源通常是多样化的，多平台化的数据采集能使对网民行为的刻画更加全面而准确。多平台采集可包含互联网、移动互联网、广电网、智能电视，未来还有户外智能屏等数据。

2. 强调时效性

在网络时代，网民的消费行为和购买方式极易在很短的时间内发生变化，在网民需求点最高时及时进行营销非常重要。全球领先的大数据营销企业 AdTime 对此提出了时间营销策略，即主张通过技术手段充分了解网民的需求，并及时响应每一个网民当前的需求，让其在决定购买的"黄金时间"内及时接收到商品广告。

3. 个性化营销

在网络时代，广告主的营销理念已从"媒体导向"向"受众导向"转变。以往的营销活动需以媒体为导向，常选择知名度高、浏览量大的媒体进行投放。如今，广告主完全以受众为导向进行广告营销，因为大数据技术可让他们知晓目标受众身处何方，关注着什么位置的什么屏幕。大数据技术可以做到当不同用户关注同一媒体的相同界面时,广告内容有所不同。大数据营销实现了对网民的个性化营销。

4. 性价比高

和传统广告"一半的广告费被浪费掉"相比,大数据营销在最大程度上,让广告主的投放做到有的放矢,并可根据实时性的效果反馈及时对投放策略进行调整。

5. 关联性

大数据营销的一个重要特点在于网民关注的广告与广告之间的关联性。由于大数据在采集过程中可快速得知目标受众关注的内容及其所处的位置等有价值的信息,可让广告的投放过程产生前所未有的关联性,即网民所看到的上一条广告可与下一条广告进行深度互动。

14.2 大数据精准营销的实施

企业开展大数据精准营销,可以通过用户画像、个性化推荐、构建预测模型等步骤来实施。

14.2.1 用户画像

用户画像是根据用户社会属性、生活习惯和消费行为等信息而抽象出的一个标签化的用户模型,具体包含以下几个维度:

(1)用户固定特征,包括用户的性别、年龄、地域、教育水平、生辰八字、职业、星座等;

(2)用户兴趣特征,包括用户的兴趣爱好,常用的 APP、网站,浏览、收藏、评论的内容,品牌偏好,产品偏好等;

(3)用户社会特征,包括用户的生活习惯、婚恋、社交、信息渠道的偏好、宗教信仰、家庭成分等;

(4)用户消费特征,包括用户的收入状况、购买力水平、商品种类、购买渠道喜好、购买频次等;

(5)用户动态特征,包括用户的购买时间、购买需求、地理位置、正在前往的地方、周边的商户、周围人群、新闻事件等。

企业为了实现用户画像需要开展以下几个步骤。

1. 采集和整理数据:用已知预测未知

首先需要获取繁杂的数据源来标识用户,包括用户数据、各式活动数据、电子邮件订阅数、线上或线下数据库及客户服务信息等。如表 14.1 所示,企业可以通过 Cookie、注册 ID、微信、手机号等用户标识方式来获取用户的数据。例如,可以通过分析用户的微信朋友圈,获得用户的工作、爱好、教育等方面特征,这比个人填写的表单还要更全面和真实。其次,用已知的数据寻找线索,不断挖掘素材,不但可以巩固老会员,也可以分析出未知的顾客与需求,进一步开发市场。

表 14.1　互联网常用用户标识方法

用户标识的方式	特　点	局　限　性
Cookie	能够标识匿名、未注册用户	通常有一定有效期，不一定跨浏览器、设备
注册 ID	网站的用户标识	用户注册意愿低，需要投入大量推广运营成本
E-mail	互联网早期常用的用户标识方法	一个用户可能有很多 E-mail，此标识会损失准确性
微信、微博、QQ	互联网公示的第三方登录 ID，提供 OAuth 授权机制	标识具有准确性和持久性
手机号	移动端最精准的标识	较难获取到，视产品激励用户意愿
身份证	最官方的标识	难获取到，视产品激励用户意愿

资料来源：牛温佳，等．用户网络行为画像：大数据中的用户网络行为画像分析与内容推荐应用[M]．
北京：电子工业出版社，2016

2. 构建用户标签体系：用户分群、分门别类贴标签

掌握了用户数据后，在分析阶段，数据会转换为影响指数，据此就可以根据用户特征来细分用户群体，并且给每个用户群体贴上标签，以便开展一对一的精准营销活动。构建用户的标签体系，就是将收集的用户数据标签化，通过收集和分析用户的基本特征、社会属性、生活习惯、购物偏好等数据，抽象出一个虚拟用户的特征全貌，给用户贴上"标签"来全方位、多维度地展示用户画像的内容，这是用户画像的核心。

标签通常是人工定义的高度精练的特征标识，语义化和短文本是标签的两个重要特征。其中，语义化赋予标签一定的含义，便于用户理解；短文本使标签本身无需做过多文本分析等处理工作，便于计算机的标签提取、聚合分析过程。例如，一个 80 后客户喜欢在生鲜网站上早上 10 点下单买菜，晚上 6 点回家做饭，周末喜欢去附近吃日本料理，经过搜集与转换，就会产生一些标签，包括"80 后""生鲜""做饭""日本料理"等，贴在消费者身上。

3. 制订营销策略：优化再调整

有了用户群体标签之后，便能清楚其需求，在营销活动的实际操作上，就能深度经营顾客关系，甚至找到扩散口碑的机会。例如上面的例子中，若有生鲜的打折券、日本餐馆最新推荐，营销人员就会把适合产品的相关信息，精准推送至这个消费者的手机中。还可以针对不同产品发送推荐信息，同时通过顾客满意度的调查以及跟踪码确认等方式，掌握顾客各方面的行为与偏好。这样的营销策略不仅能够提高营销效率与转化率，还能增强客户关系管理。

除了顾客分群之外，营销人员也在不同时间阶段观察成长率和成功率，前后期对照，确认整体经营策略与方向是否正确；若效果不佳，又该用什么策略应对；反复试错并调整模型，做到循环优化。这个阶段的目的是提炼价值，再根据客户需求精准营销，最后追踪客户反馈的信息，完成闭环优化。

14.2.2　个性化推荐

大数据最大的价值不是事后分析，而是预测和推荐。随着电子商务规模的不断扩大，商品个数和种类快速增长，客户需要花费大量的时间才能找到自己想买的商品。这种浏览大量无关的信息和产品的过程无疑会导致客户的流失。为了解决这些问题，个性化推荐系统应运而生。个性化推荐是根据用户的兴趣特点和购买行为，向用户推荐用户感兴趣的信息和商品。个性化推荐方式可以让用户定制自己感兴趣的信息内容，选择自己喜欢的网页设计形式，根据自己的需要设置信息的接收方式和接收时间等，也可以由服务器系统根据用户的历史行为智能地为用户提供这些个性化设置。

例如，大多数服装订购网站在个性化推荐机制方面采用的都是用户提交身形、风格数据＋编辑人工推荐的模式，而服装网站 Stitch Fix 不一样的地方在于它还结合了机器算法推荐(见图 14.1)。根据客提供的身材比例和主观数据，加上销售记录的交叉核对，该算法推荐可以挖掘每个人专属的服装推荐模型。这种一对一营销是最好的服务。

图 14.1　服装网站 Stitch fix

再如，亚马逊的个性化推荐大幅增加了其销售量；Facebook 的精准广告投放成功把粉丝和流量变现；Google 搜索页面的动态调整，让推荐更符合用户心意，提高了搜索的效率。这些事例都成为业界口口相传的大数据营销经典之作。通过大数据计算，能够准确推测用户的真实需求，将用户想要的、喜欢的精准推送，有效地导流、触达用户和促进销售。

个性化推荐系统是建立在大数据基础上的一种商务智能平台，推荐算法主要有基于关联规则的推荐算法和基于内容的推荐算法。其主要考虑商品的销量、客户所处城市、客户过去的浏览行为和购买行为等因素，并以此推测出客户将来可能的购买行为，为客户提供完全个性化的决策支持和信息服务，满足客户对购物过程的快捷性、友好性等用户体验的需求。个性化推荐在改善顾客关系、培养顾客忠诚度以及增加网上销售方面具有明显的效果。个性化推荐系统具有良好的发展和应用前景。目前，几乎所有的大型电子商务系统都不同程度地使用了各种形式的推荐系统。有研究表明，为了获得有价值的个性化服务，用户愿意提供必要的个人信息。

数据整合改变了企业的营销方式，现在经验已经不是累积在人的身上，而是完全依赖消费者的行为数据去做推荐。未来，销售人员不再只是销售人员，而是升级为能以专业的数据预测并凭借人性的亲切互动来推荐商品的顾问型销售。

14.2.3　构建预测模型

基于由存量用户的历史数据挖掘出的典型特征，构建预测模型并输出产品的目标用户群体，并通过模型置信度以及预测效果的评估对模型进行修正，最终得到目标客户群体，可以为网络营销策略提供有效支撑。

预测客户购买可能性的行业标准是 RFM 模型（最近一次消费 R，消费频率 F，消费金额 M），但模型应用有限，其本质是一个试探性方案，没有统计和预测依据。"过去的成绩不能保证未来的表现"，RFM 只关注过去，不将客户当前行为和其他客户当前行为做对比，这样就无法在购买产品之前识别高价值客户。因此，我们聚焦的预测模型，就是为了在最短时间内对客户价值产生最大影响。这里列举以下几个可供参考的模型。

1. 参与倾向模型

参与倾向模型就是预测客户参与一个品牌的可能性。参与的定义可以多元，如参加一个活动、打开电子邮件、点击和访问某页面等。可以通过模型来确定 EDM 的发送频率，并对趋势做预测，以便决定是增加还是减少活动。

2. 钱包模型

钱包模型就是为每个客户预测最大可能的支出，其定义为单个客户购买产品的最大年度支出。然后看增长模型，如果当前的总目标市场比较小，但未来可能很大，就需要去发现这些市场。

3. 价格优化模型

价格优化模型就是能够最大限度地提升销售、销量或利润的架构，通过价格优化模型为每个客户来定价。这里企业需要针对不同的产品开发出相应的价格模型，或者开发通用的模型，以及可预测的客户价格敏感度的模型，确定哪一种报价会对客户满意度影响最大。

4. 关键字推荐模型

关键字推荐模型可以基于一个客户的网络行为和购买记录来预测其对某个内容的喜爱程度，预测客户对什么热点、爆款感兴趣。营销者使用这种预测结果为特定客户决定内容营销主题。

5. 预测聚集模型

预测聚集模型就是预测客户会归为哪一类。

14.3　大数据营销的策略与方法

14.3.1　大数据营销的策略

1. 深挖用户价值

在大数据营销过程中，通过融合现实需求和虚拟分析，自动采集客观反映用户行为等的多维度特征数据，深层分析量化偏好程度，挖掘隐藏在背后的模式、趋势和相关性，进行网络营销全链路运营，从而推动用户将"需求"转化为"消费"。同时，为实现对用户行为和事实的准确预测，还可以运用新的数据分析技术和更完善的工具，将目标产品从海量广泛的用户市场细分到个别用户市场，从而提供精确、个性化的用户服务。例如，北京歌华有线公司除了收集收视率数据以外，还密切关注回看次数、暂停等"隐形"数据，在完整记录用户实际喜好后，通过精确推荐的方式为用户提供个性化的智能电视收视服务，取得了较好的收视效果。

2. 坚持数据导向，增强用户黏性

在大数据营销过程中，坚持以数据分析为导向，在对用户特征数据分析的基础上，从多个触点和时间段的大数据分析中找到关键点，推动用户完成购买，与用户的连接方式从过去的"经验主义"的模糊方式转变成"数据驱动"的精确方式。与此同时，企业对不同类型用户开展不同的客户关系管理，提供给用户有针对性的服务，解决用户反馈的问题，不断迭代产品并提升服务水平，从而提高用户的满意度、忠诚度，增强用户的黏性。

3. 融入网络营销战略，构建用户模型

在网络营销战略规划及实施活动中，即包括网络调研、消费者行为分析、产品研发、营销策略和售后服务等过程中，数据导向战略都发挥着重要作用。企业通过对潜在或现有用户的大量行为数据的深度挖掘，可推动建立基于内容和用户画像的个性化推荐系统，从而为用户提供更准确的、更优质的搜索体验及服务体验。例如，零售巨头沃尔玛推出一款针对购物的语义搜索引擎 Polaris，其具备语义数据、文本分析、机器学习和同义词挖掘等能力，可对 Polaris 上数据进行挖掘和分析，从而构建画像并预测用户的行为。营销人员通过分析用户在 Polaris 上的搜索数据，了解当下最新最热的产品；网站管理者通过用户的反馈信息，不断完善网站内版块的属性，促使用户在线购物的完成率不断提升。

4. 借助新兴科技，提升用户体验

在大数据营销精准营销中，为用户提供广泛的个性化推荐，是提升用户体验的有效手段。在个性化推荐技术中，算法分发权重（编辑分发、社交分发、各种算法产出等）是个性化推荐质量的良好保证，而用户数据模型的质量好坏意味着能否正确表示用户的兴趣爱好。网络环境下，基于内容的个性化推荐算法可提取用户的时空多维属性数据信息，融合线上线下，融合现实与虚拟，实现"用户、场景、创意"在媒介融合环境下的精准传播，而这些可能也是一个涉及各种新兴科技（物联网、人工智能、云计算等）综合赋能的过程。

14.3.2　大数据营销的方法

1. 关联营销

关联营销是通过大数据技术，从数据库的海量数据中发现数据与消费者特征及行为之间的关联性，实现深层次的多面引导的营销方式。著名的沃尔玛"啤酒与尿布"的关联销售就是较早的知名的大数据营销案例（见本章阅读资料《沃尔玛的"啤酒＋尿布"大数据营销》）。关联性分析对企业的商业决策具有重要意义，在市场营销、事物分析等领域有着广泛的应用。企业通过对记录每一个购物内容的数据进行整理分析，可以发现不同商品之间所存在的关联性，进而分析消费者的购买习惯。例如，通过大数据研究消费者在购买牙膏时是否喜欢同时购买牙刷或买了哪个品牌的牙刷，如果得到牙膏和牙刷的关联性，商家就可以把牙膏和牙刷放在一起进行有针对性的促销活动。

❋ 阅读资料

沃尔玛的"啤酒＋尿布"大数据营销

在大数据应用中，较为知名的商业案例是"啤酒＋尿布"。该故事的传播源于 20 世纪 90 年代的美国沃尔玛连锁超市。故事是这样的：沃尔玛超市管理人员分析其销售数据时，竟然发现了一个令人难以理解的商业现象：在日常的生活中，"啤酒"与"尿布"这两件商品看上去风马牛不相及，但是经常会一起出现在美国消费者的同一个购物车中（见图 14.2）。

图 14.2　"啤酒＋尿布"购物车

这个独特的销售现象引起了沃尔玛管理人员的关注。经过一系列的后续调查证实，"啤酒＋尿布"的现象往往发生在年轻的父亲身上。这个现象源于美国独特的文化，在有婴儿的美国家庭中，通常是由母亲在家中照看婴儿，去超市购买尿布一般由年轻的父亲负责。年轻的父亲在购买尿布的同时，往往会顺便为自己购买一些啤酒。年轻父亲这样的消费心理自然就导致了啤酒、尿布这两件看上去不相干的商品经常被顾客同时购买。如果年轻的父亲在超市只能购买到一件商品，通常有可能会放弃在该超市购物而到另一家商店购买，直到可以一次买到啤酒和尿布两件商品为止。

沃尔玛的管理人员发现后，立即着手把啤酒与尿布摆放在相同的区域，让年轻的父亲可以非常方便地找到尿布和啤酒这两件商品，并让其较快地完成购物。这样一个小小的陈列细节让沃尔玛获得了满意的商品销售收入。

其后，为了证明"啤酒＋尿布"销售的可行性。美国学者艾格拉沃（Agrawal）在 1993 年从数学及计算机算法角度提出了商品关联关系的计算方法——Aprior 算法，即通过分析购物篮中的商品集合，找到商品之间关联关系的关联算法，根据商品之间的关系，找出顾客的购买行为。在此基础之上，从 20 世纪 90 年代开始，沃尔玛将艾格拉沃提出的 Aprior 算法引入 POS 机数据分析中，并获得成功。

2. 定制营销

网络环境下的定制营销思维正在蜕变，定制服务领域在扩展，内涵在加深，消费者满意度也得到了空前的提升。在"C2B"模式与大数据应用逐渐普及的当今，基于定制营销思维的产品和服务将开启产品销售的新模式，在此模式下，追求快速、专注、口碑和极致的用户体验，推崇让消费者来定义产品或服务，快速响应消费者需求，以互联网为工具传递消费者价值等营销理念。

✲ 阅读资料

优衣库的个性化营销“UTme”

日本快时尚服装品牌优衣库“UT”系列，即“Uniqlo T-shirt”，是优衣库旗下的经典产品系列，该系列T恤以汇集电影、音乐、漫画等新潮的流行文化元素而著称。2014年是UT诞生的第11个年头，借此机会优衣库5月中旬在日本推出了“UTme”APP，以此满足年轻人追求个性的心理。“UTme”是使每一个用户能够DIY个人专属的UT，这款应用较好地呼应了当季UT系列推出的“THE NEW MODEL T——新世代T恤”的新概念，使得用户可以自由发挥自己的创意和想象力，亲身参与个性T恤的定制。

相对于统一单调的设计，消费者更青睐独特、个性的风格，这已经成为一种普遍需求。为了抓住消费者不一样的兴趣点，优衣库的“UTme” APP应用开发着重落在“互动性”和“趣味性”上。消费者使用这一手机应用设计属于自己的个性T—shirt，并通过参与和分享带来满足感。具体实施中，首先，用户进入功能界面，就可以看到自己的作品将会采用何种方式呈现在T恤衫上面，优衣库提供了三种选择：涂鸦、添加文字或上传图片。通过这三种图案设计方式，用户可以自定义设计自己喜欢的不同风格。其次，用户选择好设计方式后，就可以摇晃手机了，此时手机上的图案会瞬间变化，先前画好的图案便会呈飞溅、马赛克或电子脉冲状。这种随机设计既增强了用户的趣味性又降低了UGC的门槛，使用户乐于加入创作专属T恤的行列。再次，用户可以在优衣库的线上社区UT gallery陈列自己的作品，还可以欣赏其他人的创意作品，甚至为出色的创意点赞，方便了用户之间的互动。最后，为了实现将线上的活动转换为切实的销售额。“UTme”提供在APP上下单的功能，用户的创意一经上传就变成了优衣库的资源，这些作品都可以直接下单订购。这样“UTme”最大限度地调动了消费者的积极性，并借此传达出优衣库“个性、时尚”的品牌形象。

“UTme”利用手机具有的移动互动性特点，抓住产品和应用之间的结合点，即提供个性化定制服务，把优衣库品牌和产品的最前端推向消费者，让消费者自己设计，并借助优衣库社区的发酵，引起充分讨论和分享，形成螺旋效应。自其推出以来，一直深受用户喜爱。数据显示，其在App Store获得了40%以上用户的4.5星或5星评价，好评如潮。同时，这款应用有着较高的参与度，UT gallery中展示和分享了大量的用户作品，产生订购行为的作品超过70%。

3. 移动营销

移动营销是基于对大数据的分析处理，深入研究目标用户，获取市场信息，进而制订营销战略，并通过移动终端(手机等)向目标受众定向、精确地传递个性化即时信息，通过与消费者的信息互动达到网络营销目标的行为。移动营销具有快速性、便利性、精准性、互动性等特点，使用户可以在行动中通过手机或其他移动设备随时随地地参与消费活动，完成品牌搜索、产品信息互动、相关价格查询比较、下单购买、反馈评价等一系列行为。正如优衣库的“UTme”APP营销案例，在大数据背景下，移动营销将成为各大企业开展营销活动的重要阵地。

本 章 小 结

精准营销指在精准定位的基础上，依托现代信息技术手段建立个性化的顾客沟通服务体系，实现企业可度量的低成本持续发展的战略目标。大数据营销是基于多平台的大量数据，依托大数据技术的基础上，对采集到的海量数据进行分析，帮助企业找到目标消费者，并以此为基础对广告投放的内容、时间及形式进行预测与调配，从而实现广告精准投放的营销过程。大数据营销具有以下特征：多平台化数据采集；强调时效性；个性化营销；性价比高；关联性。

企业开展大数据精准营销，可以通过用户画像、个性化推荐、构建预测模型等步骤来实施。用户画像是根据用户社会属性、生活习惯和消费行为等信息而抽象出的一个标签化的用户模型。构建用户的标签体系，就是将收集的用户数据标签化，通过收集和分析用户的基本特征、社会属性、生活习惯、购物偏好等数据，抽象出一个虚拟用户的特征全貌，给用户贴上"标签"来全方位、多维度地展示用户画像的内容，这是用户画像的核心。

个性化推荐系统是建立在大数据基础上的一种商务智能平台，推荐的算法主要有基于关联规则的推荐算法和基于内容的推荐算法，主要考虑的因素是商品的销量、客户所处城市、客户过去的浏览行为和购买行为，以此推测出客户将来可能的购买行为，为客户提供完全个性化的决策支持和信息服务，满足客户对购物过程的快捷、友好等用户体验需求。个性化推荐在改善顾客关系、培养顾客忠诚度以及增加网上销售方面具有明显的效果。

基于对存量用户的历史数据挖掘出的典型特征，构建预测模型来输出产品的目标用户群体，并通过模型置信度以及预测效果的评估对模型进行修正，最终得到目标客户群体，为网络营销策略提供有效支撑。

实施大数据营销的策略有：深挖用户价值；坚持数据导向，增强用户黏性；融入网络营销战略，构建用户模型；借助新兴科技，提升用户体验等。大数据营销的方法有：关联营销、定制营销和移动营销。

复 习 思 考

1. 如何理解精准营销的含义？
2. 大数据营销的概念与特征是什么？
3. 用户画像指什么？企业如何开展用户画像？
4. 大数据营销的策略有哪些？
5. 举例说明大数据营销的实施方法有哪些。
6. 实践题：结合某企业实例，谈谈其运用了哪些个性化推荐系统和预测模型来开展大数据营销活动。

❖ **案例分析**

雀巢奶粉"6·18"大数据营销

每年的 6·18，是年中的各大电商平台大战时期，各大品牌在此期间展开激烈竞争，吸引消费者的注意力,提升品牌的曝光度和知名度。雀巢奶粉作为高端母婴奶粉市场的领导品牌,针对中国母婴的独特需求,雀巢推出了不同年龄段婴儿适用的 NAN 奶粉及孕期奶粉。正值京东"6·18"年中大促之际,雀巢奶粉携手瑞恩传媒公司,利用行业前沿的智能大数据营销技术,在雀巢奶粉和广大母婴妈妈人群之间建立有效的沟通桥梁,让广大母婴人群深入了解雀巢奶粉"优养千日,优护一生"品牌理念和产品特性,并将真实的母婴人群引流至雀巢奶粉在京东的官方旗舰店,最终产生购买行为。因此,雀巢奶粉有以下两方面的营销目标:一方面是通过有效的品牌教育,促进母婴消费人群对婴幼儿日常喂养和营养搭配的认知,提高用户对雀巢奶粉的品牌好感度;另一方面是在 6·18 大促期间,短期内快速聚焦高品质的母婴人群流量,深层次覆盖影响,有效提升电商转化率,刺激销量转化提升。

但是,如何识别出目标受众、如何确定目标用户的需求、如何推荐相应的产品等一个个难题摆在面前。此次雀巢奶粉"6·18"Campaign 不仅是对雀巢奶粉品牌的考验,也是对广告推广平台技术与创意的考验。

1. 营销策略:大数据营销

(1) 数据技术整合:将客户自有数据梳理(CRM 数据+官网访问数据+往期广告投放数据)结合媒体数据及瑞恩平台数据对应打通,进行数据分析并建立全新 DMP 数据库,进行人群行为数据高效识别及全面对接,精细化定向雀巢母婴各市场消费群体。

(2) 通过对到访用户数据进行分析收集,识别判断用户属性,智能匹配高关联的广告素材,同时结合动态轮播和追屏技术,根据受众后续行为特征,合理调整广告素材创意和活动内容,为其投放感兴趣的广告内容,持续影响教育,加深与受众互动沟通,大大提升用户体验和视觉感知,提高广告投放效果。

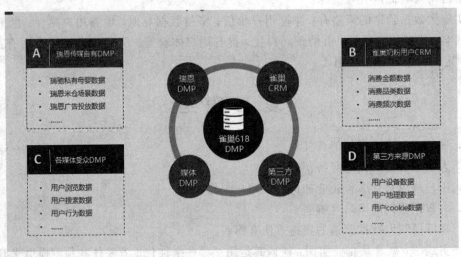

图 14.3　雀巢奶粉"6·18"独立数据库

2. 营销实施:雀巢奶粉的大数据营销执行过程主要包括以下几个步骤

(1) 多渠道数据源生成雀巢奶粉"6·18"独立数据库(见图 14.3)。瑞恩传媒整合了瑞驰 DMP、"米仓"DMP、媒体 DMP 和雀巢 CRM 数据库等多渠道数据,将复杂无章的数据进行重新标签化及再分类，形成了具有高度针对性和精细化的雀巢奶粉私有 DMP，完整覆盖了用户身份、地理、出行、消费、浏览等多维数据（见图 14.4），全面了解制订雀巢母婴人群行为画像，为下一阶段的目标用户数据挖掘及广告投放打下了坚实的基础。

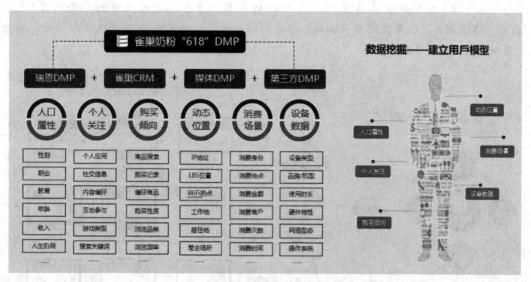

图 14.4　雀巢奶粉"6·18"DMP 数据标签化

（2）高维用户分析模型识别雀巢奶粉"6·18"Campaign 目标受众（见图 14.5）。瑞恩传媒通过数据深度挖掘处理建立了包含上百个变量的用户分析模型，高度拟合现实用户画像，将用户标签集划分为三类：基本属性类标签、媒体属性类标签和消费属性类标签。基本属性类标签用于识别用户人口属性身份，媒体属性类标签用于描绘用户触媒习惯及内容偏好，消费属性类标签用于描绘用户对雀巢奶粉的熟悉程度、消费特征和购买决策过程。通过瑞恩传媒数据源，多维度分析受众，标签归类，用户识别分类，将此次 Campaign 的目标受众定位为三类人群：孕中孕晚期妈妈、0~1 岁婴儿妈妈和 1 岁以上婴儿妈妈。

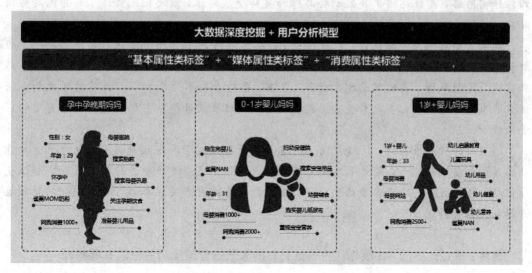

图 14.5　雀巢奶粉"6·18"用户画像

（3）智能轮播，故事化场景营销，持续深度影响教育。通过对到访用户数据进行分析收集，识别判断用户属性，针对雀巢母婴提供的 9 版素材，分期分人定向投放，基于细分的人群属性特征，智能匹配高关联的广告素材，同时结合动态轮播和追屏技术，根据受众后续行为特征，合理调整广告素材创意和活动内容，为其投放感兴趣的广告内容（见图 14.6），循序渐进，引导激发用户兴趣，持续影响教育，大幅度提升用户点击参与度，助力雀巢母婴线上推广"品效合一"。

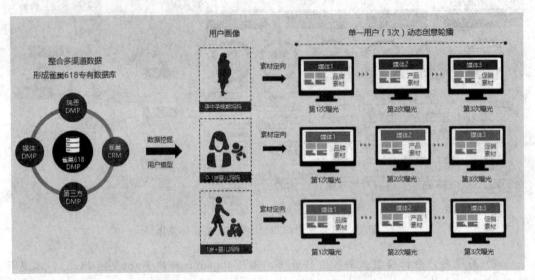

图 14.6　雀巢奶粉广告素材定向投放智能轮播

（4）优选媒介矩阵搭建雀巢奶粉"6·18"Campaign 四维传播网络。瑞恩传媒在自身庞大的媒体资源库中优选出母婴垂直、新闻资讯、社交互动、在线视频等各领域的 TOP 级媒体组成了高质量媒介矩阵，并根据不同媒体的功能和体量，科学分配广告预算，提前预订广告流量，合理选择广告形式，综合制订媒介排期，形成了包含广度、精度、深度、强度的四维传播网络，高效连接了雀巢奶粉品牌和目标受众群体，最大化地促进了媒介间的协同效应。

此次营销效果与市场反馈：广告投放 PC 端总计曝光 16 675 942 次，超额完成既定投放量，共实现 170 094 次点击，平均点击率为 1.02%；移动端总计曝光 156 108 204 次，超额完成既定投放量，共实现 2 875 832 次点击，平均点击率为 1.86%，大量的曝光和点击使广告有效触达众多母婴消费受众，较活动前期相比雀巢母婴京东旗舰店面销量有 2 倍以上的提升。

通过程序化精准投放，持续精细化母婴人群的有效经营和规模覆盖，短期内快速聚焦高品质的母婴人群流量，最大限度地对雀巢母婴"6·18"大促活动进行曝光宣传，加深受众记忆，形成高强度的品牌活动识别度，吸引更多母婴用户关注参与活动，有效刺激雀巢母婴电商销量转化提升。

思考：通过此案例，谈谈你认为雀巢奶粉的大数据营销成功的原因有哪些。

第 15 章　其他网络营销工具与方法

学习目标

1. 理解 APP 营销的营销策略；
2. 掌握许可 E-mail 营销的概念与特点；
3. 掌握二维码营销的优势与应用；
4. 掌握病毒式营销的基本要素与策略；
5. 掌握体验营销的类型和策略。

知识结构图

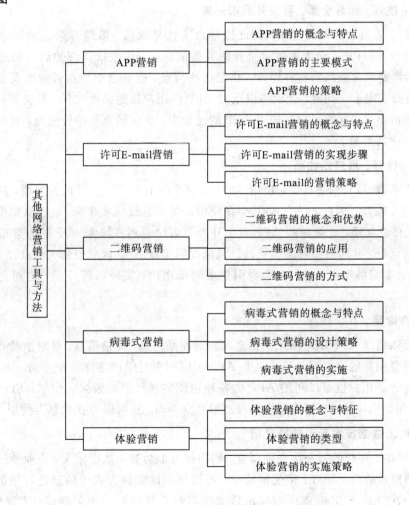

15.1 APP 营销

15.1.1 APP 营销的概念与特点

APP 是英文 Application 应用程序的简称，智能手机中使用的各种工具，如微信、百度地图、美图秀秀等都是 APP。APP 营销就是利用 APP 将产品及服务等相关信息展现在消费者面前，利用移动互联网平台开展的营销活动。

APP 营销的特点主要体现在以下几个方面。

1. 低成本性

相对于电视、报纸来说，APP 成本要低得多，只要开发一个适用于本企业的 APP 投放到应用市场，等待用户下载安装使用即可。

2. 自主性强，信息全面，可提升品牌形象

APP 是企业自己经营及管理，因此这种自主性是微信、微博等第三方平台无法比拟的。企业可以在 APP 上全面地展示企业的各类信息，不仅包括详细的商品信息及服务信息，还包括消费者对商品的各种评价。借助这些信息，能够帮助消费者做出满意的购买决策，满足消费者需求。同时，企业可以通过 APP 向用户传递企业文化、社会责任、企业理念等企业价值信息，这样用户在使用 APP 的过程中，会认同企业的价值观，也就提升了企业在用户心中的形象。

3. 持续性强，用户黏性高

当用户下载 APP 到手机后，使用体验好，就会一直使用下去并成为习惯，同时还有可能向身边的人推荐。因此，好的 APP 会在应用市场上下载数量靠前，能够赢得更好的用户口碑，形成良性互动，让企业的 APP 营销开展得更加顺利。如果 APP 的内容或功能能够得到用户的认可，其用户黏性会比较高。就像提到美食 APP 就会想到大众点评一样，一个好的 APP 会牢牢绑定老用户，也会吸引更多的新用户，实现口碑传播，达到企业营销的目的。

4. 灵活度高，互动性强

企业可以通过 APP 随时向用户推送最新的商品信息、促销信息、针对消费者的互动活动以及针对老用户的回馈服务等。企业 APP 可以用于与用户进行各种互动，如实时对话、游戏和活动等。用户也可以利用 APP 的各种功能实现想要的效果。例如，用户打开共享单车 APP 和手机定位功能，就能发现身边的共享单车，还可以寻找优惠券使用。

5. 通过大数据技术实现精准营销

在 APP 中，用户的每一次查询浏览、购物行为都会被大数据记录，企业通过大数据分析，能对消费者的购买偏好、接受的价格、习惯使用的支付方式等信息进行精准定位，在消费者下一次打开 APP 时就可以向消费者推荐符合其喜好的相关商品，实现精准营销。企业还可以根据用户的偏好提供给丰富的个性化信息，如优惠礼券、促销信息、个性服务等，使营销效果最大化。

15.1.2　APP 营销的主要模式

APP 营销是一种新型的营销模式，不同学者对其有不同的分类方式，这里根据 APP 营销的发展将其主要分为以下两种模式。

1. 植入广告模式

植入广告模式是最简单的一种营销模式。APP 开发者可以直接将广告嵌入 APP 中，用户打开 APP 就能在首页或相应界面中看到广告。如果用户对广告感兴趣就会点击进一步了解其详细内容，从而参与到企业的营销活动中来；如果不感兴趣，直接点击关闭或跳过广告即可。企业将广告植入那些应用量大的 APP 中会获得较好的关注和传播效果。要注意，广告内容本身是吸引用户的关键，往往会吸引那些对产品本不感兴趣的消费者成为潜在用户。

2. 用户参与模式

采用用户参与模式的 APP 类型主要有网站移植类 APP 和品牌应用类 APP 两种。企业将自身开发的 APP 发布到各大应用平台，让用户下载使用。网站移植类 APP 可以使用户获得等同于网页端的使用体验，虽然不如网页端详细，但能使用户迅速抓住重要信息。这也是移动端的优势所在，页面简洁而信息全面，能够满足用户的需要。品牌应用类 APP 需要用户使用 APP 来完成购买或消费，有的 APP 甚至没有对应的网页版，只是结合部分手机的功能来使用的。例如，华为运动健康 APP 支持其手机及相关穿戴型设备。用户参与模式还有一个显著特点就是互动性强。例如，天猫 APP 在每年的"双十一"活动中就会开启"红包雨"等互动小游戏，用户点击手机屏幕上掉落的红包就能抢到相应的购物优惠券，同时还能将活动的链接在社交软件中分享，从而使更多的人看到这个活动。这样，企业通过用户的参与分享达到营销的目的。

15.1.3　APP 营销的策略

与传统的营销方式相比，APP 营销具有许多的特点及优势，因此，APP 营销已成为不少企业社交媒体营销的重要组成部分。企业在开展 APP 营销时应该考虑以下几个方面的营销策略。

1. 用户至上：抓住消费者的内心，满足其需求

企业在做 APP 营销时，首先就是要了解消费者，分析挖掘他们内在的需求和兴趣点，并能抓住目标人群的根本需求，以用户的需求为中心，结合用户的体验来设计开发相应的产品和服务。用户带着愉悦的心情来体验产品，自然愿意花钱购买。

如何了解用户的根本需求？企业可以通过以下几种途径来获取用户的需求。

（1）搜索引擎。企业可以通过在搜索引擎中输入产品名称等相关信息，搜索引擎就会自动匹配一些常见的搜索关键词，这样就知道用户最关心的是什么了。

（2）用户的反馈评价。企业通过用户的评价反馈意见，能审视自己产品的问题，发现用户不满意的地方，解决用户的痛点，满足用户的需求。

（3）让忠实用户粉丝参与产品设计。粉丝的影响作用不可小觑，他们是真正对产品有着强烈喜爱、认同企业价值观的忠实用户，让他们参与产品的调研、设计、试用等方面，会产生正向的粉丝效应。

2. 产品及服务是核心：要有差异化和创新

企业在产品和服务上要塑造特色，这是吸引消费者的核心。好的产品品质和优异的服务可以使消费者接受这款 APP，并且长期使用它。目前 APP 市场在快速增长中，同质化问题严重，如何让自己的 APP 脱颖而出是企业需要考虑的问题。一方面，企业可以开展私人定制服务。根据用户的个性化需求、会员等级等方面给用户提供不同的定制化服务，使其体会到自己的优越性。例如，定制化的 APP 首页、APP 会员界面。另一方面，企业可以挖掘产品亮点，做出创新创意。

3. 利用品牌效应为 APP 营销助力

品牌是一种标识、一种价值理念，是优异品质的核心体现。在 APP 营销中企业需要借助品牌推广来提升营销效果。首先，企业要塑造自己品牌的核心价值，即产品的使用价值、情感价值、文化价值和核心优势。产品的使用价值是吸引消费者的根本；情感价值可以使消费者和企业靠得更近，让消费者对品牌产生情感依赖和诉求；文化价值能够带来更高的附加价值；每个产品都有自己的核心优势，企业可以从产品的功能、设计、销售渠道等多方面进行探索，寻找产品的核心优势。其次，利用品牌效应吸引消费者。当人们想买家电时就会想到海尔、买计算机时会想到联想等，这就是品牌效应。企业可以将品牌元素融入到 APP 中，并在 APP 中同步线下活动，通过线上线下的联动增强营销的效果。

4. 联合相关企业借力营销

在移动互联网时代，单打独斗不如强强联手，借力营销往往更能事半功倍。企业在 APP 营销中，可以和不同领域的企业合作，优势互补，这样可以将双方的用户群体进行引流，产生"1＋1＞2"的效果。此外，企业还可以利用名人效应，邀请有影响力的名人为自己代言，也能起到良好的品牌推广效果。例如，杨紫作为百度 APP 超级蜕变代言人，就吸引了不少年轻人的关注。

15.2　许可 E-mail 营销

15.2.1　许可 E-mail 营销的概念与特点

1. 许可 E-mail 营销的概念

E-mail 是一种通过电子通信系统进行书写、发送和接收的信件，它结合了电话通信与邮政信件的优势，既能像电话一样快速传送信息，又能像邮政信件一样具备收件人邮件正文等。同时用户可以利用 E-mail 免费订阅各种信息，实现轻松的信息搜索。因此，E-mail 作为一种很重要的交流工具被广泛应用。

E-mail 营销是通过电子邮件的方式向目标用户传递信息的一种网络营销手段。凡是利用 E-mail 开展营销活动的商业行为都可以成为电子邮件营销，但未经用户许可而大量发送的 E-mail 通常被称为垃圾邮件。发送垃圾邮件开展营销活动是一种违法的商业行为，也很容易招致用户的反感。因此，真正意义上的 E-mail 营销也就是许可 E-mail 营销，它需要具备 3 个基本因素：① 用户许可；② 电子邮件传递信息；③ 信息对用户有价值。这 3

个因素缺少一个，都不能称之为有效的电子邮件营销。

根据许可 E-mail 营销所应用的用户电子邮件地址资源的所有形式，可以分为内部列表 E-mail 营销和外部列表 E-mail 营销，或简称内部列表和外部列表。内部列表也就是通常所说的邮件列表，是利用网站的注册用户资料开展 E-mail 营销的方式，常见的形式如新闻邮件、会员通讯、电子刊物等。外部列表 E-mail 营销则是利用专业服务商的用户电子邮件地址来开展 E-mail 营销，也就是电子邮件广告的形式向服务商的用户发送信息。许可 E-mail 营销是网络营销方法体系中相对独立的一种，既可以与其他网络营销方法相结合，也可以独立应用。

2. 许可 E-mail 营销的特点

与其他网络营销推广方式相比，许可 E-mail 营销具有以下几方面的特点：

（1）目标精准，可增加潜在客户定位的准确度。

（2）隐蔽性强。只有接收邮件的人了解营销内容，竞争对手或其他群体无法知道其营销信息。

（3）成本低。E-mail 工具大多可以免费使用，企业仅花费营销内容的设计费用。

（4）能够快速实施，有较高的回应率。

（5）可增强与客户的关系，提高品牌忠诚度等。

因此，许可 E-mail 营销既古老又具有稳定性，是企业常用的一种网络营销方式。

15.2.2　许可 E-mail 营销的实现步骤

实现许可电子邮件营销有以下五个基本步骤：

（1）培养或抓住客户的兴趣，让客户感觉到可以获得价值，从而吸引其注意力，使其愿意尝试相关的服务和产品，并自愿加入到许可的行列中去；

（2）当潜在客户投入注意力之后，应该及时为客户提供演示资料、教程或图文并茂的产品目录，让消费者充分了解公司的产品或服务；

（3）继续提供生日礼物、会员特价等激励措施，以保证潜在顾客维持在许可名单中；

（4）给予会员更多的优惠，针对每个客户的特点提供更加个性化的服务；

（5）经过一段时间之后，营销人员可以利用获得的许可改变消费者的行为。

获得许可并达成交易并不意味着许可营销的结束，相反，这仅仅是将潜在顾客变为真正顾客的开始。如何将顾客变成忠诚顾客甚至终生顾客，仍然是营销人员工作的重要内容。

15.2.3　许可 E-mail 营销的策略

许可 E-mail 的营销策略具体应注意以下几个方面：

（1）搜集客户信息。企业可以利用展会、活动、售后服务、俱乐部、会员制、生活/技术服务、礼品、抽奖等活动获取用户对邮箱资源的授权许可。

（2）建立客户分类管理数据库。针对已有用户信息，分类整理、保存并分析客户信息。例如，客户的联系方式、需求规律、使用频率、特点、习惯、忌讳、民族、宗教等；再通过数据挖掘、客户细分等方式，对目标群体或目标市场进行分类，有针对性地开展个性化网络营销服务（如沟通或群发商务信息）。

（3）可采用多种形式。企业在营销形式上可根据客户特点选择 SMS、E-mail、微信、QQ、及时信息通讯等多种形式，有效地传送到目标客户。

（4）制作上要实用，遵循广告规律，充分调用一切视觉及信息要素，抓住目标客户。发件人、主题是抓住客户的主要环节，邮件内容是服务捆绑营销的主体。主题突出的邮件标题是吸引用户最好的办法，邮件内容言简意赅，开门见山地将重要信息展示出来。例如，当当网在开学前发给用户的邮件主题"开学季所有教材教辅一律满 100 减 50"就很有吸引力。

（5）要有营销网站和相应的配套服务作后盾。一旦有进一步的信息需求，点击后则应精确链接到相关内容。

（6）要注重细节。细节决定 E-mail 营销的成败。例如，客服电话、公司邮箱、联系方式、营销网站、客户兴趣/爱好/特点分类、精确链接等方面都要注重细节。

15.3 二维码营销

15.3.1 二维码营销的概念和优势

二维码是日本电装公司于 1994 年在一维条码技术的基础上发明的一种新型条码技术。二维码指按一定规律，在平面上分布的黑白相间、记录数据符号信息的特定几何图案，具有存储文字资料、影像资料的功能，且因其存储量大、信息方便携带、复制成本低廉等特点得到了广泛的应用。二维码的诞生丰富了网络营销的方式。它打通了线上和线下营销通道，为企业带来更广泛的营销途径。二维码营销指企业将营销信息植入二维码中，通过引导消费者扫描二维码来推广营销信息，以促进消费者产生购买行为。

二维码营销以其低成本、应用广泛、操作简单、易于调整等特点得以迅速发展。二维码营销的主要优势有以下几个方面：

（1）方便快捷。用户只需用手机扫描二维码，就可随时查询、浏览、在线下单、完成支付等操作，能够帮助企业方便快捷地开展网络营销活动。

（2）易于调整。二维码的营销内容修改调整非常简单，只需在系统后台更改即可，也不需要重新制作投放，成本很低；因此，有助于企业根据实际情况及时调整营销内容，增强营销效果。

（3）易于开展精准营销。开展二维码营销的企业可以掌握用户的详细信息，包括其购物偏好、地理位置、购物行为等，能够对用户来源、途径、扫码次数等进行统计分析，从而制定针对用户的更精准的营销策略。

（4）有利于开展线上线下的整合营销。二维码为人们数字化生活提供了便利，能够很好地融入到工作和生活中。企业可以将链接、文字、图片、视频等植入到二维码中，并通过各种线下途径和网络平台进行投放，可以将线下用户引流到线上，也可以线上用户线下做，从而方便企业实现线上线下的整合营销活动。

（5）帮助企业迅速进入市场。二维码营销操作简单、接近生活，也被人们广泛应用。因此功能齐全、人性化、省时实用的二维码营销策略能够帮助企业迅速进入市场。

15.3.2　二维码营销的应用

具体来说，二维码营销的应用主要表现在以下几个方面。

1. 获取用户

通过二维码可以随时随地获取用户资料。例如，当有人看到企业投放在户外的广告牌时就可以通过二维码迅速与企业建立联系。同时，企业也可以采用二维码延伸推广渠道以获取用户，如企业可以申请微信公众平台，然后传播公众号的二维码，将二维码印到包装盒上、名片上、广告中、宣传单中、户外广告上等。

2. 内容互动

通过二维码可实现传统媒体的互动环节，如报纸杂志、相关文章或视频。当看了某篇新闻、文章或视频后扫描其后的二维码便可以对它们进行评论；可实现企业内容的互动，如企业在说明书包装盒上加入二维码，当用户扫描二维码后，就会看到图文并茂、生动有趣的文字和图片，甚至视频，还有关于产品的特色、文化、背景、原理、功能功效等相关内容，既丰富了内容的表现形式，又有利于用户全方位了解产品。

3. 活动促销

二维码可以延伸活动的范围，增加活动的互动性，增强活动的效果，如参与抽奖、获取优惠券等。另外，二维码还可以实现线上线下相互带动。例如，在做促销活动或发放优惠券时，还可以引导用户将活动优惠券转发到其微信或微博朋友圈中，这样就带动了企业宣传的二次营销。

4. 互动广告

二维码能让广告变得有声有色、活灵活现。例如，企业可以在杂志报纸广告牌等广告上面加入二维码，用户看完广告后，如果想了解更多的信息或享受更多的服务，直接扫描二维码就可以跳转到企业的网站或者是 APP，并看到更为详细的介绍，包括文字、图片、视频、动画等。

5. 防伪溯源

二维码还可以实现防伪及监控的作用。通过二维码可以在低成本的情况下记录企业生产、仓储物流等环节的相关过程，让消费者可以看到一个放心的产品。这样不但方便消费者查询防伪信息，方便顾客购买，同时也增强了企业的质量监控。

6. 会员管理

用户可以通过扫描二维码方便快捷地成为会员，成为会员后可以通过手机查询积分，下载二维码优惠券参与促销活动。企业也可以利用二维码，针对会员提供个性化的VIP 服务。

7. 数据分析

二维码有利于企业快速地收集顾客的数据，如偏好、反馈意见、使用体验等信息，以及营销过程中的渠道效果、消费偏好、时间分布、客户满意度等方面的数据信息，借此企业就可以进行精准营销，挖掘更多的商业机会。

8. 移动电商

通过二维码，企业可以实现真正的移动电商。例如，通过二维码可以实现扫一扫付款，在任何可以印上二维码的地方设点销售。

15.3.3　二维码营销的方式

从企业运营层面来看，二维码营销主要包括以下几种方式。

1. 植入社交软件

植入社交软件指以社交软件和社交应用为平台推广二维码。以微信为例，微信可以让企业和用户之间建立友好的社交关系，企业可以通过设置微信二维码提供各种服务，给用户带来方便快捷的操作体验。

2. 依托电商平台

依托电商平台方式指将二维码植入电子商务平台中，企业借助电商平台的流量引导用户扫描二维码。用户扫描二维码后即可下载相应的 APP 或关注网店。

3. 依托企业服务

依托企业服务指企业在向用户提供服务时，引导用户扫描二维码对企业进行关注，或下载相关应用。例如，用户在网上预订电影票，到电影院使用二维码取票时，企业可以引导用户下载相应的 APP 或关注网点查看相关的营销信息。

4. 依托传统媒介

依托传统媒介指将二维码和传统媒介相结合，实现线上营销与线下营销的互补。例如，企业在宣传海报上印刷二维码，提示用户扫码进行预约和订购，参加相应的促销活动等。

15.4　病毒式营销

15.4.1　病毒式营销的概念与特点

1. 病毒式营销的概念

病毒式营销（Viral Marketing，又称病毒性营销、基因营销或核爆式营销），是利用公众的积极性和人际网络，让营销信息像病毒一样传播和扩散。营销信息被快速复制传向数以万计、数以百万计的观众。它能够像病毒一样深入人脑，快速复制，迅速传播，将信息短时间内传向更多的受众。病毒营销是一种常见的网络营销方法，常用于进行网站推广、品牌推广以及为新产品上市造势等营销实践中。

病毒营销是通过提供有价值的产品或服务，"让大家告诉大家"，通过别人为你宣传，实现"营销杠杆"的作用。病毒营销也是口碑营销的一种。它是利用群体之间的传播，让人们建立起对服务和产品的了解，达到宣传的目的。由于这种传播是用户之间自发进行的，因此是几乎不需要费用的网络营销手段。因此，病毒营销已经成为网络营销最为独特的手段，被越来越多的商家和网站成功利用。

❋ **阅读资料**

百度"唐伯虎"：中国最早成功的病毒视频营销

在中国，第一个利用网络视频做营销的案例似乎已经不可考证，但百度的"我知道你不知道我知道你不知道我知道你不知道"的"唐伯虎"视频宣传片应该属于早期非常有名的视频营销案例之一。

这个视频的完成和开始传播的时间大致是在 2005 年的第三季度，彼时 YouTube 刚刚成立一年不到，更遑论中文的视频网站。但这段视频流传得很广，当时主要的传播渠道是 BBS。

"唐伯虎"是一段非常草根的视频短片，主角看上去是一个周星驰版的唐伯虎，利用中国经典断句难题"我知道你不知道我知道你不知道我知道你不知道"，狠狠地嘲弄了那个只晓得"我知道"的外国人。最终那人吐血倒地，一行大字打出：百度，更懂中文。

稍微接触过两大搜索引擎的人都可以看出这段视频是对 Google 的嘲弄。这个通常无法在电视渠道播放而且画面模糊的短片所产生的病毒效应绝对是传统的电视广告无法想象和做到的事情。

百度"唐伯虎"系列没有花费一分钱媒介费，没有发过一篇新闻稿。从一些百度员工发电子邮件给朋友和一些小网站挂出链接开始，只用了一个月，就在网络上有至少超过 10 万个下载或观赏点。至 2005 年 12 月，已经有近 2000 万人观看并传播了此片（还不包括邮件及 QQ、MSN 的传播）。而且，这种沟通不像传统的电视广告投放那样是夹杂在众多的广告片中的，所有的观看者都是在不受任何其他广告的干扰下观看的，观看次数不受限制，其深度传播程度亦远非传统电视广告可比。

2. 病毒式营销的特点

病毒式营销通过自发的方式向受众传递营销信息，因此具有以下的特点和优势：

（1）推广成本低。病毒式营销与其他网络营销方式最大的区别就是利用了目标受众的参与热情，由用户自发地对信息进行二次传播。这样大大节省了原本应由企业承担的推广费用，降低了企业的广告宣传成本。

（2）传播速度快、传播范围广。在当今的网络社会，信息传播极为迅速，所有信息几乎都可以做到实时传播。而且随着自媒体的兴起，网民对感兴趣的信息可借助微博、微信、短视频平台等进行转发，相当于无形中形成了一个强大的"信息传播大军"，因而能够更快、更大范围地传播信息。

（3）效率高、更新快。由于病毒式营销中，目标受众的信息传递者是其好友或熟悉的人，相比其他广告环境来说，病毒式营销广告的信息传递者与主动接收者的心态更为积极。因此，这种方式克服了信息传播中的噪声影响，增强了传播的效果，提高了营销信息的接收效率。

15.4.2　病毒式营销的设计策略

1. 病毒式营销战略的基本要素

美国著名的电子商务顾问 Ralph F. Wilson 博士将一个有效的病毒式营销战略归纳为

六项基本要素。一个病毒式营销战略不一定要包含所有要素，但包含的要素越多，营销效果可能越好。这六个基本要素是：

（1）提供有价值的产品或服务。在市场营销人员的词汇中，"免费"一直是最有效的词语，大多数病毒式营销计划提供有价值的免费产品或服务来引起注意，如免费的服务、免费信息、免费软件等。

（2）提供无需努力地向他人传递信息的方式。病毒只在易于传染的情况下才会传播，因此，携带营销信息的媒体必须易于传递和复制。病毒式营销在互联网上得以极好地发挥作用是因为即时通信变得容易而且廉价，数字格式使得复制更加简单。从营销的观点来看，必须把营销信息简单化，使信息容易传输，越简短越好。

（3）信息传递范围很容易从小规模向很大规模扩散。为了像野火一样扩散，传输方法必须从小到大迅速改变。

（4）利用公共的积极性和行为。巧妙的病毒式营销计划善于利用公众的积极性。在网络时代中，在好奇心以及知识共享观念的驱使下，用户很容易就某一个兴趣或者事件展开交流。因此，巧妙的病毒式营销方案应该通过制造兴趣点来充分调动用户的积极性和行动力。

（5）利用现有的通信网络。大多数人都是社会性的，社会科学家告诉我们，每个人都生活在一个 8～12 人的亲密网络之中，网络之中可能是朋友、家庭成员和同事。根据在社会中的位置不同，一个人的网络中可能包括二十、几百或者数千人。网络营销人员早已认识到这些人类网络的重要作用，利用社会化关系网络，把企业营销信息置于人们现有通信网络之中，将会迅速地把信息扩散出去。

（6）利用别人的资源。病毒式营销是利用别人的资源达到自己的目的。例如，会员制计划，在别人的网站设立自己的文本或图片链接；提供免费文章的作者，试图确定他们的文章在别人网页上的位置；一则发表的新闻可能被数以百计的期刊引用，成为数十万读者阅读的文章的基础。别的印刷新闻或网页转发你的营销信息，耗用的是别人的资源而不是你自己的资源。

2. 病毒式营销的设计策略

病毒式营销策划的核心是制造具有爆炸性的传播话题。话题只有足够出人意料，足够新鲜有趣，才能激起网络用户的兴趣和转发的热情。病毒式营销的话题有很多种，这里主要介绍最常见的情感性话题、利益性话题和娱乐性话题。

借情感性话题营销是指开展病毒式营销的企业以情感为媒介，从受众的情感需求出发，寓情感于营销之中激发受众的消费欲望，并使之产生心灵上的共鸣。例如，白酒新贵江小白的营销文案"毕业时约好一年一见，再聚首却已近而立之年""我们那些共同的记忆，是最好的下酒菜"等，契合年轻用户的心情和处境因而产生共鸣，靠一手漂亮的"情感牌"营销赢得了消费者尤其是青年消费者的心。

借利益性话题营销是指开展病毒式营销的企业以引人注目的利益话题来激起受众的高度关注和参与热情。例如，2018 年 9 月支付宝官方微博推出的转发抽中国锦鲤的活动，支付宝会在转发微博的网友中抽出一位集全球宠爱于一身的"中国锦鲤"，奖品十分丰厚。一时间转发火爆，取得了很好的营销传播效果。

借娱乐性话题营销是指病毒式营销的企业将娱乐元素融入话题，通过营造轻松愉快的沟通氛围来增强受众的黏性，并最终促进产品的销售。例如，抖音前期就是通过具有娱乐性的视频吸引用户，因而在短时间内获得了大量的新用户，为其快速发展打下了坚实的基础。

15.4.3　病毒式营销的实施

病毒式营销的实施一般通过以下几个步骤来实现。

1. 规划整体方案

在这一阶段，企业需制定病毒式营销的总体目标，拟定实现目标的计划，设立相应的组织部门并配备所需的人员。

2. 设计营销方案

首先，企业进行病毒式营销创意构思时一定要追求独特性和原创性，人云亦云不仅难以激发受众的兴趣甚至会引起反感。其次，病毒式营销应设计全面的营销方案，制定应对不同情况的营销措施。例如，当话题发布后，激起了受众强烈的兴趣并被转发时，企业应该再次制定对应的方案，借势营销，以增强营销效果。

3. 找准易感人群和选择传播渠道

病毒式营销传播需要寻找容易"感染"的人以及传播的平台。针对设计的"病毒"（设计的传播内容），寻找容易感染、反馈、参与病毒营销的潜在"感染者"，以便他们能更快地接收到营销内容，增强其参与积极性，这样才能使传播内容更好地传播。例如，设计的病毒目标载体是时尚的年轻人，那么就需要事前进行"病毒"测试，其感染性怎么样，这些年轻人是否容易感染上"病毒"。

在选择传播渠道时，企业首先应考虑哪些是目标受众最易接触的平台，是微信、短视频还是微博等，然后从中选择。当然，企业可以利用多种传播渠道来进行发布信息。同时，企业需要使用简单的传播方式。病毒式营销的传播媒介是用户，要让用户不做多余的事情就能够轻易完成传播。例如，简化营销信息，让用户容易复制、传递、转帖、下载、发送邮件等。

4. 发布和推广话题

发布和推广话题要选准时机，尽可能吸引有影响力的名人和意见领袖的参与。例如，2014 年 6 月由美国波士顿学院前棒球选手发起的 ALS（肌肉萎缩性侧面硬化病）"冰桶挑战赛"迅速风靡社交网络。该挑战赛要求参与者在网络上发布自己被冰水浇遍全身的视频内容后，便可要求其他人来参与这一活动。被邀请者要么在 24 小时内接受挑战，要么选择为 ALS 患者捐出 100 美元。发起者的初衷是让更多人关注这种罕见病，达到募捐的目的。在社交媒体上，比尔·盖茨等各界名人纷纷积极接受挑战，在这些名人以及意见领袖的带动下，短短三个星期，该活动募集到 4000 多万美元善款，是 2013 年同期的 20 倍。

5. 对营销效果的总结和分析

对营销效果的总结和分析可以帮助企业从中发现问题，适时调整营销策略，并为下一次活动提供借鉴。

15.5　体 验 营 销

15.5.1　体验营销的概念与特征

1. 体验营销的概念

体验的概念来源于体验经济理论。美国经济学家约瑟夫·派恩(Joseph Pine)和詹姆斯·吉尔摩(James Gilmore)在《体验经济》一书中提出：在激烈的市场竞争压力下，经营者为了不断追求独特的卖点，一种新的经济形态——体验经济正从服务经济中分离出来。它是继产品经济、商品经济、服务经济后的第四个经济阶段。用户体验是用户在使用或从服务的过程中建立起来的一种纯主观的心理感受。他们对体验营销的定义是："从消费者的感官、情感、思考、行动、关联五个方面重新定义，设计营销理念。"他们认为，消费者消费时是理性和感性兼具的，消费者在消费前、消费中和消费后的体验，是研究消费者行为与企业品牌经营的关键。

营销专家贝恩德·施密特(Bernd Schmitt)借助认知心理学和大脑功能分区模型将体验分为五种：① 感官体验；② 情感体验；③ 思考体验；④ 行为体验；⑤ 关联体验。体验具有多维性、动态性的特点。在网络活动中的用户体验是用户在实现目标的过程中所经历的一系列生理和心理的变化，其随着时间的推移和互动的深入而变化。因此，体验营销是通过看(See)、听(Hear)、用(Use)、参与(Participate)的手段，充分刺激和调动消费者的感官(Sense)、情感(Feel)、思考(Think)、行动(Act)、联想(Relate)等感性因素和理性因素，重新定义、设计的一种思考方式的营销方法。

体验营销是建立在对消费者个性心理特征认真研究、充分了解的基础上的。其以激发顾客情感为手段，使整个营销理念更趋于完善，目的是为目标顾客提供超过平均价值的服务，让顾客在体验中产生美妙而深刻的印象或体验，获得最大程度的精神满足。

体验营销，是企业以顾客需求为导向，向消费者提供一定的产品和服务，通过对事件、情景的安排设计，创造出值得消费者回忆的活动，让消费者产生内在反应或心理感受，激发并满足消费者的体验需求，从而达到企业目标的营销模式。尤其在消费需求日趋差异化、个性化、多样化的今天，顾客关注产品和服务的感知价值，比以往更重视在消费中获得"体验感觉"。

2. 体验营销的特征

体验营销具有以下几个方面的特征。

(1) 顾客主动参与，具有互动性。在产品营销中，消费者是企业的"用户"；在服务营销中，消费者被称为"客户"；而在体验营销中，消费者是企业的"客人"，也是体验活动的"主人"。因为体验活动必须要有顾客的参与，进而在顾客和企业之间发生一种互动行为。体验营销效果是顾客在互动活动中的感知效果。体验营销成功的关键，就是引导顾客主动参与体验活动，使其融入设定的情境中，透过顾客表面特征去挖掘、发现其心底真正的需求，甚至是一种朦胧的、自己说不清的、等待别人来唤醒的需求。

(2) 体验需求。体验营销的感觉直观，形象生动，极易聚集人流、鼓舞人心，促使消费者即时做出购买决定，具有立竿见影的促销效果。但体验营销的基本思想仍是"顾客至上"，强调消费者理性感性兼具。企业不仅要从理性角度开展营销活动，而且也要考虑顾客情感需要，从物质上和精神上全面满足顾客需求。

（3）个性特征。在体验营销中，由于个体存在巨大差异性，每个人对同一刺激产生的体验不尽相同。体验又是个人所有的独一无二的感受，无法复制。因此企业应加强与顾客的沟通，发掘其内心的渴望。要吸引个体参与并与其达到互动，就必须在营销活动设计中从顾客体验的角度出发，体现较强的个性化，在大众的基础上增加独特、另类和独具一格的产品或服务，满足他们追求个性、讲究独特品位的需求。

（4）延续性。顾客所获得的感受并不会因一次体验的完成而马上消失，具有一定的延续性，如发生的顾客对体验的各种回忆等，有时顾客事后甚至会对这种体验重新评价，产生新的感受。因此体验营销的效果是长期性的，一旦顾客对体验满意，往往会对企业产生高度忠诚。

15.5.2　体验营销的类型

由于体验的复杂化和多样化，美国学者贝恩德·施密特将体验营销分为五种不同类型的体验形式，由此产生了以下几种主要的营销策略。

1. 感官式体验营销

感官式体验营销是通过视觉、听觉、触觉与嗅觉建立感官上的体验。它的主要目的是创造知觉的体验。感官式营销可以对公司和产品进行识别，引发消费者购买动机和增加产品的附加值等。以宝洁公司的汰渍洗衣粉为例，其广告突出"山野清新"的感觉："新型山泉汰渍带给你野外的清爽幽香。"公司为创造这种清新的感觉做了大量工作，后来取得了很好的效果。

2. 情感式体验营销

情感式体验营销是在营销过程中，要触动消费者的内心情感，创造情感体验，其范围可以是温和、柔情的正面心情，如欢乐、自豪，也可以是强烈的激动情绪。情感式营销需要真正了解什么刺激可以引起某种情绪，使消费者自然地受到感染，并融入到这种情景中来。在"水晶之恋"果冻广告中，我们可以看到一位清纯、可爱、脸上写满幸福的女孩，依靠在男朋友的肩膀上，品尝着他送给她的"水晶之恋"果冻，就连旁观者也会感觉到这种"甜蜜爱情"的体验。

3. 思考式体验营销

思考式体验营销是启发人们的智力，创造性地让消费者获得认识和解决问题的体验。它运用惊奇、计谋和诱惑，引发消费者产生统一或各异的想法。在高科技产品宣传中，思考式营销被广泛使用。1998 年苹果电脑的 IMAC 计算机上市仅六个星期，就销售了 27.8 万台，被《商业周刊》评为 1998 年的最佳产品。IMAC 的成功很大程度上得益于一个思考式营销方案。该方案将"与众不同的思考"的标语，结合许多不同领域的"创意天才"，包括爱因斯坦、甘地和拳王阿里等人的黑白照片。在各种大型广告路牌、墙体广告和公交车身上，随处可见该方案的平面广告。当这个广告刺激消费者去思考苹果电脑的与众不同时，也同时促使他们思考自己的与众不同，以及通过使用苹果电脑而使他们成为创意天才的感觉。

4. 行动式体验营销

行动式体验营销是通过偶像角色，如影视歌星或著名运动明星来激发消费者，使其生活形态予以改变，从而实现产品的销售。在这一方面耐克可谓经典。该公司的成功主要原因之一便是其出色的"JUST DO IT"广告，借助于运动中的著名篮球运动员迈克尔·乔丹的形象，升华了身体运动的体验。

5. 关联式体验营销

关联式体验营销包含感官、情感、思考和行动式营销的综合。关联式体验营销战略特别适用于化妆品、日常用品、私人交通工具等领域。美国市场上的"哈雷牌"摩托车，车主们经常把它的标志文在自己的胳膊上或身体其他部位上。他们每个周末去全国参加各种竞赛，可见哈雷品牌的不凡影响力。

15.5.3 体验营销的实施策略

1. 体验营销实施原则

在实施体验营销时，需要把握以下几个方面的原则：

（1）体验营销适用适度。体验营销要求产品和服务具备一定的体验特性，帮助顾客获得购买和消费过程中的"体验感觉"。顾客为获得购买和消费过程中的"体验感觉"，往往不惜花费较多的代价。

（2）体验营销合理合法。体验营销能否被消费者接受与地域差异关系密切。各个国家和地区由于风俗习惯和文化的不同，价值观念和价值评判标准也不同，评价的结果存在差异。由于网络营销不受地域的限制，因此在体验营销活动的安排上，需注意适合当地市场的风土人情，既富有新意，又合乎常理。

2. 体验营销实施策略

体验营销者不仅要考虑产品的功能和特点，更主要的是考虑顾客的需求，考虑顾客从消费产品和服务的经历中获得的切身体验，考虑顾客对与产品相关的整个生活方式的感受。顾客的体验来自某种经历对感觉、心灵和思想的触动，它把企业、品牌与顾客的生活方式联系起来，赋予顾客个体行动和购买时机更广泛的心理感受和社会意义。在全面客户体验时代，体验营销不仅需要对用户深入的和全方位的了解，而且应把对使用者的全方位体验和尊重凝结在产品层面，让用户感受到尊重、理解和体贴。出色的体验营销，已经成为企业成功吸引用户的重要手段。

（1）多样化渠道供客户自由选择。首先，多样化渠道能够带给客户选择和自由掌控的体验。通过给客户提供多样的渠道，如信息获取渠道、业务配送渠道、售前售中沟通渠道、售后服务渠道等，企业不仅可以更好地满足客户的差异化需求，还能为其提供选择和自由掌控的体验。其次，企业在为客户提供多样化渠道的同时，也为他们提供了不同的便利体验。企业应有效地整合传统渠道和网络渠道，保证客户可以选择自己喜欢的方式，在任何时间、任何地点，以各种途径与企业进行接触，并获得便利的体验。

（2）鼓励客户参与体验的设计和创造。体验的特性之一就是客户的参与性。如何鼓励客户积极参与客户体验的创造，是吸引客户、发展客户、保留客户需要考虑的重要问题。

在吸引和发展客户阶段，企业可以鼓励客户参与到产品和生产过程中，通过个性化的设计帮助客户获得与众不同的体验。在保留客户阶段，企业努力的核心是维系和挽留老客户，企业可以鼓励客户参与体验的创造，这样不仅有助于客户关系的维护，还具有现实性和可操作性。

（3）重视售后服务，提供完整的解决方案。交易的完成并不意味着整个客户体验的终结，售后服务是客户体验的关键环节，企业如果忽视对于售后服务的承诺与兑现，很可能致使客户原本积极的体验化为乌有，最终只能获得负面的体验和评价。首先，企业必须认真履行给予客户的各种承诺，致力于满足客户的各种需求。其次，企业给客户提供必要的知识体验和完整的解决方案。企业根据对客户的跟踪管理，根据客户的需求为其提供成套的解决方案，可以增进客户对企业的信任。再次，针对客户的抱怨和投诉，企业应该尽快采取积极的补救措施。客户抱怨和投诉是客户获得负面体验的信号，企业及时向顾客解释服务失误的原因，积极开展有效的服务补救，实施恰当的补偿方式，以真诚的态度面对顾客，有助于顾客获得良好的公平性感知和互动性体验，对于顾客满意度提升具有重要作用。

（4）推动客户关怀，提供定制体验。随着客户管理体系的不断完善，更多的网络企业通过会员管理软件等管理软件推动客户关怀的普及。常见的方式有：

① 记录客户信息，将顾客变成会员。

② 生日关怀。

③ 积分管理。根据积分对客户进行奖励，提升客户黏性。

④ 流失顾客挽留。企业通过发送挽留短信、开展活动、打回访电话等，让客户感受到企业的重视和关怀。

此外，企业可以迎合客户独特的需要，为其提供量身定制的体验、产品和服务，这样能带给客户一种个性特点受到重视的感觉，即客户获得定制的认知体验，同时也能提升企业的竞争力。

本 章 小 结

APP 营销就是利用 APP 将产品及服务等相关信息展现在消费者面前，利用移动互联网平台开展的营销活动。APP 营销的特点有：低成本性；自主性强，信息全面，可提升品牌形象；持续性强，用户黏性高；灵活度高，互动性强；通过大数据技术实现精准营销。根据 APP 营销的发展将其分为植入广告模式和用户参与模式两种。企业在开展 APP 营销应该考虑的营销策略有：用户至上，抓住消费者的内心，满足其需求；产品及服务是核心，要有差异化和创新；利用品牌效应为 APP 营销助力；联合相关企业借力营销。

E-mail 营销是通过电子邮件的方式向目标用户传递信息的一种网络营销手段。它需要具备 3 个基本因素：用户许可；电子邮件传递信息；信息对用户有价值。这 3 个因素缺少一个，都不能称之为有效的电子邮件营销。许可 E-mail 营销的特点有：目标精准；隐蔽性强；成本低；能够快速实施，有较高的回应率；可增强与客户的关系，提高品牌忠诚度。许可 E-mail 的营销策略包括：搜集客户信息；建立客户分类管理数据库；可采用多种形式；制作上要实用，遵循广告规律，充分调用一切视觉及信息要素，抓住目标客户；要有营销网站和相应的配套服务作后盾；要注重细节等。

二维码营销指企业将营销信息植入二维码中，通过引导消费者扫描二维码来推广该营销信息，以促进消费者产生购买行为。二维码营销的主要优势有：方便快捷；易于调整；易于开展精准营销；有利于开展线上线下的整合营销；帮助企业迅速进入市场。二维码营销方式主要包括植入社交软件，依托电商平台，依托企业服务，依托传统媒介。二维码营销可应用的方面有获取用户、内容互动、活动促销、互动广告、防伪溯源、会员管理、数据分析、移动电商等。

病毒式营销是利用公众的积极性和人际网络，让营销信息像病毒一样传播和扩散，将信息短时间内传向更多的受众。病毒营销是一种常见的网络营销方法。它具有推广成本低、传播速度快、传播范围广、效率高、更新快等特点。病毒式营销战略的基本要素包括：提供有价值的产品或服务；提供无需努力地向他人传递信息的方式；信息传递范围很容易从小规模向很大规模扩散；利用公共的积极性和行为；利用现有的通信网络；利用别人的资源。病毒式营销策划的核心是制造具有爆炸性的传播话题。病毒式营销的话题主要有情感性话题、利益性话题和娱乐性话题。

体验营销，是企业以顾客需求为导向，向消费者提供一定的产品和服务，通过对事件、情景的安排设计，创造出值得消费者回忆的活动，让消费者产生内在反应或心理感受，激发并满足消费者的体验需求，从而达到企业目标的营销模式。其具有顾客主动参与、具有互动性、体验需求、个性特征、延续性等特征。体验营销可分为五种类型：感官式体验营销、情感式体验营销、思考式体验营销、行动式体验营销和关联式体验营销。体验营销实施策略包括：多样化渠道供客户自由选择；鼓励客户参与体验的设计和创造；重视售后服务，提供完整的解决方案；推动客户关怀，提供定制体验。

复习思考

1. 企业在开展 APP 营销应该考虑的营销策略有哪些？
2. 许可 E-mail 营销的概念与特点是什么？
3. 二维码营销的主要优势有哪些？可应用在哪些方面？
4. 病毒式营销的定义是什么？病毒式营销战略包括哪些基本要素？
5. 举例说明体验营销有哪些类型。
6. 实践题：结合某营销实例，谈谈其是如何策划并实施病毒式营销活动的。
7. 实践题：结合某企业实例，谈谈其是如何开展体验营销活动的。
❖ 案例分析

盒马鲜生的"新零售"体验

盒马鲜生(下文简称"盒马")是最早主张"新零售"理念、呼声最高的探索者之一。为何盒马能如此受到消费者的青睐，一步步成为生鲜超商中的"网红"的呢？盒马从创立之初便定位于线上线下的融合性体验，线上线下并行发展，在一些线下的消费者旅程关键接触点上充分利用线上工具进行辅助，并在体验细节上设计出了新意。以下从数字、产品、场景、情感四个维度来分析盒马的新零售体验。

1. 数字体验

盒马的数字体验旨在让消费者在决策过程中实现线上线下自由切换。盒马鲜生的数字产品布局走在了传统商超的前面。虽然盒马在不同的线上渠道均有所布局，但却让 APP 作为数字体验的核心，全渠道为 APP 做导流。盒马的 APP 功能全面、操作灵活，消费者在线上可以网购和反馈，在线下也可以扫码和付款，会员体系与运营活动也一应俱全。盒马的魄力在于对支付的特意引导。在线下购买盒马商品，必须用 APP 注册、登录和绑定支付，有了这一使用流程的引导，消费者在首次消费时便认知并实践了这样的流程。教育用户的过程并不轻松。不过，消费者过了成功支付的门槛后，便可体验到这个工具带来的便捷。

数字产品介入线下，必定需要消费者付出一定的学习成本。让消费者频繁掏出手机来操作并不奏效，但是如果能够从改善消费流程上的痛点出发，找到合适的线下接触点，为消费过程持续带来更便捷的体验甚至乐趣，消费者自然会意识到数字产品的价值。通过这样的服务设计，盒马成功实现了将线下顾客变成线上注册用户的目标。

2. 产品体验

盒马精心筛选产品品类，重新组合，扩大了消费体验边界。当下消费者消费的广度，尝鲜的积极性大大提升。作为商家，"让产品本身带给消费者新鲜感"已成为刺激消费者购买动机的重要一环。盒马充分把握消费心理，通过以下几种方式为消费者创造新体验。

(1) 新鲜度的新体验。生鲜产品对时效性要求非常高。消费者亲自打捞，拎着水产品送到厨房的流程，很好地可视化了"鲜活"一词，消费者的参与性被放大，同时从信息透明度上建立了信任感。

(2) 丰富度的新体验。盒马引入昂贵的物流运输设备加上信息化管理，克服了这些生鲜产品保鲜运输的问题，将一些不常见品类引进到门店，不仅让消费者得到了全新的饮食体验，还制造了话题，吸引了眼球，提升了体验的传播属性。此外，盒马还利用数字产品触及小众差异化需求，用线上预约的方式按需进货和调配，这样通过 APP 便可以购买到在普通商超缺失的小众产品，价格也更为合理。

(3) 灵活度的新体验。盒马抛弃低价大量批发的策略，将包装做小，保证一餐吃完的分量，并按加工程度进行分类，各取所需，满足人们不同程度的尝鲜期望，增加烹饪的乐趣，且免去繁杂的准备工作。

3. 场景体验

场景上，盒马为消费者提供多种类型的消费场景，让内容的组织服务于不同的消费主题。空间布局上，盒马借鉴了集市大街的元素，路线布局更为统一；产品组织上，盒马的各种产品不局限于按产品类型分区，反而是采用场景分类。在体验区可以看到各种产品的摆放充分为该片区的主题服务。例如，消费者在水产餐饮区，不仅可以吃到活海鲜，一旁就是烧烤区和啤酒专柜，这些都是由"吃海鲜"这个主题组织起来的。

4. 情感体验

盒马深谙互联网的玩法，将品牌人格化。进入门店，可爱憨厚的河马形象正与人们互动，统一黄蓝视觉系统让店内看起来鲜亮活泼。兼具商超和餐饮，盒马在功能上的定义已经被模糊化了，但精心打造的 IP 反而能更有效体现"看到盒马就联想到高品质的生鲜产品和温暖服务"这样的连接，以此吸引追求高品质的消费群体。

通过对盒马鲜生新零售体验的分析，可以发现提升消费体验、打造新零售模式是一个系统性的升级，靠的是以用户为中心的经营理念、前中后台协同运作以及技术赋能的综合运用能力。借鉴盒马的新零售体验分析，传统商超可以从以下方面提升消费体验。

（1）实现以消费者价值驱动的数字化布局。渗透到消费者的线上渠道越来越多，传统商超开始意识到需要开发线上产品，全方位覆盖数字渠道，实现全渠道营销。对数字产品的规划需要有更智慧的策略，从为用户提供价值的角度去思考不同渠道的投入，界定产品的功能范围，集中力量打造核心产品，就像盒马 APP 之于盒马鲜生。

让数字产品找到接触点与线下建立交互。通过找到这些把"人—商品—数字工具—金钱"串联起来的消费体验中可交互的触点，让数字产品承担起线下购物中的助手，甚至智能导购的角色。

（2）提升以产品品质为核心的服务创新。新一代消费者的需求多样而无序，消费心态逐步转向追求品质，这样的转变要求企业能够提供高质量且独特的产品。同时，消费者对购物过程中的服务体验要求也日益提高。消费者完成消费是底线，商超还需要在消费体验过程中增加新鲜和惊喜的元素。盒马以"逛"为核心的购物体验，围绕不同主题进行空间设计、陈列设计和塑造沉浸式的场景，打造差异化的体验，为消费注入新的活力。

（3）围绕建立情感连接的品牌建设。利用互联网助力，借用包装互联网 IP 的思路，对这个标签进行线上线下的推广和强化。抓住都市人群消费心理的重要因素，让品牌充分贴合目标人群的生活圈和生活习惯，才能聚拢具有共同价值观的消费者，逐渐孵化出粉丝的社群。这样的品牌认同感是促成转化率和消费黏性的必要条件。

思考：请体验盒马鲜生这种新零售模式，谈谈其优劣势和你的感受。

参 考 文 献

[1] 黄敏学.网络营销[M].4版.武汉:武汉大学出版社,2020.

[2] 李东进,秦勇,陈爽.网络营销理论、工具与方法(微课版)[M].2版.北京:人民邮电出版社,2021.

[3] 李玥,杨仲基,胡艳玲.新媒体营销[M].北京:清华大学出版社,2022.

[4] 戴鑫.新媒体营销,网络营销新视角[M].北京:机械工业出版社,2020.

[5] 王玮.网络营销[M].北京:中国人民大学出版社,2019.

[6] 刘芸.网络营销与策划[M].3版.北京:清华大学出版社,2020.

[7] 郦瞻,等.网络营销[M].2版.北京:清华大学出版社,2018.

[8] 白东蕊.新媒体营销与案例分析[M].北京:人民邮电出版社,2022.

[9] 李红新,李静.网络营销与实践[M].西安:西安交通大学出版社,2020.

[10] 李琳.网络营销与案例分析[M].西安:西安电子科技大学出版社,2019.

[11] 吴晓波.腾讯传1998-2016:中国互联网公司进化论[M].杭州:浙江大学出版社,2017.

[12] 贺关武.社交电商:裂变式增长[M].北京:电子工业出版社,2019.

[13] 王永东.网络营销学[M].北京:清华大学出版社,2019.

[14] 刘娜.新媒体营销[M].西安:西安电子科技大学出版社,2021.

[15] 孟亮.消费者行为学[M].北京:清华大学出版社,2022.

[16] 李琳.网络营销[M].北京:电子工业出版社,2015.

[17] 塔腾,所罗门.社会化媒体营销[M].李季,宋尚哲,译.北京:中国人民大学出版社,2014.

[18] 谭贤.新网络营销:推广实战从入门到精通[M].北京:人民邮电出版社,2016.

[19] 陈月波.网络营销与案例评析[M].北京:中国财政经济出版社,2015.

[20] 杨路明,罗裕梅.网络营销[M].北京:机械工业出版社,2017.

[21] 周旭阳.移动互联网时代:LBS+O2O客户定位与营销实战[M].北京:中国铁道出版社,2016.

[22] 陈刚,方立军.颠覆你的营销想象:金鼠标,数字营销大赛经典案例100集锦[M].北京:电子工业出版社,2015.

[23] 于勇毅.大数据营销:如何利用数据精准定位顾客及重构商业模式[M].北京:电子工业出版社,2017.

[24] 阳翼.大数据营销[M].北京:中国人民大学出版社,2017.

[25] 米列茨基.网络营销实务[M].李东贤,李子南,漆敏,译.北京:中国人民大学出版社,2011.

[26] STRAUSS.网络营销[M].时启亮,译.7版.北京:中国人民大学出版社,2015.

[27] 李蔚田.网络营销实务[M].北京：北京大学出版社，2009.

[28] 翟彭志.网络营销[M].3 版.北京：高等教育出版社，2009.

[29] 杨坚争，周昭雄.网络营销教程[M].北京：中国人民大学出版社，2002.

[30] 张泉馨.网络营销[M].山东：山东人民出版社，2009.

[31] 冯英健.网络营销基础与实践[M].4 版.北京：清华大学出版社，2013.

[32] 赵文清.网络营销基础[M].北京：人民邮电出版社，2011.